Gerti Tetzner Reiner Tetzner

Im Lande der Fähren

Bilder aus Dänemark

Mitteldeutscher Verlag
Halle · Leipzig

Mit Fotos von Reiner Tetzner

Abbildungen auf dem Schutzumschlag
Vorderseite: Nyhavn
Rückseite: Blick vom Himmelbjerget

ISBN 3-354-00303-0

Lizenz-Nr. 444-300/31/88 · 7002
Printed in the German Democratic Republic
Gesamtausstattung: Günter Jacobi
Gesamtherstellung: Grafische Werke Zwickau – III/29/1
Best.-Nr. 639 386 6

01850

Für Karen, Steen, Eberhard und alle dänischen Freunde

Wohin reist man im Traum?
Südwärts, in warme und lichte Länder, oder jenseits des Polarkreises, nach Asien, Amerika, zu einem der sieben Weltwunder – weit weg vom Alltag. Uns zog es ins benachbarte Dänemark: zu Freunden. Wären sie Australier gewesen, hätte es uns nach Australien gezogen.
Geschenkt hatte sie uns der Zufall. Ein märchenhafter Zufall; zwei Århuserinnen übersetzten aus Freude und ins Blaue hinein neben Geldarbeit, Studium, Familie ein Buch, das kein Bestseller war und keiner zu werden versprach. Und – wie verschwenderisch! – jede übertrug jeden deutschen Satz in ihr Dänisch, und aus beiden Entwürfen wuchs Seite für Seite ein dritter, gemeinsamer Text.
Und eines Tages schickten diese Abenteurerinnen einen Brief. Er schien von einem anderen Erdteil zu kommen.
Zwei Stunden mit der Fähre, sagte man.
Für uns war das nahe Dänemark ferner als Sibirien.
Die Seite im Atlas blieb aufgeschlagen. Dieses in die See verstreute kleine Land war nur im jütländischen Teil mit Festland verwachsen: schmaler Hals und langer Schädel eines Alten, dessen großnasiges Profil dem Andersens auffällig ähnelte. Daß ein betagter Märchenerzähler in der windigen Gegend zwischen Nord- und Ostsee eine Zipfelmütze trug, erschien so natürlich wie die Schläue der beiden Århuserinnen, sich in der schützenden Nasenbucht niederzulassen. Dort überwinterten sie mit ihren überschüssigen Kräften und der Entdeckerlust, aber »... im Monat April, Woche 14 werden wir kommen«.
Und sie kamen.
Sie kamen zu viert. Die kleine, auffallend blonde Kirsten und die große, schmale Bodil wurden begleitet von Freundin Birte, einer mädchenhaften

Schönheit, die gewohnte Komplimente mit ungewohnter Heftigkeit abwehrte, und von Søren, einem großen und breitschultrigen Menschen mit rötlichem Vollbart. Daß er der Lehrer der Frauen war, ahnten wir nicht; bis zum letzten Tag saß er am Rande jeder Runde, hörte schweigend zu, genoß, wie wir später erfuhren, eine seiner Lieblingsrollen: als mitreisen-
 der Ehemann.

Mit ihren lila- und wildrosenfarbenen Tüchern und Hosen und dem ungezwungenen, niemals lärmigen Fragen und Umhergehen blieben die Gäste exotische Gestalten im braven Gastgeberland und uns so unbegreiflich wie wir ihnen, denn vor diesen ersten Westlern ohne dicke Brieftaschen schützten wir uns durch Sonnenbrillen und Gastgeberriten.

Ein zweiter und weitere Besuche machten offenherziger. Doch seltsam blieb, daß keiner der je zehn bis fünfzehn Dänen sich als Leiter einer Gruppe ansprechen oder gar behandeln ließ.

Wie lebten solche Leute zu Hause?

Nur im Traum hielten wir für möglich, es selbst zu erfahren und mit Kirsten und Søren vertrauter zu werden als mit manchen Nachbarn zu Hause.

Überfahrt

Dann standen wir doch an der Reling der »Kong Frederik IX.«. Zöllner und andere Männer in Uniform wurden blasser und blasser.

Vor Minuten war der »Neptun«-Express mit uns auf die Fähre gerollt. Wie die anderen Reisenden hatten wir das Gepäck im Abteil zurückgelassen und waren auf Deck gestiegen.

Die Schiffsschraube quirlte das Wasser auf, zog durchscheinendes Grün aus der Tiefe, es leuchtete in der Sonne wie Flußspat. Die Fähre wendete und steuerte aufs Meer. Teepott und Leuchtturm von Warnemünde verschwammen im Dunst.

Die Küste schmolz zu einem Strich.

Alles blieb zurück. Nur die Möwen begleiteten uns noch, schienen schwerelos. Ich fühlte mich leicht wie sie.

Das erste Mal im Leben auf dem Meer und ringsum keine Küste in Sicht. Die Ostsee war uns eine Grenze wie keine sonst, weder Mauer noch Grenzstein, kein Ufer jenseits des Flusses, kein Blick auf den Berg drüben. Als Fünfzehnjähriger hatte ich von Rügen nach Norden gespäht, denn es hieß, bei klarem Wetter erkenne man jenseits des Meeres die Kreidefelsen der Insel Møn; Thomas Manns Tonio Kröger hatte sie »gespenstisch im Mondschein« liegen sehen. Weil sie mir verborgen blieben, las ich wohl während dieses Urlaubs »Niels Lyhne« von Jens Peter Jacobsen. Die Sehnsucht der Mutter nach fremden Ländern kannte ich.

Jüngere Dänen neben uns sahen aus wie Camper, eben aus dem Zelt gekrochen. Ihre Sprache klang weich und etwas singend. Sie plauderten, die Reise auf einer Fähre war für sie Alltag. In Dänemark gibt es 46 Autofährlinien, und 38 verbinden es mit den Nachbarländern.

Schon im Zug zwischen Nord-Berlin und Waren/Müritz hatte ich unverhofft die Tür nach Dänemark geöffnet; statt in ein stinkendes Kabuff trat ich in einen hellen Raum der Dänischen Staatsbahn vor den zwei Meter breiten Spiegel. Beim Abschließen der Tür schaltete sich automatisch das Licht an. Fasziniert probierte ich mehrfach. Es funktionierte immer wieder. Der Raum wirkte so appetitlich, daß ich Hemmungen bekam, mein schmutziges Geschäft zu verrichten. Das Toilettenpapier war seidig-weich, das Wasser beim Händewaschen warm. Erst jetzt bemerkte ich den zweiten Spiegel an der Wand gegenüber, der mir das erste Mal die kahle Stelle an meinem Hinterkopf vorhielt. Trotzdem wurde mir das fremde Land sympathisch – seine Hinterseite zeigte sich einladend.

Bei dieser Jungfernfahrt lauschte ich auf der Fähre einem mir unbekannten Geräusch, dem Gegeneinanderscheppern der zahllosen Kognak-, Wein-, Whisky-, Aquavit-, Bier- und anderen Flaschen im Freeshop, dem Rütteln und Klirren im Rhythmus der Schiffsmaschinen. Das tausendfache Klingeln schien unsere Reise einzuläuten. Für die zahlreichen Dänen an Bord lästiges Begleitgeräusch ihres zollfreien Einkaufs vor allem von Alkohol und Zigaretten. Während der letzten Überfahrt verriet mir ein Pensionär den Preis für den Bus von Næstved (das æ entspricht unserem ä) in Seeland nach Gedser, einschließlich der Fähre nach Warnemünde und zurück: nur 19 Kronen, etwa 5 Mark. Wir sind Schmuggler, scherzte er (»smuler« klang das auf dänisch), zwei Schachteln Zigaretten in der Hand, und deutete auf sein weites Hemd.

Mit Dänemark hatten sich für mich früher lediglich einige Namen verbunden: Tycho Brahe, Hamlet, Nexø, Kierkegaard. Niels Bohr kündete später von dem kleinen Nachbarland. Kopenhagen war für mich Zentrum der Kopenhagener Schule und damit Hauptstadt der Physiker gewesen. Hätte ich damals gewußt, daß Dänemark eine Monarchie ist, hätte ich Bohr für den König der Dänen gehalten. Über einen Physiker stieß ich auch auf einen dänischen Buchstaben: Ørsted, den Entdecker des Elektromagnetismus (Ø entspricht unserem Ö). Erst auf der zweiten Reise wurde für mich Kopenhagen zu København.

Wir Deutschen hatten meist über Dänemark hinweggeblickt, auf die Länder der tiefen Fjorde, der Wälder und Seen.

Aus der scharfen Horizont-Linie im Norden wuchsen nach und nach ein rötlich schimmernder Strand und ein Leuchtturm. Eine flache Küste mit wenigen eingeschossigen Häusern, statt der Kreidefelsen der Insel Møn die Südspitze der Insel Falster.

Die »Kong Frederik IX.« legte in Gedser an (der Name klang etwa wie: Géßer, doch die genaue Aussprache dänischer Wörter ist nicht zu beschreiben). Der »Neptun« rollte wieder aufs Land.

Wir waren keine zweieinhalb Stunden gefahren, sondern hatten einen Ozean überquert. Der Grenzer trug eine Art Anorak und sah flüchtig in unseren Paß. Ein andermal erhielten wir ein Formular. Das mußt du ausfüllen, sagte er – »du«, sagte er wie ein freundlicher Onkel und deutete auf eine Spalte des Formulars, ehe er fortfuhr: Das muß ich ausschreiben, damit auch ich Arbeit habe. Bei der letzten Reise kam sogar ein dänischer Zöllner. Die »Club« und »Cabinet« in meinem großen Koffer nahm er nicht ernst, die zwei Flaschen »Nordhäuser« über das Limit übersah er. Schnaps, teurer in Dänemark, war unsere harte Währung.

Der Weg nach Århus (Å klingt dem O ähnlich) führte uns quer durch ganz Dänemark. Zunächst von Insel zu Insel. Das dauerte einen halben Tag. Westlich von Falster lag die Insel Lolland. Über die Storstrømsbrücke, eine der längsten Europas, erreichten wir von Falster die Insel Seeland. Alle Gebäude wirkten frisch renoviert, auch die Scheunen abseits stehender Bauernhäuser. Vergeblich suchte ich nach den vertrauten heimischen Unrathaufen neben den Gleisen. Das flache grüne Land mit den ungewohnt kleinen Äckern sah aus wie eben aufgeräumt. Sehr weiße Kirchen mit gedrungenen Türmen ragten kaum über die Bäume und kleinen Orte. An den Masten neben manchen Wohnhäusern wehten Fahnen: weißes Kreuz auf rotem Grund. Es war ein beliebiger Sonntag. Während der letzten Fahrt entdeckte ich schon auf Falster ein weiteres Wahrzeichen dänischer Landschaft, die Windturbinen mit den propellerartigen Flügeln. Eine Windbö ließ die Fahnen knattern, drehte die Flügel der Windmühlen rascher und war selbst noch durch das geschlossene Zugfenster spürbar.

Der Intercityzug, in den wir auf Seeland umgestiegen waren, rollte in

Korsør auf eine Binnenfähre. Der Store Bælt, der Große Belt, war breiter, als ich nach der Karte vermutet hatte; die jenseitige Küste der Insel Fünen war an diesem Abend gerade noch zu erkennen.

An der Reling lehnten junge Leute und schwiegen. Uns fiel auf, jeder stand für sich. Keiner schien den anderen zu fragen: Woher kommst du?
 Wohin willst du? Hast du schon eine Penne?

In der Hafenstadt Nyborg fuhr unser Zug auf die Insel Fünen. Auch hier standen die Gehöfte, von Bäumen und Büschen geschützt, verstreut. Diese Landschaft war wellig. Und wieder viele Fahnen. Daß kein Feiertag war, wußte ich.

Den Lille Bælt, den Kleinen Belt, überspannte eine Brücke zum Festland. Die Halbinsel Jütland lag schon im Dunkel.

Auf einem Höhenrücken näherten wir uns der Århusbucht. Unzählige Lichter flimmerten da unten wie eine sichelförmige Milchstraße.

Liebe Katarina,

wahrscheinlich siehst Du immer noch die weiße Fähre ins Blau davonziehen und mich in einem Märchenland, von einer Insel zur anderen vagabundierend. Aber wieder komme ich verspätet an. Früher, als Interesse am Osten eine Mode war und man aus Geschichten etwas über die dortige Art zu bauen, den Alltag der Frauen oder sonstwas erfahren wollte, hätte ich am liebsten geantwortet: Fragt einen Architekten oder Soziologen. Aber welcher kam schon hierher? Also las ich nach, was nicht »meines Amtes« war, verstellte mir damit lange den Blick auf das Gastland. Jetzt – auch diesmal eine Ausnahme-Reise, man schläft so wenig wie möglich, um nichts zu verpassen –, jetzt scheint jene Neugier seltener geworden zu sein, und ich wage deshalb keinen einzigen Frager abzuweisen.

Widersinnig, ich weiß.

In der Universität ging es übrigens noch wie damals zu. An den Türen nur Namen, ohne Unter- oder Ober-, du könntest einen unordentlichen glatt für einen ordentlichen Professor oder gar für Herrn Jensen halten. Ob man eine Reinemachefrau wie eine Rektorin behandeln würde, weiß ich nicht, ich traf keine (Rektorin). Bis jetzt sollen trotz des allgemeinen Du in der akademischen Mittelschicht niemals Gehaltsgruppen verwechselt worden sein. – Auf dem schwarzen Brett war unser Seminarraum mit einer Nummer bezeichnet, die wir an der Toilettentür fanden. Alle lachten nur und suchten gemeinsam nach einem anderen Raum; und als der Dozent dort keinen freien Stuhl fand, setzte er sich selbstverständlich zwischen Studenten auf den Boden, in verwaschenen Hosen. In solcher Atmosphäre blieb das übliche Lampenfieber aus: auch ich mußte nicht vollkommen sein. Daß in anderen Kreisen mehr auf das »Sie« und auf den jeweiligen Anzug und Titel geachtet wird, interessiert Dich wahrscheinlich nicht, weil Du es von zu Hause kennst.

Angekommen sind wir in einer schlafenden Vorstadt. Leere Straßen, Schattenrisse von Wacholder in Vorgärten, dunkle Häuschen. Nur aus einem Erdgeschoß leuchteten durch Gebüsch Fenster und ein offenes Türviereck. Schon im Vorraum roch es nach Fisch und Dill. Unsere Lieblingssuppe dampfte aus der Schüssel, mit der Søren aus der Küche kam, rotgesichtig, die Überraschung war ihm gelungen.

Im Lichtkegel der Tischlampe wieder das blaue Leinentuch, von Kirsten gefärbt, blaue Kerzen, blaue Papierservietten. An diesem blauen Tisch löste sich jedesmal die Spannung (werden sie/wir ankommen oder in letzter Minute ...?). Die Gläser randvoll Gammel Dansk. Offene, erhitzte Gesichter, das Erzählen und Lachen aber immer gedämpft, dem Lächeln nahe; über uns schliefen die Kinder.

Tak for mad! Der rituelle dänische Dank von Bodil und Birte schien mehr als der Mahlzeit zu gelten. Vel bekomme, wünschten wie immer die Gastgeber und tappten zu provisorischen Schlafstellen, ihren Giebelraum hatten sie uns überlassen.

Morgens war das Haus sehr still.

Offener Flurschrank, in den Dachzimmern verstreute Kinderstrümpfe. Im Familienraum zu ebener Erde – wie in den meisten dänischen Häusern so breit und fast so lang wie das Haus – spürte man sofort die nordländische Sehnsucht nach Sommer: Helle aus vier Fenstern und einer gläsernen Gartentür empfing uns, und vielerlei Grün wucherte nicht nur draußen, sondern auch drinnen von Decke und Fensterborden.

Der Eßtisch war nun mit Wachstuch bedeckt. Eine Thermoskanne Kaffee stand dort von morgens bis abends und wurde gefüllt von dem, der sie leer fand. Überhaupt hatten Gäste sich in diesem Haus wie selbständige Mitwohner zu bewegen – und die Küchentür wieder zu schließen: wegen Miju, der grauen Tigerkatze. Sie hielt mit drei kleineren Kopien alle Polsterbänke besetzt, daß uns nur der Rückzug blieb zum Schaukelstuhl neben den deutschsprachigen Büchern und in die entgegengesetzte Zimmerecke zum Klavier, dessen unbedeckte Tasten mit den Oktavbuchstaben bemalt waren.

Auch die Nähmaschine, nicht größer als eine Reisetasche, stand offen.

Aus Bauernstuben zu Hause waren mir die mit Stoffresten gewebten Teppiche vertraut, die hier aneinandergelegt den ganzen Boden bedeckten. In kindlicher Gewohnheit streckte ich mich darauf aus. Und vertraut waren die offenen Leinenvorhänge, die Bewohner nicht trennten von Bäumen und Himmel; wie im Dänischen war auch in meiner Muttersprache, einem vor der Hochsprache erlernten Dialekt, Hus der Name für Haus gewesen. Und vertraut war vor allem das alte, ungebeizte Holz von Schrank und Tisch, nicht der Mode halber von Großeltern übernommen. Auch bei Birte und Bodil sah ich es später und, nachgearbeitet, in vielen dänischen Wohnungen und Möbelgeschäften. »Rustikal« wurden ja neuerdings auch bei uns Kneipen und Küchen. Sollte dieses Wort gutbürgerlich machen, was als »bäurisch« (grob und schwerfällig) gleichsam in eine niedere Kultur verbannt worden war? Fehlte sie jetzt?

Als Kirsten hereinkam, sprang ich nicht mehr auf (wie beim ersten Besuch: es gehörte sich nicht, daß ein Gast ...). In dicken Socken und samtigen lila Hosen und Pullover verschwand sie in der Küche und wenig später mit belegten Broten und Kaffee im Keller. An unterrichtsfreien Tagen arbeitete sie dort in einem kleinfenstrigen Raum zwischen Wäschekammer und Abstellbude. Über Abend und Nacht bezog ein arbeitsloser Freund, dessen Wohnlaube nicht heizbar war, das Kellerquartier, aber über Sommer sollte es ausgebaut werden, Kirsten und Søren erwarteten das dritte Kind. Bis die Familie sich abends zur warmen Mahlzeit versammelte (mittags ißt man in Dänemark kalt), gehörte der Wohnraum den Kindern. Der stämmige Kaj zog die Katzen an den Schwänzen hinter sich her. Inga, die Größere, redete auf den Bruder ein. Aber er schrie, sobald ihm das Spielzeug entwischte, und die Katzen schrien, wenn er ihrer habhaft wurde, und während Søren mit dem Rad einkaufen fuhr und Kirsten Wäsche in die Maschine sortierte, lächelten und gestikulierten wir, bis die Kinder mit uns spielten. Doch als Kirsten mit einem Buch der geliebten Astrid Lindgren kam, warfen sie sich sofort bäuchlings auf den Boden und rührten sich nicht vom Fleck. Selbst Kaj lauschte völlig reglos.

Draußen irritierte uns, daß so viele der freundlichen Dänen mit dem Rücken zur Straße wohnten: Die großen freien Fenster (mit allerlei Nippes zwischen Blumentöpfen) gingen meist zum Garten hin, auf einen Rasenflecken zwischen Blumen und eine Pflasterecke für Tisch und Stühle. Allenthalben Zäune und dichte Hecken gegen Blicke von draußen und aus Nachbarhäusern. Sie standen kaum einen Steinwurf entfernt, ockerfarbene, sorgfältig gefugte Ziegelwände, Türen und Fensterrahmen braun, Kippfenster im spitz zulaufenden oder weniger geneigten Dach: Varianten von Kirstens und Sørens Haus. Die meisten waren während der letzten dreißig Jahre entstanden, als so viel neue Stadtfläche bebaut wurde wie in den tausend Jahren vorher; die typisierten Einfamilienhäuser wurden oft nach Katalog beim Fabrikanten bestellt, auf Kredit gekauft, teuer, denn Grundstückspreise stiegen und steigen. Dennoch scheint ein Haus der Traum dänischer Familien zu bleiben. Bei jedem Spaziergang und in vielen Freundesrunden tauchte er auf, wenn auch zerrechnet. Für Wohnen gibt man mindestens ein Drittel seines Geldes aus.

Doch ziehe keine voreiligen Schlüsse (wie ich beim ersten Besuch). Auch wenn diese Häuser straßhin, straßher dem von Kirsten und Søren ähnlich sehen, drinnen siehst du abends selten die billigen Lampen vom Chinesen oder Inder, auf den Tischdecken oft altes Porzellan, Teppiche die Treppen herab bis zur Haustür. Gewebtes aus Flicken ist selten. Aber aus der gediegenen Häuslichkeit fällt kein Urteil auf die Leute, die es anders mögen. Jedenfalls kam es mir nicht zu Ohren. Hier macht man offenbar gern die Tür hinter sich zu und gönnt die eigene Ruhe dem anderen. Ich weiß, Dir behagt so was nicht. Für uns ist es noch ungemein entspannend. Und es kommt unserer Neigung entgegen, sich dem Land gewissermaßen vom Rande her zu nähern. Ja, ich erinnere mich: Du willst »die Dänen« kennenlernen. Ich kann es nicht für Dich tun, Dir nicht mal dabei helfen – wer sind übrigens »die Ungarn«, »die Polen«? Wie zu Hause werde ich also meiner Nase nachgehen und darauf vertrauen, daß auch Ausnahmen etwas von Regeln erzählen.

Sei vorläufig gegrüßt aus »unserem« Haus!

G.

Auftakt in Århus

Wie riecht es bei euch? hatte mich Sørens Freund in Leipzig und Berlin gefragt. Nun schnupperte ich in Århus. Es roch tatsächlich anders. Statt der dicken Kontinentalluft die Frische des Meeres; kein Ort im Lande war weiter als 50 km von der Küste entfernt. Fast ständig wehte eine Brise.

Århus lag wie fast alle alten dänischen Städte an der See, hatte mehr und mehr Wald und Felder verdrängt und sich an den Hängen der Århusbucht ins Land geschoben, das allmählich zum Meer hin abfiel.

Das Meer gab ein Gefühl der Offenheit. Ich fand die Straßen auch ohne Sonne sehr hell.

Viel Licht fiel durch die Glastüren in die weiten Korridore des Rathauses. Der Bau aus norwegischem Marmor mit seinen vielen geraden Linien wurde 1941 eingeweiht. Die Fassaden bestanden fast nur aus Fenstern und waren stellenweise bis unter das flache Dach grün überwachsen. Der funktionalistische Bau, erzählte Sørens Freund, sollte ursprünglich von den Gebäuden gleichen Stils in der Umgebung nicht zu unterscheiden sein und keinen Turm tragen. Århus hätte ein Wahrzeichen gefehlt. Vom Glockenspiel auf dem Turmdach erklang die eingegebene Melodie. Manchmal übte jemand auf dem Geläute, wiederholte Partien, verspielte sich. Einmal lauschte ich dem Konzert fast eine Stunde.

In der Nähe des Rathauses begann die Hauptgeschäftsstraße und führte bis zum Store Torv, dem Großen Markt, am Dom. Von dieser gågade, einer Fußgängerstraße, zweigten schmalere ab.

Ein tausendjähriger Ort, seit 948 Bischofssitz, mit einer Viertelmillion Einwohner heute zweitgrößte Stadt des Landes, hatte ich gelesen und vermutete Bauten aus dem Mittelalter, der Renaissance, dem Barock oder wenigstens dem Klassizismus. In der Innenstadt um die Hauptgeschäftsstraßen jedoch meist vier- und fünfgeschossige Häuser vom Ende des 19.

bis in die erste Hälfte des 20. Jahrhunderts. Kein Idealbild einer alten dänischen Stadt mit Fachwerk und romantischen Winkeln wie Ribe und Ebeltoft.

Tilbud! Tilbud! lockten rote Aufkleber an Schaufenstern. Angebot! Angebot!

Hinter den Scheiben kunstvoll belegte Brote mit Lachs, Käse, Garnelen, Leberpastete, oft mehrere Schichten übereinander, garniert mit Tomaten- und Gurkenscheiben und uns unbekannten Salaten. Die phantasievoll belegten Brote hießen smørrebrød (wörtlich nichts weiter als: Butterbrot).

Materialist stand über einigen Geschäften. Die Aufschrift Idealist suchte ich vergebens. Materialist hieß Drogist.

Die zentrale Fußgängerstraße nannte man, wie in großen dänischen Städten üblich, strøget, den Strich, also eine lange Straße. So bunt wie die smørrebrød und die Kleider auf den Ständern vor den Schaufenstern wirkte die gågade. Wimpel hingen über unseren Köpfen. Obst- und Gemüsehändler boten hinter Ständen ihre Waren feil. In der Straßenmitte teilten Kioske, umgeben von Gartenstühlen, den Fußgängerstrom.

Bei Straßenmusikanten auf dem strøget verhinderte ich jedes Mal, daß G. von unserem wenigen Geld eine Krone in einen Geigenkasten warf. Dabei war ich selbst einem sympathischen Dänen erlegen. Der Hochgewachsene in mittleren Jahren sprach mich an wie einen alten Bekannten, fast erstaunt, daß ich ihn nicht wiedererkannte. Ob ich aus Hamburg sei, er wäre selbstverständlich auch dort gewesen und schwärmte für die Stadt, und ob ich eine Krone für Bier hätte. Er bat wie ein Bankier, der das Kleingeld zum Telefonieren vergaß, so liebenswürdig, ohne die geringste Spur von Demut oder gar Verschämtheit, daß es für mich eine Ehre sein mußte, ihm aus purer Verlegenheit zu helfen. Bereitwillig, ja beflissen gab ich ihm zwei Kronen. Wie nebenbei steckte er die lästigen Münzen weg und verabschiedete mich wie einen Freund. Nach zehn Schritten wandte ich mich um. Er hatte den nächsten angesprochen. Auch der konnte seinem Charme nicht widerstehen.

Zu meinen ersten Eindrücken von Århus und Dänemark gehörten die zahlreichen Banken und Sparkassen: Handelsbanken, Privatbanken, Andelsbanken las ich über Eingängen. Häuser, Eigentumswohnungen, Autos und andere große Käufe wurden nicht bar bezahlt. Noch nie wurden so viele und so große Autos gekauft wie in diesem Jahr. Man müßte nur eine gute Bank haben, hörten wir, und zuvor schon ein Haus auf Kredit als Sicherheit. Der 11. Juni und 11. Dezember jedes Jahres erhielten wegen der fälligen Tilgung der Zinsen für Häuser und Wohnungen den Beinamen »Des Teufels Geburtstag«.

Ein Trödelladen im alten Hafenviertel bot Puppenköpfe, Pfeifen, abnorme Flaschen, uralte Kronenscheine, einen fingernagelgroßen Globus, hundertjährige Teedosen, Schaufensterpuppen, eine Haarbürste anno 1703, ungewöhnliche Hampelmänner, eine Nähmaschine »Pfaff«, kopfgroße Sparschweine, alte Militärmützen, ein urtümliches Radio und ein bekanntes Gesicht in einem Barockrahmen, da stutzte ich – der Spiegel spielte mir diesen Streich.

Erheitert betraten wir eine kleine, dustere Hafenkneipe und setzten uns auf die derben Stühle. Beim Bier kamen wir mit dem Kellner ins Gespräch. Die freischaffenden Mädchen an den Ecken verlangten ehemals 150 Kronen. Aber die Massagesalons entzogen ihnen die Kunden. Dort sind die Mädchen untersucht, entrichten Steuern und kosten 200 bis 600 Kronen. In einem Tanzlokal bezahlst du 800 bis 1000 Kronen. Nach dem dritten Glas Bier brachte der Kellner für jeden unbestellt eine Portion gebratenes Geflügel. Das wäre gratis. Vielleicht dachte er, wir kämen aus Hamburg und machten eine immense Zeche. Aber wir hatten tatsächlich Kinokarten. Der Kellner zeigte sich weder enttäuscht noch verärgert wegen falsch investierter Hühnerschenkel.

Der Dom erhob sich über Straßen und Dächer, ragte über den großen Hafen für die Handelsschiffe und die Fähren nach Kalundborg, Richtung København. Der über siebenhundertjährige rote Backsteinbau überdauerte Stadtbrände, die Pest, schwedische, polnische und deutsche Truppen, den Aufbau und Untergang ganzer Stadtviertel. Søren zeigte uns eine der berühmten Kalkmalereien im Chor. Dem Mann, der vom Pfeiler auf uns blickte, dünkte sein Schwanenhals etwas Besonderes zu sein. In Wirklichkeit behinderte ihn nicht nur sein Holzbein. Ein Vogel sah auf ihn herab. Seit fünfhundert Jahren hielt der Künstler Dombesuchern diesen Spiegel vor.

20 Warum haben die Århuser im Boden ihrer Autos eine Klappe?

Damit sie sich schneller entschuldigen können, wenn sie einen überfahren haben.

Warum sind die Århuser so langweilig?

Weil ihre Telefonvorwahl 06 heißt.

Søren und andere Århuser erzählten Århus-Witze und lachten darüber.

Was die Ostfriesen in der Bundesrepublik und die Appenzeller in der Schweiz, wären die Århuser in Dänemark, meinten manche.

»Die Stadt und ihre Einwohner waren – jedenfalls bis vor einigen Jahrzehnten – auch von einem Bedürfnis gekennzeichnet, die Bedeutung der Stadt zu betonen«, heißt es in einem in Århus erschienenen Bildband über die Stadt. Das Selbstbewußtsein dieser Jütländer mag solche Witze gefördert haben.

Ein halbes Jahrtausend bestand Dänemark aus der Residenzstadt København und der rückständigen Provinz. Das Königreich war in erster Linie die Hauptstadt. Provinz nennen viele Dänen noch heute den »Rest außerhalb Københavns«. In der Hauptstadt beginnen gewöhnlich moderne Reiseberichte. Früher konzentrierten sich Wirtschaft, Kunst, Wissenschaft auf die Residenzstadt. In der Provinz, weiter nichts als bäuerliches Hinterland, war der Hund begraben. Der Aufschwung der dänischen Landwirtschaft ließ Århus ab 1860 aufblühen, bis 1900 verfünffachte sich die Einwohnerzahl. Die Ursachen lagen auch in England; dessen Bauern konnten ihr Land nicht mehr allein versorgen. Århus hatte mit seinem Hafen und dem fruchtbaren Hinterland günstige Voraussetzungen, das Nachbarland zu beliefern. Und durch die Industrialisierung wurde die Stadt zur größten und wirtschaftlich stärksten nach København.

Im Jahre 1859 erhielt Århus die erste öffentliche Kunstsammlung der

Provinz. Enthusiasten gründeten 1928 hier die erste Universität außerhalb der Hauptstadt. Man begann in gemieteten Räumen mit 64 Studenten. Die ersten Gebäude wurden aus privaten Mitteln und Spenden errichtet. Erst 1934 übernahm der Staat die Betriebs- und Baukosten der Universität. Wieder waren es die Århuser, die 1935 das erste Symphonieorchester in der Provinz bekamen. Als schließlich das erste Fernsehstudio außerhalb der Hauptstadt in dieser jütländischen Stadt zu senden begann, kamen die Århus-Witze auf, hieß es.

Daß diese Stadt heimlich mit København konkurriere, hielt ich für ein Gerücht. Sie wurde auch durch die Förderung der Kultur, vor allem der Musik, weit über Dänemarks Grenzen hinaus bekannt. Der Aufbruch des alten Bauernlandes in einen modernen Industriestaat machte Århus zu Århus. Die Stadt ist Seismograph dänischer Entwicklung.

Das ist meine Version über diese jütländische Stadt. Sicher gibt es andere. Doch diese paßt so schön in mein Konzept.

Eines Tages liefen wir durch Straßen mit sorgfältig restaurierten Fachwerkhäusern, Wohnstätten reicher Patrizier, Werkstätten der Vergangenheit. Keine Neubauten unterbrachen die Idylle. Also existierte das historische Århus doch, in der Senke an diesem Bach. Trauerweiden hängten ihre Äste in den Teich. Kunden gingen in das alte Zollamt, in uralte Läden. Auf dem kleinen Markt sprudelte ein Springbrunnen. Viele Häuser standen schief, die Fundamente waren eingesunken.

Alles wirkte so echt, als wäre es kein Feilichtmuseum: Den gamle by, die alte Stadt. Seit 1914 waren über sechzig Gebäude aus Århus und anderen Städten umgesetzt worden; so entstand die künstliche Provinzstadt. Als Zentrum der Bürgermeisterhof von 1597, in anderen Gebäuden die Werkstätten des Nadlers, Xylographen, Branntweinbrenners, Hutmachers, Kerzengießers und auch Korbmachers, Böttchers, Buchbinders, Färbers. Das Stadtviertel schien in Jahrhunderten gewachsen. Hätte es sich in Wirklichkeit so harmonisch entwickeln können? Hätte das historische Århus je so eine Bilderbuchstadt werden und bleiben können?

Beim letzten Besuch fand ich in der Århuser Altstadt keine verfallenen Häuser und Hinterhöfe mehr. Sørens Freund führte durch ein Viertel abseits der Hauptstraßen. Der Hobbyarchitekt kannte jeden Schornstein und rief vor einem roten Bau: Da stand doch vor vierzehn Tagen noch gar kein Haus! Über einer Straße flatterten Hunderte Fahnenwimpel, der Himmel schien aus weißen Kreuzen auf rotem Grund zu bestehen. Die Geschäftsinhaber gründeten Vereine und schmückten ihre Straße, um die Kunden vom strøget zu locken. In dem alten Viertel führten Durchgänge in ehemalige Hinterhöfe mit Cafés im Freien. Auf anderen Höfen waren Katen abgerissen, Bäume gepflanzt, Parkplätze angelegt oder Bänke aufgestellt worden. Pastellfarbene Schutzplanen verhüllten die Gerüste an Gebäuden. Alte Fabriken und Verwaltungsgebäude wurden nicht abgerissen, sondern ausgebaut. Hinter den roten Mauern der ehemaligen Schokoladenfabrik Elvirasminde befanden sich jetzt eine kleinere Firma für Eis, eine Buchbinderei, ein Vertrieb von Bremsen und Kupplungen, ein Karateclub, die Theaterakademie. Die Sanierung der Innenstadt sei vorbildlich für Dänemark, hörte ich. Die Stadtzentren sollten nicht veröden. Hier zu wohnen war wieder attraktiv.

Konzerthäuser werden in der Sommerpause verriegelt. Beim neuen Musikhaus in Århus standen zu dieser Zeit die Schiebetüren weit offen.

An den Wegen zum Eingang Grünanlagen mit Springbrunnen. Die breite Front und die schmaleren Seitenwände ganz aus Glas, vom Boden bis zum flachen Dach. Durch die Scheiben sah ich die Konturen von Bäumen. Irritierte die Spiegelung? Zu beiden Seiten des Haupteinganges tatsächlich Wedel der Amerikanischen Fächerpalme. Die Treppenaufgänge und die Rückwand fast weiß gehalten. In der Vorhalle schien mehr Licht gesammelt als unter freiem Himmel. Mit ihren hellen Farben trugen Gemälde dazu bei. »Das größte Festival des Nordens mit 1500 Arrangements«, warb ein Prospekt für die Århus-Festwoche im September. Auf der Galerie stellte eine Kunsthochschule aus. Nur in der Sommerpause war das Restaurant geschlossen. In der Vorhalle saßen Leute an Tischen unter Yoca-Palmen. Bei greller Sonne schoben sich automatisch Rollos vor die Glasfront. Auch die Vorhalle wurde geräuschlos klimatisiert. Sie führte in einen großen und einen kleinen Konzertsaal, aus gelben Ziegeln gemauert.

Eine Frau schob den Kinderwagen durch eine Tür in der rechten Frontseite. Zu ebener Erde, ohne Schwelle, begann hinter der Glaswand das Café, im nordöstlichen Teil der Vorhalle, durch keinen Raumteiler getrennt. Ich holte mir ein Grøn Tuborg am Tresen und setzte mich auf einen der blauen Stühle. Ältere Damen tranken Kaffee. Einige Gäste lasen Zeitung. Ein junger Mann schrieb. Mütter hatten ihre Fahrräder vor der durchsichtigen Wand abgestellt, die Rucksäcke mit Henkeln vor sich, die Kinder spielten Hasche um den Tisch. Draußen auf der amphitheatrischen Freibühne – sah ich durch die gläserne Seitenwand – baute eine Band die Verstärkeranlage auf. Junge Leute lagerten auf der Wiese. Saß ich drinnen oder draußen? Über meinem Kopf bogen sich Zweige von Olivenbäumen.

Ein Prestigeobjekt, meinten manche Dänen. Königin Margrethe II. eröffnete das Haus am 27.8.1982. Am nächsten Tag nahmen etwa 150000 Einwohner an der ca. 1,5 km langen festlichen Kaffeetafel teil. Ein Bau für 115 Millionen Kronen in Århus trotz der Krisenzeit. Ein Zufall? Die Århuser, sah ich, hatten ihr Musikhaus in Besitz genommen. Es war kein Kulturmonument, sondern für die tägliche Benutzung ab elf Uhr geöffnet.

Zehntausende klammerten sich an ihre Besenstiele, vornehm gekleidete Hexen mit geschminkten Gesichtern oder graue Alte in lumpigen Kitteln.

Søren fuhr mit mir nach Risskov im Norden von Århus. Auf den Straßen zur Küste bildeten sich Staus. Wir schlüpften in die letzte Parklücke. Noch nie sah ich so viele Dänen unterwegs. Am Strand drängten sich mehr Leute als an den heißesten Tagen, standen um die Scheiterhaufen. In der Bucht ringsum brannten Feuer. Auf den Bergen der Halbinsel Mols loderte es. Alle Boote und Yachten schienen ausgelaufen zu sein. Ein dichter Wald von Masten auf See. Privatflugzeuge brummten über der Bucht. Hochsee-

schiffe hatten festgemacht. Familien schlenderten mit Kindern und Hunden am Ufer entlang von Feuer zu Feuer. Andere lagerten am Strand. Man trank Wein und Kaffee, aß smørrebrød, steckte Würste an Stöcken in die Flammen. Søren und ich standen um einen brennenden Holzstoß. Männer mit Hunden auf dem Arm beobachteten die Hexe, deren Kleid von den
24 Flammen erfaßt wurde und die, von der heißen Luft emporgehoben, tatsächlich in den Himmel flog. Frauen stimmten Lieder an. Die Kinder schrien und lärmten nicht. Die Recorder schwiegen. Man war heiter und fröhlich, mit Respekt vor dem Schicksal der Hexen. Immer mehr Feuer loderten auf. Rauchschwaden zogen über die Bucht wie nach einer Seeschlacht. Hin und wieder hörte ich eine Hexe quieken, vor Freude, daß sie endlich vom Holzstoß freikam. Søren und ich stießen auf ihren guten Flug über die Ostsee an. St. Hans, die Sonnenwendfeier, ist das einzige Fest, sagte Søren, wo das Volk außer Haus feiert, wo man ohne Einladung oder Verabredung im Freien zusammensitzt. Tief wurzelten die heidnischen Sitten. Die Dänen wunderte, daß die Sonnenwendfeier bei uns keine Tradition hat. Schließlich trafen sich die zahllosen dänischen Hexen jeden 23. Juni nachts auf dem Blocksbjerg, dem Brocken, im Harz.

Ein Bett im Schulzimmer?

Wer hätte nicht davon geträumt, wenn die Stimme des Lehrers sich in Litaneien verloren hatte?
In Jyttes Schule stand ein hölzernes Bettgestell mit bunt bezogener Matratze: für Kinder, die während des Unterrichts oder in Pausen liegen wollten.
Gesunde Kinder?
Durch die Brillengläser traf mich Jyttes Blick, kurz und sehr aufmerksam, als verstünde sie Wörter ohne Sinn. Ich genierte mich, die Frage zu wiederholen.
Etwa zehn Jungen und Mädchen saßen mit dem Rücken zum Bett um aneinandergereihte Tische und blickten zur Wand in eine afrikanische Dorfstraße. Ed, der dunkelhäutige Lehrer, kommentierte den Film, antwortete auf Fragen, schwieg minutenlang. Geographieunterricht. – Daß Elfjährige in einem halbdunklen Raum mit Bett nicht freiwillig auf Balgerei verzichteten, schien mir sicher. Welche Strafen hielten sie davon ab?
Wahrscheinlich übersetzte Jytte jede Frage erst in ihre Muttersprache und die dänische Antwort dann ins Deutsche. Nach einer Weile sagte sie unbewegten Gesichts: Wir strafen nicht.
Lebenslange Lehrer, ich wußte es von zu Hause, waren leicht zu verletzen durch Kritik von Kindern und Laien. Vielleicht hatte Jytte versteckte Mißbilligung gehört, wo pure Neugier gewesen war. Also unmißverständlich: Wie kriegt ihr sie vom Bett weg?
Wer ausgeruht ist, steht wieder auf. Lächelnd blickte Jytte an mir vorbei, ohne leisesten Spott, und ich fühlte mich wie ein Puritaner, der zum ersten Mal einen Nacktstrand sah und sich wunderte, daß die Entblößten nicht die Gelegenheit zum Beischlaf nutzten.
In flachen Schuhen und blaugrauem Kostüm, den Gürtel locker gebunden,

lief Jytte seitlich vor uns her. Verhaltene Bewegungen. Das hellgraue Haar fiel von der Kopfmitte glatt bis zum Brillenrand und über die Ohrläppchen, rahmte das blasse, wintermüde Gesicht mit den hauchzart geschminkten Lippen. Ein voller Mund, freundlich geschlossen. Jytte erzählte nur, wenn und wonach sie gefragt wurde, ohne eigene Erlebnisse zu berühren. Als sie jedoch im Vorbeigehen mit einem gleichgroßen Mädchen plauderte, lachte sie leise auf, ihre Blicke spiegelten rasch wechselnde Empfindungen zwischen Erwartung und Wärme (Sørens grünbraune Augen, erst jetzt sah ich es), ein Ausdruck selbstvergessener Heiterkeit lag in Gesicht, Haltung, Handbewegungen, etwas Leichtes, Freies –, bis sie sich uns wieder zuwandte, langsam, nicht abweisend die Lippen schloß und sich nicht nur mit Blicken zurückzog in den Schutz der Augengläser. Die Veränderung schien ihr nicht bewußt zu sein. Um so mehr irritierte sie. Befremdeten sie diese Freunde des Sohnes? Übrigens pflegte auch Søren sich Kindern auf überraschende Weise zu öffnen, Erwachsenen aber meist abwartend und beobachtend gegenüberzusitzen (wie während seines allerersten Besuchs in Leipzig).

Zu unserem Glück verschwiegen wir Irritation und mancherlei Fragen: Jytte, weder Jüdin noch Kommunistin, war in Ravensbrück gewesen.

Ihr Vater war nach Generationen von Bauern, die einst als sogenannte Kartoffeldeutsche nach Jütland gekommen waren, Lehrer geworden. Er schrieb Bücher. In »Julie Pandum«, einem belletristischen Plädoyer für unverheiratete Mütter (1932 auf deutsch erschienen und von den Nazis mit verbrannt), erzählte er vom Klima nordjütischer Vorurteile und Intoleranz, in das später seine Tochter geraten sollte. Die schwangere Lehrerin Jytte mußte nämlich Århus verlassen, als sie weder heiraten noch den Namen des Kindesvaters preisgeben wollte. In København schlug sie sich mit Hilfe von Freunden und Unterrichtskursen durch – bis sie und der inzwischen vierteljährige Säugling verhaftet wurden: Jytte hatte zwei Jahre Illegale verborgen gehalten, unter anderen Sørens Vater. Eine Dänin hatte der Gestapo Namen und Adressen genannt. Da die Verräterin mit verhaftet wurde, verdächtigten die Mitglieder des Widerstandskreises sie nicht,

und so teilten in kurzer Zeit achtzig Frauen und Männer Jyttes Schicksal. Mit einem der legendären weißen Busse, in denen Graf Bernadotte die über das Rote Kreuz befreiten skandinavischen Häftlinge aus deutschen Konzentrationslagern holen ließ, kam Jytte vor Kriegsende nach Schweden und später als Lehrerin zurück nach Århus. Bis heute konnte niemand sie zum Aufschreiben ihrer Erinnerungen bewegen. Nur mit sehr wenigen
Freunden spricht sie über jene Jahre. Wäre alles Unglück von den Deutschen gekommen, hätte es sich wohl leichter ertragen lassen. Aber was wissen wir! Daß Erfahrungen dieser Art sich mitteilen, gar »nachempfinden« lassen, ist zweifelhaft; fünfunddreißig Jahre nach Kriegsende wollte ein Freund, der Buchenwald in der Typhusbaracke der Kinder überlebt hatte, seinen täglichen Weg zeigen, den er vorher lange und genau beschrieben hatte – nach etwa sieben Minuten hetzte er wortlos zum Ausgang des ehemaligen Lagers. Mit den unauslöschlichen Bildern, Stimmen, Gerüchen, traumatischen Ängsten bleiben die Betroffenen wohl auf schreckliche und unwiderrufliche Weise allein.

Noch heute prüft Jytte mit blitzschnellem, ihr nicht bewußtem Rundblick Höhe und Richtung der Fenster und aller sonstigen Ausgänge, bevor sie sich in einem unbekannten Raum niederläßt. Sie war oft krank, sagte man. Wir vermieden Nachfragen. Anfangs vermieden wir auch die direkte Anrede, denn ein »Sie« hätte uns hinter dänische Landesgrenzen (wenn nicht noch weiter) zurückversetzt, und Jyttes Du zu erwidern, waren wir nicht unbefangen genug – bis wir in ihrer Wohnung ein seltsames Bett stehen sahen ...

Jytte wohnte am Rande von Århus. Sauber gefugter Ziegel-Neubau, drei Stockwerke, Balkone, in der letzten Etage die Eigentumswohnung, drei Zimmer, wir zählten nach, denn nach dem Eintreten erschien sie größer und ungewöhnlich hell: Alle Türen standen offen und zogen den Blick aus dem Korridor durch unverhüllte Fenster in die Weite des Himmels. Unter den Füßen ruhige Farben, braun bis beige. Weiche Schritte. Auch an den Wänden Gewebtes. Bücher. Ein Eßtisch für sechs Personen (Jytte lebte allein). Und sofort wollte ich an diesem grün gedeckten Tisch sitzen, wenigstens probeweise (man setzt sich nicht unaufgefordert an fremde Eßtische, liebes Kind!), wollte mit einem Buch zwischen roten und nesselfarbenen Kissen im Lehnstuhl lümmeln (man schmökert nicht, wenn man zu Gast ist!), wollte bleiben. Aber das Kind gehorchte. Bis wir den dritten, den kleinsten Raum betraten, da war kein Halten mehr, ich sprang in dieses wunderbar breite Bett mit Altan auf vier Pfosten, altes Holz, aus einem riesigen, liegenden Stamm gehauen, Mittelding zwischen Boot und Bühne, denn auch ein Vorhang fehlte nicht, ich zog ihn auf: Hochverehrtes Publikum, hier sehen Sie die abenteuerliche Geschichte eines Baumes, der immer am selben Fleck stehen mußte und sich zu Tode langweilte, bis er eines Tages... Jytte lachte lautlos und setzte fort, wenn das Baumschiff an Fahrt verlor, und so glitt es auf einem Fluß durchs Land und legte an, wo Leute am Ufer standen, und die Bootsleute verwandelten sich auf dieser Bühne in Seejungfrauen und Holger Danskes, in Sänger und Götter und Bettler. Jytte saß auf der Couch gegenüber. Dort pflegte sie zu schlafen, wenn Inga und Kaj, die Enkel, sie besuchten und in diesem Boot-Bühnen-Bett, das der Großvater tatsächlich aus einem Baum gehauen haben soll, wohnten. Hier erzählten sie miteinander, sangen, spielten, bis ihnen die Augen zufielen. Hatte die unausrottbare Kindlichkeit Jytte besonders gefährdet oder besonders geschützt, über die Jahre gerettet? Im Laufe des kleinen Spiels zog sie die Bettvorhänge zu, und nun saß man geborgen im Halbdunkel, umgeben von angehefteten Stoffwolken und gemalten Gesichtern.

Mich wunderte nicht mehr, daß ausgerechnet Jytte nach dem Kriege eine Freischule mitgegründet und geleitet hatte.

Diese Leitung durfte man sich nicht auf deutsche Art vorstellen. Sie war schwieriger (wie wir noch erfahren sollten) und zugleich leichter: Niemand sprang hier auf und »machte Meldung«, wenn Lehrer oder Gäste, welchen niederen oder hohen Rangs sie auch sein mochten, die Schulräume betraten. Hej! (vergleichbar dem englischen Hello!) rief man einander zu – und fuhr ungestört fort in seiner Beschäftigung.

Auf diese Art waren auch wir gegrüßt worden, als wir die Hauptgebäude

der Freischule betraten, einen flachen, langgestreckten Ziegelbau mit bunten Holzfiguren am Giebel.
Alle Räume lagen zu ebener Erde, rechts und links eines langen Gangs, an dessen Wände Briefchen, Plakate, Ausgaben der Schülerzeitung und Kinderzeichnungen gepinnt waren. Noch nicht lange beherbergten diese ehemaligen Fabrikwerkstätten die Schule. Vorher war sie in einem Haus untergebracht, das den Eltern eines Schülers gehörte (sie verzichteten darauf), früher in einem Häuschen, das Eltern gemeinsam gekauft hatten, und anfangs (1952) in einem einzigen Raum in der Wohnung von Eltern, die die Schule mit Jytte gegründet, sich mit ihr in den Unterricht der damals fünfzehn Schüler geteilt und alle Kosten gemeinsam getragen hatten.
Eine Schule für Reiche?
Jytte hatte den Einwand erwartet. Wenn sie weder mit klarem Ja noch Nein antwortete, wich sie nicht aus, sondern versuchte genau zu sein. Ja, 95% der dänischen Kinder lernten in kostenfreien Volksschulen. Daß Inga und Kaj diese Freischule, eine von zahlreichen nichtstaatlichen (nicht überall beliebten Ausnahme-) Schulen im Lande, besuchten, war für Søren und Kirsten mit manchem Verzicht und mit Geschick im Verteilen der Ausgaben verbunden, aber noch nicht unmöglich; das Auto war verkauft worden, man verreiste selten, aß nie in Gaststätten, Kirsten nähte die Kleidung für die Familie aus Stoffen, die sie verbilligt in einem Großlager kaufte, fehlerhafte Ware, mitunter ungefärbt. Auch wenn der Staat diese Freischule längst anerkannt und achtzig Prozent der Kosten übernommen hatte, mit steigenden Preisen im Lande wurde auch jeder Schülerplatz teurer. Warum verzichteten unsere Freunde lieber auf manche Bequemlichkeit als auf diese Schule für ihre Kinder? Wir fragten nur uns selbst. Im Geographieunterricht hatte nicht das einladende Bett, sondern unsere fragende Gegenwart von Afrika abgelenkt. Endlich hatten wir die Tür wieder geschlossen. Standen am Ende des langen Gangs. Vielleicht konnten wir – ohne jemand zu stören – sehen und hören und spüren, was Tatsachen allein nicht erklärten?

Jytte öffnete die Tür gegenüber. Ein großer, heller Raum mit Geschirr-Regalen, rundem Tisch und verschiedenerlei Stühlen. Hier regierte keine Köchin über Herd und weißbekittelte Helfer, nur Kinder verschiedenen Alters und eine junge Frau in Hosen und Pulli gingen umher, saßen, standen. Ein etwa Achtjähriger schnitt Brot mit der Maschine. Ein kleineres Mädchen pellte Eier und legte sie im Kreis zwischen zerteilte Gurken. Die fünf Mädchen drüben um den Tisch schienen für alles ringsum taub und blind zu sein; Möhren schabend, erzählten sie miteinander. Unversehens flog eine Zwiebel an uns vorbei, wurde von einem langen Mädchen am Fenster aufgefangen. Neben ihm streute ein etwa Dreizehnjähriger Gewürze in einen Topf voll roher, ungeschälter Kartoffelscheiben und schob ihn auf die Kochplatte. Jytte bemerkte unseren Blickwechsel und lachte. Sie essen, was und wie sie wollen, sagte sie leichthin, alle bestimmen es. Nicht nur über den Speiseplan, auch über Einkäufe von Zutaten, Küchengeräten, Lehrmitteln, Werkzeug entschieden die Kinder, lernten das vorhandene Geld zu kalkulieren und alles zu tun, was von morgens bis nachmittags nötig war: vom Einkauf bis zu Reinigungsarbeiten. Die Dienste wurden gemeinsam eingeteilt (auch an der Küchenwand hing ein Plan), jüngere arbeiteten mit älteren Kindern, um möglichst ohne Gängelei durch Erwachsene wechselseitig zu lernen und zu lehren. Und im Laufe der Wochen kam jeder mit jeder Arbeit dran, auch mit dem ungeliebten Abwaschen.

Und wer sich weigerte?

Sie reden davon, sagte Jytte.

Sie fügte nicht hinzu, daß diese Schule nur besuchen durfte, wer ihre Grundregeln annahm. In jedem Jahr gab es mehr Bewerber als Plätze für Schüler (insgesamt hundertzwanzig), und ausgewählt wurden sie bereits als Fünfjährige. So wuchsen sie bis zum nächsten Herbst gleichsam spielend in diese Art Schulalltag hinein.

Auf dem Wege zur achten Klasse, wo in einer Holzbaracke Englisch unterrichtet wurde, verließen wir das Hauptgebäude. Auf dem weitläufigen Schulgelände – teils begrast, teils sandig – lagen, wie vom Zufall verstreut,

Baumstämme und Bretter und kniehohe Hölzer, standen Gerüste für Eskimozelte, ein Auto ohne Räder, halbfertige Hütten, eine dreiflügelige Windmühle.
Von ihr haben sie etwas Strom, sagte Jytte, die unseren Blicken gefolgt war. Sie bauen, was sie wollen und brauchen, versteht ihr? Dann lachte sie wieder (meine Augen waren wenige Sekunden am herumliegenden Papier hängengeblieben). Ihr denkt, sie machen nicht sauber – ? Sie tun es. Aber sie tun es nicht wie Maschinen. Manchmal liegt es eine Weile. Dann kommt Arbeitswut, und sie machen alles auf einmal. Zuletzt machen sie es immer von allein, denn niemand tut es für sie.
Es war das einzige Mal, daß Jytte etwas mit einem Anflug von Eifer erklärte, vielleicht hatte sie für diese Regel früher mehr streiten müssen als für anderes Ungewohnte. Ungewohnt vor allem für uns; in einer dänischen Volkshochschule hatte ich männliche und weibliche Kursteilnehmer vor dem Unterricht das Frühstücksgeschirr spülen und alle Böden wischen sehen.
Hinter uns klang es wie montagabends im Hause, wenn Inga und Kaj kochten (immer wieder Spaghetti, sie mochten das Geschlängel auf dem Teller, das scharfe Saucenrot und die vom beigemengten Mehl klebrigen Hackklößchen, an denen Kirsten und Søren wortlos würgten). Geschirr schepperte in allen Tonhöhen, Zurufe unterbrachen ein Lied, das einige Stimmen fortsetzten, andere parodierten. »Heiterkeit ist das Leben der Schule«, hatte der dänische Visionär und Vater der Volkshochschule Grundtvig bereits vor hundertfünfzig Jahren gesagt, als er »... das Schul-Grab zu einer Pflanz-Schule für das Leben« machen wollte. Uns trieb kein pädagogischer Eifer, sondern gewöhnliche Neugier zum Rand dieses Schulplatzes und das Holztreppchen hinauf in die Baracke, wo Dreizehn- und Vierzehnjährige Englisch lernten, indem sie sich auf eine gemeinsame Reise nach Irland vorbereiteten: Ein Freund hatte sie während der Sommerferien eingeladen. Teils dänisch, teils englisch erörterten sie über einer Karte auf dem Tisch Lebensumstände dieses Freunds (keines reichen jungen Mannes) und Klima in Nordirland, denn sie sollten in Zelten leben.

Grammatikalische Fehler wurden nicht mitten im Reden korrigiert. Wie in Diskussionsrunden an der Universität und in Fernsehsendungen beeindruckte uns hier die Fähigkeit zum Zuhören: Man ließ einander ausreden und ging auf Argumente ein, auch wenn man entgegengesetzter Meinung und temperamentvoll war wie dieser dunkeläugige Junge im lila Overall; er hielt Schlafsäcke der Art, wie sie Touristen ins Hochgebirge oder jenseits des Polarkreises mitnahmen, bei der geplanten Reise für indispensable, I can not do without it. Niemals hatte ich in Englisch so drauflos streiten können, obwohl ich länger als diese Jungen und Mädchen (und in »ordentlichen« Klassenräumen) unterrichtet worden war. Meinen Neid verbergend, fragte ich die Irland-Fahrer (in Englisch und sicherheitshalber noch einmal in Deutsch) unumwunden: Wieviel zahlen eure Eltern für diese Reise?

Nichts, keinen Penny!

Auch deutsch sprachen sie, wie sich jetzt herausstellte. Jedenfalls konnten sie diese Verdächtigung als parasitäre Weltenbummler nicht auf sich sitzen lassen, sie unterbrachen den Unterricht und begleiteten uns alle hinüber zur Werkstatt, zu zwei ehemaligen Transportwaggons der Brauerei CARLSBERG (Firmenname und Adresse waren nicht überpinselt).

Hier arbeitete Erich, ausgebildeter Schlosser. Mit ihm schnitten und löteten die Englischschüler Glocken aus verschiedenen Blechen, die sie als »Set« verkauften. Begehrt waren Drei-, Vier-, auch Sechsklänge. Ehe die Glocken in gewünschter Weise zusammenklangen, mußten die Kinder sie geometrisch und akustisch berechnen, unterschiedlich geeignetes Material bearbeiten, die Kosten kalkulieren, denn der Verkaufsüberschuß verwandelte sich in Reisegeld.

Manchmal luden Freunde nach Afrika ein. Die praktische Reisevorbereitung war dann langwieriger als die sprachliche.

Nebenan in der Tischlerei entschlüpfte Jytte eine seltsame Bemerkung: Wir haben keine Schutzräume hier, das ist das Problem.

Was für Schutzräume?

Gegen Bombardements.

Unseres Wissens gab es während des Krieges nur Bombenabwürfe auf einige Gestapozentralen durch die Royal Air Force, die mit dänischen Widerstandsgruppen in Verbindung gestanden hatte. Wessen Bombardement befürchtete Jytte?

Dort ist Leif, sagte sie und lief hinüber zum offenen Fenster des Turnsaals im Hauptgebäude.

Deutsche vielleicht, antwortete der Junge im lila Overall auf deutsch.

Als die anderen unsere Gesichter sahen, lächelten sie verlegen und zogen sich zurück zum Englischunterricht. Der Junge, durch niemand belehrt, folgte ihnen langsam.

Einige Minuten standen wir allein.

Erich verriegelte inzwischen die Werkstatt.

Jytte unterhielt sich mit dem bärtigen Mann, der aus dem offenen Fenster lehnte und mehrmals herüberschaute. Sie schienen unseren Wunsch – eine Unterrichtsstunde von Anfang bis Ende zu erleben, ohne jemand zu stören oder durch die Sprachwand ausgeschlossen zu sein – erfüllen zu wollen: Jytte winkte uns zum Turnsaal.

Leif hatte, was man einen Ruf nennt.

Wozu er nach Meinung anderer berufen war, wonach er rief und womit und wer ihm wie antwortete – in diesem Moment war es vergessen wie alles, was ich nur vom Hörensagen wußte.

Es war mittags gegen elf. Wir saßen in der Ecke des Saales, nahe der Tür.

Im Gestänge der Decke hingen dunkle Scheinwerfer. Sie wiesen auf ein Podium mit verhüllten Musikinstrumenten und Mikrofon uns gegenüber, und wo die Stufe zum Podium rechts auf die Fensterwand traf, warteten, vom traditionellen Schlagzeug im Hintergrund abgehoben, Trommeln verschiedener Höhe und Form. Noch schwiegen sie.

Zu hören war nur das Aufklatschen, Gleiten, Tippeln von Füßen: Acht barsohlige Mädchen und Jungen von etwa neun Jahren in langen Hosen und Pullis jagten über die glatten Dielen des Saals. Sprünge, Auflachen, kurze Zurufe. Einer war ausgeglitten und rollte, seinen Fall parodierend, einen Purzelbaum. Auf einer Matte neben unserem Tisch rang ein Mädchen mit einem kleineren Jungen. Beider Gesichter glühten. Einer hüpfte über die aufeinandergestellten Stühle entlang der Fensterwand. Das Durcheinander bewegungssüchtiger Körper füllte den Saal, schien den Raum abzugreifen. Mittendrin der Rhythmiklehrer Leif.

Er unterschied sich nur durch Bart, kraus und voll wie sein schulterlanges dunkles Haar, und durch beträchtliche, ranke Körperlänge von den Schülern. Jetzt scherte er seitwärts aus. Stellte sich hinter eine hüfthohe Trommel. Probierte ein verhaltenes, suchendes Tatám, Tatám ... Immer wiederkehrendes Rufen von ferne. Kein Wort, keine Anweisung, nichts als der Ruf der Trommel. Niemand schien ihn zu hören, das Aufklatschen, Gleiten, Springen ging weiter. Nein, ein zur Saalmitte und wieder zum Rand galoppierender Junge betonte sicht- und hörbar das rechte Bein; ein Mädchen, das in den Knien federte, begann sie nun wechselweise durchzudrücken und hochzureißen, die Bewegungen im Saal ließen sich mehr und mehr und verschiedenartig auf das Locken der Trommel ein – oder die trommelnden Hände nahmen das Suchen der Körper auf (Leif ließ keinen Blick von den anderen). Zwei, die mit einem gedachten Seil sprangen, wechselfüßig, und zwischendurch mit Schultern und Hüften gegeneinander pendelten, hielten inne, lauschend, während die Glieder vor Spannung zu zittern schienen wie bei Pferden kurz vor dem Davonschnellen, schnellten nicht davon, begannen zu zucken, immer noch lauschend nach dem Rhythmus tastend, ein Fragen und Antworten der Sinne zur Trommel hin und von ihr her. Doch die Ringerin von der Matte sprang plötzlich auf und zwischen beiden hindurch, rempelte ein Mädchen in der Saalmitte, dessen Körper in einem Reifen kreiste, durchquerte in heftiger, expressiver Bewegung immer wieder die ganze Diagonale der Halle.

Man wich aus. Niemand rügte sie oder rempelte zurück. Und Leif schien nicht zu bemerken, daß ihre Bahnen immer wieder seinen Blick kreuzten, seine Hände blieben im Rhythmus der anderen Körper.

Da setzte sich ein Junge neben Leif an zwei keulenförmige Trommeln. Ihre schmaleren Enden wuchsen aus dem Boden wie Hälse, und vorn waren sie mit schielenden grünen Augen und gelben Clownsmündern bemalt. Die beiden Trommler neigten die Köpfe einander zu, während ihre Hände miteinander zu sprechen begannen. Der dunklere, drängende Rhythmus des Jungen übernahm die Führung. Leif stand auf und tanzte am Rande des Saals. Das Trommeln wurde härter, bestimmter, begleitete das Springen und Umsichschlagen der Ringerin, die die Saalmitte beherrschte. Das Mädchen riß die Arme hoch, stampfte den Boden, warf den Kopf ruckweise in den Nacken, sprang hockend im Kreis, wälzte sich auf dem Boden, steckte die kleinen Finger in die Mundwinkel und riß sie zur Seite, während sie die Augen rollte, ihr hin und her peitschender Körper schien zu dampfen vor Hitze; unwillkürlich atmete ich flacher und rascher, die Luft schien bis zum Bersten gefüllt mit Energie, die sich jeden Moment entladen mußte, harte Handschläge auf eine Trommel, die ein auf der Podiumsstufe sitzendes Mädchen zwischen den Knien hielt, beschleunigten das Tempo mehr und mehr, befeuert von grellen Schlägen auf einen Triangel, die Trommeln rasten, meine Schultern und Beine zuckten, ringsum stampfte und klatschte es synchron mit den wilden Bewegungen am Boden, als wären sie vorausspürbar, jeder Laut wurde Körper, und Körper war Rhythmus ... Ich hielt die Luft an. Wann kam er, der befreiende Schrei des Mädchens (ich spürte ihn in der Kehle) – aber er blieb stumm: Steil bäumte sich der Mädchenkörper auf, fiel zurück, begann zu erlahmen, der Triangel verstummte, das Trommeln wurde sanfter, entfernte sich ...

Reglos lag das Mädchen auf dem Rücken. Über Stirn und Hals rann Schweiß. Langsam öffnete es die Augen und stand auf. Setzte sich in die Saalecke zu den anderen, die sich inzwischen um Leif versammelt hatten. Ich hörte das Wort Calypso. Ein Junge schien zu widersprechen, wies immer wieder in die linke Saalecke. Das eben noch einer Besessenen gleichende Mädchen saß schweigend dabei, wandte das Gesicht dem jeweils Sprechenden zu.

In dieser Stunde schien keine Bewegung plan- oder wiederholbar. Leif trommelte »nur«. Er trommelte nicht wie ein Führer. Und dennoch (oder deshalb?) wuchs aus dem Chaos verschiedenster Bewegungen immer wieder eine unvorhersehbare Form. Der Junge, der Leif zuerst auf den Trommeln begleitet hatte und die ganze Zeit hinter ihnen sitzen geblieben war, holte jetzt eine grüne Fahne aus der Saalecke. Er stellte sich den anderen gegenüber und ließ die Fahne in langen ruhigen Wellen durch die Luft gleiten.

Das kleine Mädchen, das vorhin trommelnd das Tempo beschleunigt hatte, wandte sich ab, blickte aus dem Fenster zu zwei Klassenkameraden, die keine Lust auf Rhythmik hatten und inzwischen draußen in der Sonne etwas aus Brettern bastelten, ging aber nicht hinaus, holte hinter unserem Rücken einen sehr großen Holzreifen und ließ ihn um die Hüften kreisen, abseits von den anderen, die die Bewegungen des Fahnenschwingers verfolgten, während Leif in jedes Wellental des grünen Tuchs ein weiches Bom – Bom fallenließ.

Im Weiterschreiten senkte sich der Oberkörper des Jungen mit den vorgestreckten Armen und dem Fahnenstiel und stieg in langer Kurve wieder auf, von den gestreckten Zehen bis zur Fahnenspitze ein grüngeflügeltes Wesen, das, zum Flug ansetzend, Zeichen in die Luft schrieb. Die Gesichter der Zuschauenden waren weich. Jytte lächelte.

Später erschien mir diese knappe Stunde im Turnsaal wie ein langer Vormittag, in jeder Minute erlebte man etwas.

Und jedes Kind setzte sich an eine Trommel, wenn es das Bedürfnis hatte, variierte den angegebenen Rhythmus, gab einen anderen an, gab ihn auf, wenn er kein Echo hervorrief, paßte sich anderen Trommlern an. Und im Wechsel von Phasen der Ruhe mit Phasen von Tempo und Bewegung spürte ich mehr und mehr, daß nicht nur eines aus dem anderen, sondern aus beiden etwas Drittes wuchs. Der gewünschte Calypso wurde nun von allen in kreisenden Reifen getanzt. (Jenes tempobesessene Trommelmädchen hatte das soeben erfunden.) Und wenn auch jedes Kind in seinem Reifen eine andere Art Calypso tanzte: zum ersten Mal und von sich aus tanzten sie etwas Gemeinsames. Erst jetzt schienen sie frei und bereit dafür zu sein.

Eine Weile wechselten noch Einzel- mit Improvisationen loser Gruppen-

tänze – Leif die ganze Zeit an den Trommeln –, doch alle Rhythmen und Bewegungen und Blicke gingen aufeinander zu und strebten nach Zusammenklang.
Da kletterte ein Junge wie ein Äffchen im Gestänge des Dachs und warf Holzstäbe herab. Sie lagen in der Saalmitte parallel auf dem Boden. Einander gegenüberkniend nahmen vier Kinder die Stangenenden und schlugen sie rhythmisch gegeneinander und dann gespreizt auf den Boden. Von den Seiten her sprangen die anderen in die flüchtigen Zwischenräume und wieder heraus, bevor die Stangen zusammentrafen. Es mußte sehr gleichmäßig hoch und zugleich seitlich gesprungen werden. Die Taktschläger ließen die Stangen nicht zusammentreffen, wenn ein Springer den Rhythmus verfehlte, niemand bekam einen Schlag gegen die Fesseln. Diese Vorsicht schien Ausdauer und Genauigkeit zu fördern: Ein Mädchen hüpfte mindestens zwanzigmal exakt zwischen den Stangenschlägen, bevor es zur Seite ausscherte und mit Beifall und Bravo-Rufen bedacht wurde.

Diesen Tanz sah ich einmal bei einer vietnamesischen Studentengruppe in Leipzig. Dort war er lange geübt worden und nach der jeweiligen Begabung festgeschrieben in den verteilten Rollen von Musikern und Rhythmikern und Tänzern. Hier aber entstand der Gruppentanz vor meinen Augen in einer improvisierten, immer wieder neu aufeinander bezogenen Disziplin zwischen Trommlern, Springern und Stangenschlägern, denn sie wechselten einander ab, und manchmal wurden nur zwei, ein andermal aber sechs oder acht Stangen geschlagen. Es war für mich eine Urlektion in Disziplin, frei von Herrschaft und Gehorsam.

Als die Kinder den Saal aufräumten, wurde viel gelacht. Leif sah außerordentlich erschöpft, doch glücklich aus, als er sich zu Jytte und uns gesellte. Ihr habt Glück gehabt oder uns geholfen, so eine Stunde gelingt fast nie, sagte er. Oft zerstreue sich die Energie und ließe sich nicht wieder zusammenführen, aggressive Kinder unterdrückten die sanfteren, fast immer gäbe es Konflikte, über die zu lange geredet werden mußte. In dieser

Schule wurden Lust und Fähigkeit zu rhythmischer Bewegung bei Abzählreimen, Kreisspielen, rhythmischem Händeklatschen in der Klasse der Fünfjährigen über die Jahre immer eigenständiger, so daß sie für die meisten Mädchen und Jungen noch als Frauen und Männer Äußerungsformen ihrer Natur blieben. Damit verband sich Lust auf Musik; Søren hatte sich erst spät gegen die Laufbahn eines Pianisten entschieden, Inga und Kaj saßen oft lange am Klavier und versuchten mit Tönen auszudrücken, wofür sie keine andere Sprache hatten: für sich, nicht für Zuhörer.

Das Schulorchester spielte überall im Lande (erspielte auch Reisegeld für Auslandsfahrten). Und immer wieder kamen bemerkenswerte Musiker von dieser Schule wie Ed, der Geographielehrer, und wie Leif und seine Gruppe.

Nur Außenstehenden erschien das Lernen hier planlos. Die Schüler legten die Examina wie in der Volksschule ab (an diesem Nachmittag die neunte Klasse in Mathematik: nach einem Aufgabenkatalog des Ministeriums). Die Lehrziele waren einheitlich. Aber der vorgegebene Plan des Unterrichts galt auch an Volksschulen nur als Rahmen, der von Ort zu Ort, von Schule zu Schule verschieden ausgefüllt wurde. In dieser Freischule wurde er vor allem in der Lehr- und Lernmethode verändert. Dieses ANDERS hatten Leif und seine Kollegen – ausgebildete und sehr engagierte Pädagogen – gemeinsam mit den Eltern zu verantworten. Nicht nur in jedem Jahr und Monat, auch in jeder Stunde mußte immer wieder improvisiert, aufeinander eingegangen, korrigiert, gestritten, neu ausprobiert, phantasievoll mitgemacht werden, ohne die Übersicht zu verlieren. Und niemand nahm Pädagogen leidige Verwaltungsarbeit und Organisation ab. Sie wollten den ungeteilten und selbständigen Menschen, also mußten sie es selbst sein. Diese in den Alltag geholte Vision gelang selten und war wohl auf Dauer schwer auszuhalten. Ungewöhnliche Kraft und Lernfähigkeit und einen Enthusiasmus über den Anfang hinaus – wer das nicht tagtäglich aufbrachte, ging als Lehrer an die Volksschule.

Auch dort wurde er nicht zu einer Art zivilem Unteroffizier (diesem Trauma mancher deutscher Kindheiten). In dänischen Staatsschulen hatten von Herrschaft und Unterwerfung geprägte Ordnungen keine Tradition. Bereits im ersten Drittel des vorigen Jahrhunderts war in Dänemark öffentlich diskutiert worden, warum der Unterricht (vor allem an höheren, meist lateinischen Lehranstalten) zu sehr auf zukünftige Beamte bedacht und zu wenig volksnah gewesen war. Grundtvig wollte Unterricht »verlebendigen« – Wissen sollte nicht von Erfahrung und Persönlichkeit getrennt werden: weder beim Lehrenden noch beim Lernenden. Und es wären »Herren-Allüren«, wenn im Unterricht allein die Lehrer das Wort führten. In der bis dahin üblichen Bildung hätte ein Grundelement der Herrschsucht gesteckt, weil sie davon ausgegangen war, den Menschen nach Vorstellungen von Lehrern und Pfarrern zu formen, anstatt die natürlichen Gaben und Bedürfnisse auszubilden (»als gute Freunde in der Hinterhand« Bücher, möglichst originale Quellen; statt Interpretationen der Kuba-Krise lasen dänische Volksschüler heute nicht selten den ungekürzten Briefwechsel zwischen Kennedy und Chruschtschow). Aus dieser Grundtvigschen Tradition entstanden auch die dänischen Volkshochschulen (1844 die erste der Welt). Besuchten ursprünglich auch vorwiegend Bauern während der Wintermonate die Kurse, standen sie doch von Anfang an Erwachsenen aller Stände offen und dienten weniger beruflicher als allgemeiner Ausbildung von Fähigkeiten, die den Menschen in seiner Umgebung mündiger machten. Dieser Grundgedanke ist bis heute nicht verlorengegangen, auch wenn die Volkshochschulbewegung im Laufe ihrer langen Geschichte sich neuen sozialen Strukturen des Landes und wechselnden Bedürfnissen anpaßte (seit den siebziger Jahren soll es etwa neunzig Volkshochschulen unterschiedlichster Richtungen, darunter zwei mit proklamiertem sozialistischem Programm und vielen arbeitslosen Kursbesuchern geben). Für die Dauer des Kurses lebt man zusammen und bezahlt seinen Unterhalt, während der Staat die Kosten des Unterrichts (bei genügend Interessenten für ein Fach) übernimmt, die Volkshochschulen aber nicht kontrolliert. Am Ende muß keiner ein Examen machen.

Diese Freischule allerdings verläßt kein Absolvent ungeprüft. Böse Zungen sprachen von vielen Versagern. Andere wieder behaupteten, diese Absolventen hätten sich als besonders lebenstüchtig und erfolgreich erwiesen – auch im üblichen, banalen Sinne: als Leiter in der Wirtschaft, Wissenschaftler, Künstler ... Vielleicht Vorzeige-Ausnahmen, dachte ich, Frucht einer anderen Erziehung, und bezweifelte weiter, daß so »nachlässig« Lernende ernsthafte Prüfungen bestehen konnten.

Sie bestehen aber, beharrte Jytte. Alle bestehen oder keiner. So wollen sie es, und jeder gibt anderen, was er weiß.

Ihr prüft sie ... nachsichtig?

Jytte lächelte. Würdest du Geld für eine Schule bezahlen, wenn dein Kind dort weniger lernt? Plötzlich lachte sie frei heraus: Es ist so. Ob du glaubst oder nicht glaubst, ändert es nicht. Und mit Leif auf dänisch plaudernd, ging sie durch den langen Gang. Manchmal blieben sie vor einem Briefchen oder einer Zeichnung an der Wand stehen. In der Art, wie sie einander auf etwas aufmerksam machten, die Schulter oder den Arm des anderen berührend, zuhörten mit Blicken und dem ganzen Gesicht, den anderen mit wissendem Lachen unterbrachen und sein Erzählen fortsetzten, lag eine behutsame und alte Zuneigung. Leif und seine Frau arbeiteten seit 1962 hier, Ed seit dem Lehrerexamen 1968, und bei Jytte mußten es mehr als zwanzig Jahre gewesen sein bis zur Pensionierung. Etwas Unnachgiebiges steckte hinter der Sanftmut. Waren sie des intensiven, von unvermeidlichen Rückschlägen begleiteten Experimentierens nicht müde?

Als Leif sich entfernte, folgte Jytte ihm mit dem Blick. Hast du nicht bemerkt, wie sie ihn lieben? Und wie er Ed mag und Ed ihn?

Über sich sprach sie bis zuletzt nicht.

An diesem Abend, während alle im Haus schliefen, legte ich Sørens Platten auf. Rhythmen von überall her, denen der Körper sich anpaßte. Ich war nicht mit Blues aufgewachsen. Und auch dieses Schlagen von Holz auf Holz in den Fischertänzen des Nordens war der Ausdruck einer Freude, die mein Körper in seiner Bewegungssucht nur nachahmte.

Einmal aber – ich muß sehr klein gewesen sein, denn wenig später wurden die Zigeuner in Deutschland ausgerottet –, einmal hatten Beine und Bauch und Schultern und Handgelenke sich von allein bewegt zwischen barfüßigen Beinen, braun und schmal, ein Rasenplatz zwischen drei Planwagen hinter unserem Garten, Oberkörper und Arme des Geigers nackt, bis die Erwachsenen von der Feldarbeit zurückgekehrt und die bunten Gäste für immer verschwunden waren. Sie säen nicht und ernten doch ... Dieser Refrain der Predigten blieb für mich seltsamerweise mit Tanz verbunden, wenn er nicht üblicher Teil von Geselligkeit war.

Ich zog jetzt die Vorhänge zu, schloß die Augen und wartete, bis ich die Musik hörte, die ein Freund von Zigeunern zu Hause auf Band gesammelt hatte. Aber ich hörte sie nicht mehr mit dem Körper.

In der Eisenzeit

Noch erinnerte ich mich nicht.

Ich trat gebückt durch die Türöffnung in die fensterlose Hütte. Holzscheite brannten zwischen Feldsteinen, Tongefäße standen in den Flammen. Der Rauch zog durch ein Loch im Dachfirst ab. Das Feuer flackerte Licht in die Gesichter einiger junger Männer. Auf den Pritschen, worauf sie saßen, lagen Felle und Selbstgewebtes. Roh mit dem Beil zugehauene Stämme trugen das Dach, das Stroh an ihnen mit Bast oder Fellstreifen befestigt. Die Wände bestanden aus Stämmen, in die Erde gerammt, durchflochten mit Zweigen und mit Lehm verschmiert.

Ein Eisenzeitmädchen saß in ihrem kittelartigen Umhang auf einem Schemel aus rohem Holz und zerrieb mit einem handlichen Stein auf einem Quader Korn zum Brotbacken. Vorschulkinder traten ein, betasteten neugierig die mit Bast umflochtene Innenwand. Eine Kleine durfte nach Art unserer Vorfahren Mehl mahlen. Das Fachgespräch zwischen beiden verstand ich nicht.

Das Eisenzeitdorf lag an dem kleinen See zwischen den fast schroffen Hügeln bei Lejre in Seeland. Ein Flechtzaun umschloß die vier Langhäuser und die kleinen Hütten und hielt die frei herumlaufenden Ziegen, Kühe und Schafe ab. Kräuter hingen in einer Wirtschaftshütte. In einer anderen war waagerecht ein Fell gespannt, zum Gerben und für andere Bearbeitung. Woher kannte ich diesen Geruch?

Ein blondes Mädchen saß im Freien am offenen Feuer und rührte in einem Tontopf. Sie nahm in der Mittagshitze den Umhang vom Oberkörper. Der junge Mann neben ihr arbeitete an einem Gestell mit Binsen. Zwei andere Mädchen schälten Baumstämme. Eine trug die Stämmchen aus einem Haus ins Freie. Sie hätte eine Walküre in einer Wagneroper spielen können; kräftige Nase, ausgeprägtes Kinn. Auch dieses Mädchen hatte sich frei gemacht, und ihre Brüste hüpften im Takt der Stämmchen. Der Kameramann des japanischen Teams führte das Objektiv diskret an den nackten Oberkörpern vorbei.

Auf dem Steinfeld wurde nachvollzogen, wie unsere Vorfahren die Quader für die Großsteingräber fortbewegt hatten. Man hob sie mit langen Stangen an, schob Steine darunter, drückte höher, bis man sie auf Holz- stämme kippen und so fortrollen konnte. Das Getreide auf den kleinen Feldern wuchs spärlich, Holzpflug und Verzicht auf Kunstdünger hatten ihren Preis. In der Töpferwerkstatt wurden alte Verfahren und Techniken erkundet, so für das schwarze jütländische Topfgut. Auch in der Webstube standen für Besucher Erklärungen in Blindenschrift auf einer Tafel. Weberinnen experimentierten mit Methoden der Vorzeit. Aus Funden wurden Farbtöne für die heutige Weberei abgeleitet, in diesem Jahr Schattierungen von braun bis gelb. Auf dem Brennplatz wurde in kleinen Lehmöfen die Feuertechnik vorzeitlicher Töpferöfen erforscht. Nach dem Spaziergang über den kultischen Tanzplatz auf einem Hügel trat ich – das erkannte ich sofort – in den Garten meiner Großeltern. Die niedrigen Buchsbaumumfriedungen der Wege rochen wie damals. Auch der längliche Fachwerkbau war mir vertraut. Pferde wieherten. Schweine grunzten im Stall. Heu quoll aus den Bansen der Scheune. Nur der Ziehbrunnen hier war fremd.

Nächste Woche, hieß es, würden drei Mädchen kommen und leben wie früher, auch Brot backen und buttern.

Ich verließ die beiden Bauernhäuser aus dem vorigen Jahrhundert und ging durchs Feuertal, über den urzeitlichen Knüppeldamm, besuchte den Filmsaal, die Schmiede, sah die dänische Fahne auf hohem Mast, den Platz für Familienaktivitäten. Väter hackten Holz. Kinder schroteten Korn und buken Brot, Mütter paddelten mit Kindern in Einbäumen. Auch die plumpen Paddel waren aus einem Stamm gehauen. Ich sah niemanden rauchen, kein Radio. Historische Detailtreue. Ob die Mädchen – die jungen Leute verbrachten je zwei Wochen im Eisenzeitdorf – in dieser Zeit auch auf die Pille, das Sonnenöl und den Rotwein verzichteten, weiß ich nicht.

Hügelan stieg ich durch alten Buchen- und Eichenwald. Das Eisenzeitdorf blieb in der Senke zurück. Das Ochsengespann mühte sich den Hang hinauf mit dem Holzpflug. Ich stapfte durch hohes Gras. Da bleckte ein Pferdekopf die Zähne durchs Gebüsch. Schwebte das ganze Tier über dem Weiher? Ein stämmiger Brauner. Nein, nur der Kopf und das Fell steckten auf einer Stange über dem kleinen Moor. Das Fleisch war zu schade für die Götter gewesen. Mir wurde beklommen zumute. Die Hufe baumelten über der Wasseroberfläche. Sonnenstrahlen brachen durch die Zweige. Das entpferdete Fell glänzte wie frisch gestriegelt. Am Opfermoor war es duster und still. Nur seltene Vögel, die ich noch nie gehört hatte, kreischten. Kein Mensch zu hören oder zu sehen. Kein Geräusch der Zivilisation. Nur der Pferdekopf glotzte mich an.

Hier, am Ufer im heiligen Hain, hatte das Idol der Gottheit gestanden, als Stock oder Astgabel. Hier hatten sich unsere Vorväter versammelt, ihre Angelegenheiten beraten, gestraft, geopfert, heilige Mahle und Umtrünke gehalten.

Dein Schnauben und Wiehern galt als Weissagung der Gottheit, dachte ich angesichts des heiligen Tiers, dein Blut floß in den Kessel, aus dem die Umsitzenden mit Wedeln besprengt wurden, in anderen Kesseln kochte dein Fleisch für den Opferschmaus zu Met und Bier.

Nach der Schlacht bei Arausio (105 v. u. Z.) zerrissen die Kimbern und Teutonen nicht nur die Gewänder der 80000 Gefallenen und traten sie in den Kot, warfen Gold und Silber in den Fluß, zerschlugen die Brustpanzer der Römer und hängten die Menschen mit Stricken um den Hals an Bäume, sondern sie zerstörten auch den Schmuck der Pferde und ertränkten sie in den Strudeln des Flusses. Eine rauhe Zeit.

Der Braune schnaubte. Als müßte ich für meine Vorfahren einstehen, hielt ich ihm entgegen: Selbst Menschen wurden geopfert, fast stets nur für Odin, den Hauptgott.

Höchste Opfer waren Auserwählte. Nach der dritten Mißernte opferten die Schweden König Donald. Um eine gute Frucht zu erzielen, wurde der norwegische König Halfdan der Schwarze geopfert, seine Leiche zerstückelt und an verschiedenen Stellen des Landes vergraben. Für günstigen Wind forderte Odin einen Mann aus König Wikars Schiffsmannschaft. Das Los traf den König selbst. Er ließ sich hängen. Kein Scheinopfer, wie er zunächst gemeint hatte.

Die Hufe des Braunen bewegten sich, als wollten sie in Trab fallen. Ein Windstoß schüttelte die Blätter. Näherte sich Odin?

Der Braune schlug nach mir aus. Wollte er mich aus dem Versteck des Angelesenen ins Moor stoßen? Wahrscheinlich würde man mich nicht wiederfinden wie jenen berühmten Grauballemann, dem ich im Moesgård-Museum bei Århus gegenübergestanden hatte.

Er ruhte dort in einem Glaskasten. Beim Anblick dieser ersten Moorleiche hatte es mich geschaudert.

Er wurde gestern vor siebenundzwanzig Jahren, an einem Sonntagnachmittag, beim Torfstechen nahe dem Dorf Grauballe entdeckt, hatten Bodil und Birte gesagt, die mit mir zum Museum geradelt waren. Ich zog den Nordhäuser heraus, und wir tranken, an die Scheibe gelehnt, auf die weitere Festigkeit des schwarzledernen Kerls. Der Grauballemann grinste zurück, grimmig. Er war unglücklich gestorben. Nicht nur der klaffende Schnitt an der Kehle, von Ohr zu Ohr, zeigte das, sein Gesicht war verzerrt, entsetzt. Das feuerrote Haar stach ab vom nackten Körper. Es war so fein und unversehrt wie bei einem Lebenden. Eine Perücke, vermutete ich.

Der Schopf ist echt, sagte Bodil. Die Gerbsäuren im Moor konservierten den Körper und färbten sein Haar.

Mit dem Mann aus Tollund, Tage später im Silkeborger Museum, war ich allein im Raum. Vielmehr mit seinem Kopf hinter Glas. Der Tollundmann schlummerte ruhig und zufrieden, wie ein Heutiger, der sich zum Mittagsschläfchen hinlegte. Seine Haut wirkte straff und gepflegt, wie eingecremt, die Poren waren unversehrt, Kinn und Wangen wie vor zwei Tagen rasiert. Keiner sah ihm die über eineinhalbtausend Jahre an.

Er hatte ein glückliches Gesicht. Keine Spur von Grauen und Entsetzen, obwohl er erhängt wurde. Die Zeit hatte den Strick um seinem Hals nicht gelockert. Der Tollundmann war wirklich auserwählt gewesen und sein

Opfer angenommen worden. Während des heiligen Festes der Wintersonnenwende hatte er auf dem Kultwagen der Göttin Nerthus sitzen dürfen. War es jener, den Tacitus beschrieb? Oder einer von denen, die in den heiligen Mooren gefunden wurden? Auf der Triumphfahrt hatten den Mann viele begleitet und beneidet. Denn er galt als Liebhaber der Fruchtbarkeitsgöttin Nerthus, ausersehen für die kultische Ehe. Nach der Fahrt durch die Siedlungen hatte er der Göttin beiliegen dürfen. Sein Gesicht offenbarte das. Ich glaubte ihm.

Vorzeitfunde zeigten die Göttin nackt mit großen Halsringen. Auch der Tollundmann war unbekleidet und der kunstvoll geflochtene Strick Zeichen seiner Vermählung. Die hatte im heiligen Moor stattgefunden. Die Göttin lohnte ihm die außergewöhnliche Nacht und erhielt sein Antlitz wie das keines anderen Menschen.

Diese Götter lebten noch in Freiheit, nicht eingesperrt in Tempeln, Kirchen und Moscheen. Derartige Kerker hätten die alten Germanen ihren Göttern nicht zugemutet. Man verehrte sie und opferte ihnen unter offenem Himmel, in heiligen Hainen und Wäldern und Mooren.

Den Grauballemann hatte die Göttin abgewiesen. Im Gegensatz zu mir schien das Birte und Bodil nicht zu rühren.

Die Gründe seiner Zurückweisung kennen wir nicht. Verließ ihn plötzlich, den Kopf über dem Blutkessel, der Glaube? Seine blanke Nacktheit war nutzlos geblieben. Er war ein edler, schöner Mann Ende Dreißig gewesen, mit zarten Händen, an keine körperliche Arbeit gewöhnt. Auch seine Fingernägel waren noch heute gepflegter als meine. Die Kriminalisten in Århus, die ihm die Fingerabdrücke abnahmen, fanden seine Papillarlinien deutlicher als ihre eigenen. Bauern und Krieger hatten neidisch zu ihm aufgeblickt. Ihre abgearbeiteten Hände hätten die Göttin nicht berühren dürfen.

Seine letzte Mahlzeit war weit bescheidener gewesen als unser Picknick vor dem Museum, schien es. In Wirklichkeit aßen wir Triviales gegenüber der geweihten Speise des Eisenzeitmenschen: Ein Brei aus den Samen von sechsundsechzig verschiedenen Pflanzen des Feldes und der Flur, die im folgenden Frühling durch sein Opfer wachsen und gedeihen sollten. Das ergab die Analyse seines Darminhaltes. Außerdem ließ die Röntgenuntersuchung beginnenden Gelenkrheumatismus in der Brustwirbelsäule erkennen. Und der Grauballemann hatte Karies.

Nicht nur sein Tod, auch seine Auferstehung waren spektakulär gewesen, berichtete P.V. Glob in seinem Buch »Die Schläfer im Moor«. Vor seiner eingehenden Untersuchung wurde der Grauballemann ausgestellt. Die Leute standen stundenlang Schlange. In einer knappen Woche kamen zwanzigtausend Besucher. Nach der Besichtigung zweifelten auch Journalisten: Konnte sich ein Körper so lange erhalten? Den Wissenschaftlern wurde Scharlatanerie vorgeworfen. Jütländische Zeitungen druckten Spottlieder gegen Glob und seine Mitarbeiter. Eine Hofbäuerin erkannte in dem Toten schließlich den Roten Christian, der um das Jahr 1887 spurlos dahin verschwand, wo die Leiche gefunden wurde. In der Öffentlichkeit wurde gestritten. Aber die unfehlbaren Kohlenstoff-14-Tests ließen die Spötter verstummen. Eine der großen Zeitungsüberschriften lautete: Die Atome schlugen den Roten Christian aus dem Felde. Die Proben, aus der Nähe der Leber entnommen, ergaben das Alter des Grauballemannes: 310 n.u.Z. ± 100 Jahre. Also ein Zeitgenosse des römischen Kaisers Konstantin. Seine Kaiserthermen und sein Amphitheater in Trier sind längst Ruinen, von den Körpern der Römer gar nicht zu sprechen. Aber der jütländische Germane ist auferstanden.

Als sich Birte und Bodil gerade umwandten, grinste er mich verschmitzt an. Wollte er mir, einem nicht oft Reisenden, sein Schicksal anvertrauen? Da spürte ich Birtes Arm. Die Mädchen zogen mich weiter zu den Runensteinen. So erfuhr ich das Geheimnis des Grauballemannes nicht.

War einer seiner Zeitgenossen auch in dieses Opfermoor versenkt worden, über dem die Pferdehaut hing?

Über dem Moor stand heller Himmel. Gebüsch verbarg den Braunen. Zum dritten Mal zog es mich in die Hütten des Eisenzeitdorfes. Die Mädchen saßen um die erloschenen Feuer unter den kühlenden Dächern. Hatte der Grauballemann in einer ähnlichen Hütte gewohnt? Ich schnupperte plötzlich diesen Geruch aus grauer Vorzeit, erkannte diesen Räucherduft wieder. Meine Fingerspitzen berührten die Erdklumpen, an die niedrige Außenwand gestapelt, und ich erinnerte mich an ihr Gewicht vor zweitausend Jahren.

Daran wird sich vielleicht auch Hans-Ole Hansen aus Lejre erinnert haben, als er im Jahre 1954, fünfzehnjährig, in einem Osloer Kino sah, wie im Film die Lebensweise der Steinzeitmenschen rekonstruiert wurde. Er träumte von etwas Ähnlichem zu Hause in Dänemark. Zehn Jahre später wurde, mit 400000 Kronen des Carlsberg-Fonds unterstützt, die Historisch-archäologische Versuchsanlage Lejre gegründet.

Wache vor Schloß Amalienborg

Sonderangebote zur Fußballweltmeisterschaft

Fußballfans
in den
National-
farben

Århus, Blick aus der Cafeteria des Musikhauses zum Rathausturm

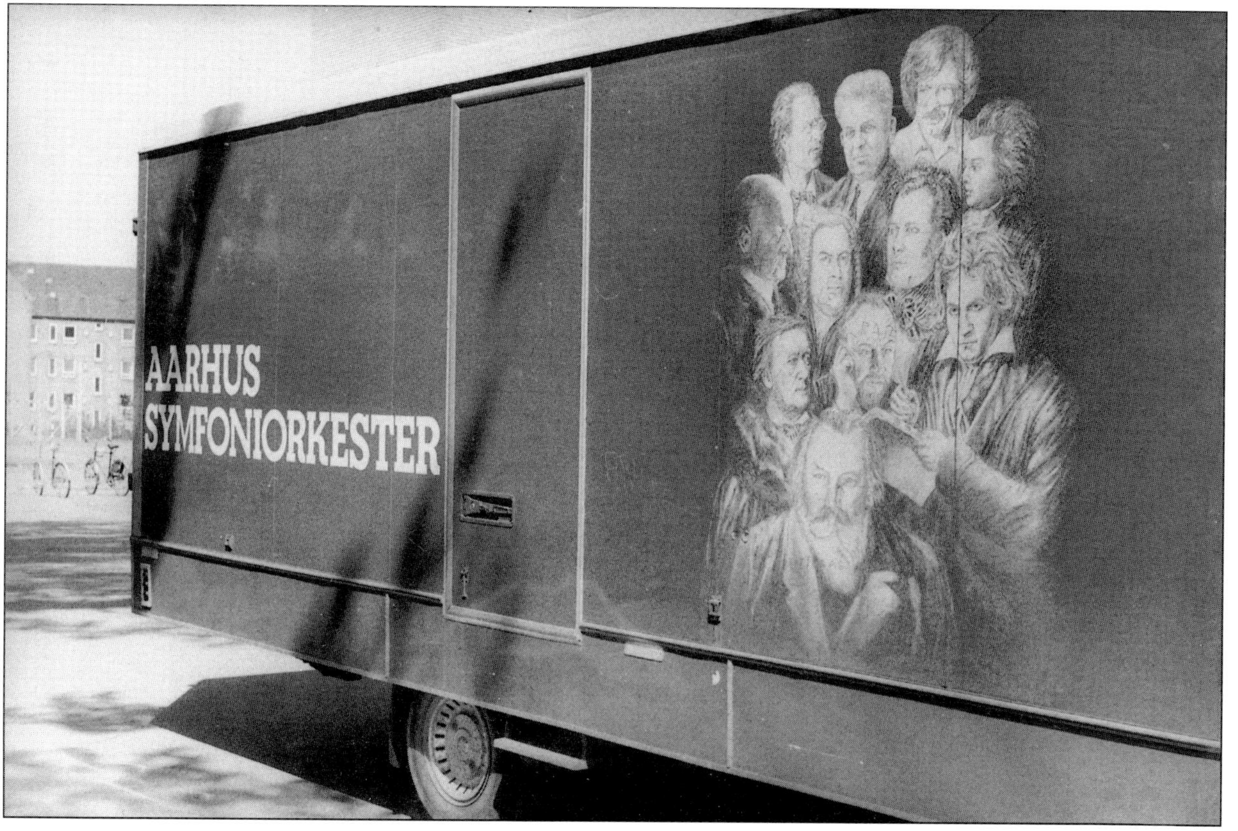
AARHUS
SYMFONIORKESTER

Rathaus
in Århus

Im Innern des Rathauses von Århus

Kalkmalerei
im Dom
zu Århus

Unterwegs zur Nordspitze

Skagen ... Ein Tief nähert sich vom Skagerrak – schon das Wort brachte Bewegung in den eintönigen Stimmfluß aus dem Radio: Die See klopfte an Land, probeweise, noch trennte der Horizont Himmel und Wasser, die Meerebene täuschte Ruhe vor, während eine Unterströmung heran- und an der ganzen Länge des Strandes »dumpf dröhnend« ausrollte; wir wußten es vom alten Jütländer Blicher. Hier oben also, fast am Atlasrand, wo der nördlichste Zipfel von Jütland wie eine gelbe Sonde ins Blau ragte. Es trübte sich unter unserem Blick, verbreitete Kühle und Feuchte – wir suchten nach Wetterzeug für das unwirtliche Reiseziel.

Søren, der den blau-weiß geringelten Pullover über die blauen Baumwollhosen zog wie gestern und vorgestern, fragte sich vergewissernd: Skäin? Als meinten wir nicht denselben Ort. Der dänische Mund hatte ihn verwandelt, sich anverwandelt, der Alltagsklang winkte gleichsam ab. Man würde sehen. Søren steckte eine winzige Strickmütze ein.

An einem grauen, kühlen Junimorgen rollten wir nordwärts. Rollen war ein zu geräuschvolles Wort für das Dahingleiten auf tadelloser Chaussee. Halb trug uns innere Schwerelosigkeit (wir reisten wieder, mochte kommen, was wollte!), halb Jyttes rotes Auto, das sich im Rhythmus eines Blues bewegte. Søren pfiff ihn vor sich hin.

Rechts und links wieder Einfamilienhäuser hinter Hecken und Ziergesträuch – Nachorte, die in ähnliche Vororte übergingen. Dazwischen schnelle Ausblicke auf weitläufige Getreidefelder, noch grün, mit Inseln von Gehöften: durch Obstbäume und Büsche abgerundetes Geviert aus Wohn- und Wirtschaftsgebäuden, geweißte oder geziegelte Wände, rotbraun gestrichene Wellblechdächer (Dachziegel und Handwerker waren teuer). Auf gelbgrünem Wiesenstück eine Gruppe graugrüner Heureiter mit Netzen als Windschutz. Und schon verstellte eine neue Ansammlung von Häusern den Blick, diesmal Bungalowstil, statt der leidigen Wohnsilos nebeneinandergerückte Etagen um winzige Hof-Gärten. Und wieder flüchtiger Blick auf Feld. Flaches zersiedeltes Land.

Søren hörte auf zu pfeifen und sagte: Jetzt queren wir Gudenå, den Fluß der Götter.

Ohne das hochtrabende »queren« hätten wir Sørens Feierlichkeit ernst genommen. Sehr langsam rollten wir über das göttliche Gewässer von Gassenbreite, das träge und trübe zwischen kanalartig befestigten Ufern dahinfloß – zum oder vom Meer? Vielleicht hatten die heidnischen Götter hier nach einem Meerbad die Nässe von den Gliedern geschüttelt. R. meinte, der Fluß hätte die Schiffe der Wikinger von den Weltmeeren hereingetragen – nach überstandenen Stürmen fühlten sich die Schiffer götterstark. Sørens Lächeln blieb bedeckt vom rötlichen Vollbart, nur ein Augenwinkel wurde spitzer.

In Randers öffneten soeben die Läden. Vor einem braunen Eiskiosk stellte man Sonnenschirme auf, ihr Himbeerrot sollte wohl sommerliches Wärmegefühl und Appetit auf Eis machen. Wir steuerten eine Tankstelle an. Da sie kein Benzin einer skandinavischen Gesellschaft hatte (das etwas teurer war als bei Shell), rollten wir weiter. Unser Kompliment für dänisches Nationalbewußtsein ironisierte Søren sofort; statt eines dänischen hätten er und Kirsten einen japanischen Farbfernseher gekauft, weil er dreieinhalbtausend Kronen billiger war; wir Dänen, so meinte er, kommen weder in den Himmel noch in die Hölle, sondern in ein Zwischenreich. An der nächsten Tankstelle konnte man, neben Benzin, in einem Seitenraum auch Brot, Bier, Butter kaufen – ein Ausweichhandel für Flautenzeiten. Rechts am Horizont glänzte ein Fjord auf, tauchte weg. Eine Fata Morgana des Nordens? Wir fuhren in dunklen, wüsten Wald ein: flächenweise entwurzelte Kiefern, Birken auf halbem Stamm geknickt, nur die wenigen Buchen, wenn auch wie gerupft, ragten noch grün aus dem Holzbruch. Hier hatte nicht Thors blinde Kraft, sondern der Sturm vom letzten November gewütet. Wie mochte jene Sturmflut Skagen, die letzte Wohnstatt zwischen den Meeren, zugerichtet haben?

Schon hatten wir Ålborg erreicht, verweilten keinen Augenblick, es zog uns nordwärts.
Hinab in den elektrisch erleuchteten Tunnel unter dem Limfjord. Hinter diesem muschelreichen Gewässer tauchten wir auf im nördlichsten Jütland. Vendsyssel hieß diese Landspitze. Grau war sie, nicht gelb (wie auf der Karte). Oder schickten die Meere uns Schleier entgegen, wiesen uns
ab? Das Wasser war noch fern, wie ein Straßenschild belehrte: Skagen 98 km. Und der Grauschleier erwies sich als Staub. Kalkstaub. Er lag auf Gräsern und Gebüsch, wir schmeckten ihn, steter Wind trug ihn herüber aus einem qualmenden, ergrauten Werk für Portland-Zement, puderte den Asphalt, die breiten Radwege rechts und links der Europastraße. Nein, nach anheimelnder Zipfelmütze des Märchenerzählers sah es hier nicht aus, eher nach sächsischen Gefilden. Eine in der Zeitung POLITIKEN veröffentlichte Karte hatte das Gebiet um Ålborg mit einer Fünf gezeichnet: nach København und Fredericia war dies die am meisten vergiftete Gegend Dänemarks. Ob ich die Limfjord-Muscheln nach meiner Rückkehr mit unverändertem Appetit essen würde?
Mag sein, dieser Empfang auf der Nordspitze trübte meine Sinne. Es riß mich jedenfalls nicht vom Sitz, als das ersehnte Meer sich vor uns auftat: mäßig bewegtes, streifiges Blau, ansteigend zum sehr fernen und scharfen Horizont, eine Ostsee an klaren, aber sonnenlosen Tagen, das war also das Kattegat, nun gut. Die Straße trug uns an der flachen Küste entlang, schnitt Landbögen. Der Blick wanderte ab nach links über kaum gewellte Felder, gelbgrün und seegrün und sattgrün und blaugrün. Dazwischen ockerfarbene Sandwege, die zu Bauernhöfen führten, wenige Behausungen, und auf einem Weidestück semmelfarbene Kühe, die gemächlich grasten – Werbebild für ein Butter- und Käse- und Schinken-Dänemark, das es so nicht mehr gab: mehr als die Hälfte des dänischen Exports waren Industrieprodukte, und drei Viertel der Dänen lebten bereits in Städten. Hier auf dem kargen Heideboden wohnten wenige.
In Frederikshavn legte langsam eine große, sehr weiße Fähre ab. Kein bemerkenswerter Vorgang in einem dänischen Hafen, das kleine Fährschiff

zur Insel Læsø war einige Minuten früher ausgelaufen und schnitt soeben den rechten Horizont, ein größeres kam geradenwegs herüber vom schwedischen Göteborg und würde in wenigen Minuten anlegen. Doch keines glich der großen weißen Fähre, die ohne mich nach Norden zog. Munchs bleichblauen Sommernächten entgegen, in denen die Mitternachtssonne als gelbe Scheibe über dem Horizont stehen und eine stabgerade Lichtstraße auf das Wasser werfen würde, herüber zum Ufer, wo wenige Menschen mit dem Rücken zum Lande stehen würden, einsam in ihren roten und weißen Festkleidern. Munchs Bilder, in fast allen Drucken zu flächig und grob, hatten meine Blicke nach Norden gelenkt, wenn Freunde und Nachbarn Farben des Südens suchten.

Noch einmal kehrten wir der See den Rücken. Bis vor wenigen Jahrzehnten war diese schmale Chaussee ein Sandweg gewesen, der einzige nach Skagen und zu beschwerlich für Tagestouristen. Jetzt rollten wir durch Heide, bräunlich mit Flecken niedriger, graugrüner Kiefern und dunklen Mooses, und die ersten Dünen. Auf ihren Wölbungen standen harte Gräser wie Stacheln auf Igelrücken. Es ging auf Mittag. Aus der Himmelsmitte floß schleirige, diffuse Helle, in die von links, aus abgesperrtem Gelände, Düsenjäger wie Speerspitzen aufschossen. Jeder Start kostet so viel wie ein Einfamilienhaus, sagte Søren. In regelmäßigem Abstand folgte einer nach dem anderen, ohne das übliche Knallen zu verursachen; über dänischem Territorium durfte die Schallmauer nicht durchbrochen werden.

Wir hielten an. Lauschten. Denn vor uns war eine Lerche aufgestiegen. Unentwegt trillernd, überwand diese Königin der Vögel die Schwerkraft, stieg und stieg. Ich glaubte diese zitternde Aufwärtsspirale zu sehen (oder ein Bild von Max Ernst?), und wir standen lange und lauschten, als hörten wir die erste Lerche des Lebens, während die lautlosen Schatten der Düsenjäger über uns und die nahen Sommerhäuser dahinjagten.

Flach waren diese Häuschen, weiß oder mit Holz verkleidet. In jedem Falle teuer und sehr begehrt. Die Saison hatte glücklicherweise noch nicht begonnen. Außer uns sind keine Berühmtheiten hier, kommentierte Søren in jenem scheinernsten Ton. Wir wiesen wortlos auf einen kurzbeinigen

Hund auf dem Sandstreifen zwischen Chaussee und Heidekraut. Er hatte ein hängendes weißes und ein aufgerichtetes schwarzes Ohr und blickte erhobenen Kopfs an uns vorbei.

Skagen stank nach Fisch.
Wir rochen den Ort, bevor wir ihn sahen und erreichten – und rollten rasch durch bis zu den paar Häusern in Grenen, den allerletzten im dänischen Norden. Auf diesem Parkplatz endeten Straße und Stege.
Gren bedeutet Ast, Zweig. Dieser gelbe Dünenstreifen zwischen Skagerrak und Kattegat war noch kilometerbreit. Die flachen Strände rechts und links schienen ohne Trennlinie in flaches schmales Wasser überzugehen. Nach vorn aber, wo der Landzweig dünner und dünner werden und schließlich, falls man der Karte noch vertraute, in den vereinigten Meeren enden mußte, vorn verstellte ein flaches Kastenhotel den Blick. Viel Glas, die Loggien holzverkleidet und die Auffahrt flankiert von den Fahnen Dänemarks, Schwedens, Norwegens, Finnlands und Islands. Diese Nachbarn schienen allerdings nur symbolisch zu Gast zu sein. Die fünfzehn Autos, ein wenig verloren auf dem weitläufigen Parkplatz, trugen Kennzeichen S und D (der Schweden und Deutschen). Unser rotes Autochen repräsentierte allein den Gastgeber.
Sobald wir aus dem Schutz des Gebäudes traten, empfing uns scharfer, gleichmäßiger Wind, den wir soeben noch für Fahrtwind gehalten hatten. Wir schlossen die Wetterjacken bis unters Kinn und krempelten die Hosenbeinlinge hoch, denn uns stand ein halbstündiger Fußmarsch dünab und dünauf bevor. Bei jedem Schritt sanken wir bis zum Wadenansatz in Sand. Wir hätten den sogenannten Sandwurm besteigen können, einen Traktor mit überdachtem Holzhänger, der soeben loszockelte. Aber wir wollten allein sein. In stummer Übereinkunft rasteten wir vor der letzten Düne. Søren glaubte Stimmen zu hören. R. hatte schlichtweg Hunger. Ich schloß mich an, weil ich eine wachsende Beklemmung nicht eingestehen wollte. Vom Dünenrücken hatte ich nämlich den ersten Blick die gelbe Landzunge entlangeilen lassen: sehr lang und spitz schien sie tatsächlich

hin und her zu züngeln in einem ungeheuren milchigen Blau, das weder Luft noch Wasser zu sein schien. Und so setzten wir uns im letzten, windgeschützten Dünental um den Picknick-Korb. Auch in den zusammengeklappten Schnitten fehlten nicht Salatblätter und Gurkenscheiben, Reisevariante des smørrebrød. Plötzlich veränderte sich das Licht. Auf halbgeschlossenen Lidern spürten wir dieses Strahlen so scharf und klar, als leuchtete es jede Hautpore aus. Sofort brach Søren auf – ein durchstrahlter Junimittag war ein Geschenk. Mitten auf dem Dünenhang blieb unser Freund stehen, lauschte, kehrte uns für Sekunden ein bedrängtes Gesicht zu, ehe er mit ausgreifenden Schritten nach links, am Hügel vorbei, Richtung Nordseestrand verschwand.

Jetzt hörten auch wir deutsche Worte: ... aber der Tommi griff nicht an. Otto, der Feld und ich lagen hier ... Wo, Opa, wo? Die Antwort war unverständlich, eine hohle Stimme. Vom Kamm der Düne aus erblickten wir halbierte, männliche Gestalten und ein Kind am Hang unter uns, ihr Oberkörper steckte in Luken halbverwehter Betonbunker. Dann fotografierte der Kriegsheld den Schauplatz seiner Taten, während sein erwachsener Sohn und der Enkel die Stärke der Bunkerwände mit einem Zollstock maßen. Etwas abseits saßen zwei Frauen in eine flauschige Decke gehüllt, die jüngere blickte durch einen Feldstecher aufs Meer. Ich schloß die Augen – das Bild war zu sehr Klischee, um wahr zu sein, ich mußte es in einem Film gesehen haben. Nein, es blieb tatsächlich vor Augen, und die Ohren blieben Zeugen dieses unverblaßten Abenteuers im Leben des Mannes. Und so kam es, daß mein erster Rundblick an der Nordspitze Dänemarks ausfiel; statt nach vorn blickten die Augen noch einmal zurück, lasen erst jetzt die Schilder hinter den Fenstern der Sommerhäuser, die wir vor einer Stunde links liegengelassen hatten: ZIMMER FREI. In deutsch hatte es dort gestanden (dänisch in der zweiten Zeile) – wie vor zehn Jahren in den Fenstern von Zakopane (polnisches Angebot hinter dem deutschen). Und nun hörte ich den dänischen Witz, den ich gestern unbewegten Gesichts überhört hatte: Es wird ein guter Sommer, schon acht Deutsche an der Westküste ertrunken. Doch man vermietete gern an Deutsche, sie seien sauber, zahlten gut. Ja, man kassierte sie gern ab, die unverbesserlich Tüchtigen, aber liebte man sie wie vertraute Nachbarn des Alltags? Am Strøget in København warfen sie ein leger geschnittenes dänisches Kleid zurück auf den Ladentisch mit dem keineswegs geflüsterten, für gutmütig oder gar humorvoll gehaltenen Spruch einer obersten Instanz: Solche Kittel taugen nicht mal fürs Bett – ein fast wörtliches Zitat von anderen Deutschen auf dem Zakopaner Markt. Als ob es um Kleider ginge; der Wunsch konnte nicht mehr darüber hinwegtäuschen: Müllers westlich und östlich der Elbe gebärdeten sich nicht sehr verschieden. Ich hielt die Ohren zu und lief los, entschlossen, das deutsche Trauma nicht mitzuschleppen – wann kam unsereins mal nach Skagen?

Als ich Augen und Ohren wieder frei hatte, stand ich am Skagerrak. Rechts Søren mit einer rosa geäderten Muschel, die er den Kindern mitnehmen wollte.

Von links fotografierte R. das Verschwinden des Lands im Wasser. Das Foto würde später eine gewöhnliche Landzunge in einem Seestück zeigen, das Ostsee oder Schwarzes Meer vorstellen konnte. Was sich jetzt vor allen Sinnen auftat, war keinem erinnerten Bild von See und keinem vorgestellten von Ozean vergleichbar: Es war ein gewaltiger Kosmos aus Bläue. Der Blick hielt dieser Kraft nicht stand. Heftete sich an die eigenen Füße, einziger Festpunkt im Raum. Sie verschwanden bereits im Wasser, tasteten Schritt für Schritt weiter auf dem schmalen, allerletzten Streifen Sand. Die unsichtbare Spitze züngelte tatsächlich hin und her – mit einer Welle von rechts glitt der Sand unter den Sohlen nach links, vom Gegendruck des Wassers zurück. Zwei Meere kämpften miteinander. Nein, das rechte kämpfte gegen das linke, das wir nicht als Nordsee erkannten: eine riesige, gläserne Ebene von intensivem Blau, an der die breit heranschäumenden Wellen der Ostsee abzuprallen schienen; wider Erwarten kam der Wind von rechts.

Waren es wirklich zwei Meere? Bereits hundert Meter vor meinen Knien zerfloß die Schaumgrenze. Dort ... Doch sobald man aufschaute, geriet man in einen Sog, unaufhaltsam, mit Haut und Haaren zog es einen ins

Weite. Da mußte alles Gewicht gesammelt und in die Füße gesenkt werden, und dann Schritt um Schritt zurück, bis feste, trockene Erde wiedergewonnen war.

Erst jetzt, mit behausten Sinnen, überließ ich mich der Lichtflut. Unterschied das kühle, tragende Blau des Wasserrunds – am Saum ein mit scharfer Feder gezogener, fast geschlossener Kreis – vom silbrig durchfunkelten Blau der Himmelswölbung. Ein ungeheurer Raum. Darin waren klar umrissene Wölkchen aufgehängt. Ihr Weiß wiederholte sich in den Segeln eines Schiffs Richtung Schweden und in winzigen stürzenden und steigenden Möwen, deren Schreie herüberwehten.

Lange standen wir im Wind: sehr klein und schweigend.

Hatten uns jemals Ängste und Hast getrieben? Hatten wir uns in Häuserschluchten und auf umzäunten Landstücken eingerichtet? Andere, zufällig mit unseren Gesichtern umhergehende Leute mußten das gewesen sein – nicht die, die nun auf breiter werdendem Land südwärts liefen.

Wir froren nicht an den bloßen, blauroten Füßen. Immer wieder standen wir mit dem Rücken zur Küstenböschung im Wasser. Dort draußen, einen und mehrere Steinwürfe entfernt, waren die hellen Streifen erkennbar, von denen wir gelesen hatten. »Jene Sandbänke gereichen den Seefahrenden zum Verderben, für die Küste jedoch bedeuten sie eine dreifache Wehr, da sie die ungeheuren Wogen brechen, die – oft höher als das Steilufer – ohne einen solchen Widerstand die schwachen Dämme bald zerreißen und das tiefer gelegene Westland überfluten würden.« Jetzt spielten Lichtreflexe über die hell durch das Wasser scheinenden Sandstreifen hin, und es gelang keine Vorstellung von Katastrophen, wie Steen Steensen Blicher sie erlebt hatte: »Das Boot befand sich an der innersten Sandbank, keinen Steinwurf vom Lande entfernt. Es fuhr in die Brandung, von einer Sturzsee verfolgt, die ihren weißen Kamm hoch darüberwölbte – wurde eingeholt –, kam quer zu liegen – wurde überwältigt –, kenterte ... Mit der Woge wurden die Schiffbrüchigen an Land gespült. Einige gelangten ganz herauf und konnten sogleich festen Fuß fassen, andere kamen nicht so weit. Da wurde die Kette« (aus Leibern und Armen der Küstenbewohner) »an mehreren Stellen unterbrochen. Der Nächststehende packte mit einer Hand den mit der Brandung Ringenden. Der Rest der Kette zog mit aller Kraft, um dem Meer seine Beute zu entreißen; denn die gleiche Woge, welche die Männer hinauf aufs Land warf, hätte sie beim Ablaufen wieder mit hinausgesogen – und dann gab es keine Rettung mehr.«

Wir aber, die da standen und den ruhigen Atem des Meeres spürten,
waren nicht Teil dieser Kette: uns zeigte es ein geglättetes Gesicht.

Und landeinwärts konnten wir uns nur mit Mühe vorstellen, daß dieser feine Flugsand, der in winzigen Wellen über die Rundungen einer Wanderdüne – Søren sagte: Wüste – trieb und an Streicheln von Haut erinnerte, Fischerhütten unter sich begrub; noch waren auf den grellweißen Hängen unsere Fußspuren als Strichlinien erkennbar. Und wo waren die aus Bohlen und groben Brettern gezimmerten Hütten, von denen Drachmann erzählt hatte? Waren sie nie wieder freigeschaufelt worden, mit seinem Zeitalter versunken, oder standen sie andernorts? In Skagen jedenfalls waren auch winzige alte Häuser geputzt und gepinselt. Viel Ocker. Die Dachriste und Schornsteinkanten in strahlendem Weiß – materialisierte Sehnsucht nach Licht? Letztes Jahr kam die Gräue des Winters mit den Septemberstürmen und lichtete sich erst nach den letzten Schneeschauern im Mai. Dermaßen ausgehungerte Augen empfingen die Sommerhelle wie Urlicht. Und während dieses kurzen, gewöhnlich nicht heißen Sommers erwachten Menschen und Dinge. Mittsommer, zur Zeit der hellen Nächte, ging hier die Sonne eine Stunde früher auf und eine Stunde später unter als in Gedser. Und die langen Tage sahen zu jeder Stunde anders aus. Am Nachmittag, wenn das glatte Wasser den Himmel in allen Nuancen zwischen Weißgrau in der Mitte und Lila unterm Bootssteg spiegelte, weitete sich der kleine Skagener Hafen. Vor dem irisierenden Licht saßen dann vier heimgekehrte Fischer wie für alle Zeit. In graublauem Arbeitszeug, mit dem Rücken zur Stadt. Die Ellenbogen an die gegrätschten Schenkel gelehnt, flickten sie schweigend Netze. Achteten weder auf gaffende Touristen noch auf das Palaver der Händler, deren Bretterbuden den Hafenplatz säumten. Der allgegenwärtige Gestank kam offenbar aus den Fischverarbeitungs-

werken am Ort; hier, wo der kleine Tagesfang (Flundern, Makrelen, Bar-
sche, Heringe, Steinbutt) feilgeboten wurde, roch es nach Meer. Als ich
noch einmal zurückblickte, zerfloß der eben noch steingraue Platz zu
honiggelben, blaugrau durchsetzten Flecken, und die rotbraunen Hände
der Fischer bewegten sich sehr gleichmäßig über dem Wasser. Nichts
58 schien mehr endgültige Farbe und Kontur zu haben, seit die Sohlen weg-
fließenden Boden gespürt hatten. Oder gingen wir jetzt mit den Augen?
Auf der Rückfahrt bewölkte sich der Himmel. Alle Bewegung war nun
oberhalb der schattigen Erdscheibe, die im unteren Fünftel des Bildes
ruhte.

Zuletzt zogen nur noch Asphaltstraßen hell durch die Dämmerung.

Man sieht den Wegen am Abend an, daß sie heimwärts führen, variierte Søren ein Zitat. Er war in Gedanken schon bei den Kindern.

Seltsam seht ihr aus, sagten Inga und Kaj. Besynderlig? wiederholte Søren. Was meint ihr damit?

Die Kinder, denen wir ein Essen im Restaurant versprochen hatten, konnten sich nicht mehr mit Erklärungen aufhalten, sie hatten mit Ungeduld auf das seltene Ereignis gewartet. In einem »Kro« (Krug) mit Holzdecke und karierten Servietten blätterten sie aufgeregt in der Speisekarte und beobachteten die Gäste an den anderen Tischen. Die gebratenen Schollen, die der Wirt brachte, reichten von einem Tellerrand bis zum anderen. Erst jetzt waren sich die Kinder des Festes sicher. Die Fischkruste knackte. Auch wir sahen nur noch dieses zarte, weiße Fleisch der Meerestiere.

Liebe Katarina,
erinnerst Du Dich an ein Bild, von dem ich nach dem ersten Skagen-Besuch erzählte? Mit den Füßen nach vorn lag ein Mann in blaugrauem Arbeitszeug diagonal im dämmerigen Raum. Im Bildhintergrund war das Gesicht kaum zu erkennen, Blickfang waren die bleichen Hände auf der Brust und die Gesichter der Überlebenden. Noch vor kurzem mußten diese Hände rotbraun gewesen sein. Geäder und Sehnenstränge traten deutlich unter der Haut hervor wie in dem Moment, als sie die Bootswand losgelassen hatten. Die unverbrauchte Kraft der zusammengelegten Hände verbreitete eine Unruhe, die die Überlebenden nicht zu erreichen schien, ihre Gesichter mit den halbgeschlossenen Lidern bildeten eine Mauer des Schweigens. Auch mich wies sie ab, und ich wußte nicht, sollte ich um den jungen Toten oder die Überlebenden trauern ... An dieser Stelle unterbrachst Du meine Erzählung. Der Streit ging wieder los, erinnerst Du Dich? Wir waren mit R. und M. aus einem japanischen Film gekommen, der Held hatte mit dem Rücken zum Zuschauer vor dem Ozean gestanden und allen Schmerz, den er selbst vor seinen Nächsten in rituellem Umgang verborgen hatte, hinausgeschrien, ein tierischer, endloser Schrei, der uns auf dem Heimweg nachging und dazu führte, daß R. und M. über besonders disziplinierte Soldaten sprachen, die am grausamsten sein konnten, erinnerst Du Dich? Jedenfalls hängtest Du an jede Episode wie einen Refrain eine Theorie von den verheerenden Folgen des täglichen Verschweigens, von Schmerz beispielsweise, entweder erstickten wir am Schweigen, töteten Lebendiges in uns ab, oder es verwandelte sich in Zerstörungstrieb gegen andere; dieser Japaner hätte ums Überleben geschrien. Da ich immer noch schwieg – wir saßen bereits zu Hause beim Wein – und meine Miene wohl Widerspruch verriet, kamen auch die Männer von den Armeegeschichten ab und hörten zu, denn früher war ich

mit Dir in diesem Entweder-Oder einig gewesen. Da erzählte ich von jenem Skagen-Bild (ja, Du hast recht: ein Bild kann man nicht erzählen), also ich erzählte, wie ich es jetzt, nach diesem Film, erinnerte und deutete: Gerade weil die Witwe und die Nachbarn sich die Klage versagten, stützten sie einander, diese Rücksichtnahme war ein Ausdruck besonderer Nähe und machte den Schmerz für alle erträglicher. Jede Empfindung hinauszulassen wäre doch nicht weniger zerstörerisch als rituelles Schweigen ... Da hast Du gelacht und mich an die »rücksichtsvollen, verkrüppelten Nordländer« bei Ibsen erinnert (ja, genau diese Worte hast Du verwandt, weil Du wußtest: Ich mag Skandinavier, und für Dich ist kein Unterschied zwischen Norwegern und Dänen). – Ich habe heute gelacht, liebe Katarina, »mein Bild« gibt es nämlich nicht! In allen Winkeln des Skagen-Museums habe ich vergeblich gesucht. Auf dem hiesigen Bild eines toten Fischers hängt der Witwe eine Träne am unteren Lidrand. Weiß der Teufel, warum diese sehr genau gemalte Träne mein Mittrauern verhinderte. Überhaupt war Skagen anders als im Sommer: der große Himmel bleigrau, eine Last auf dem feuchten Land. Wenig Farbe. Wenig Leute. Die Fenster der Häuser geschlossen. Auch im Museum waren wir die einzigen Gäste. Das allerdings war voller Licht. Schon die Außenwände weiß, ein wenig von der Straße zurückgestellt hinter Rasen und Ziergesträuch, kaum höher als die benachbarten Bürgerhäuser. Also kein Tempel. Drinnen blickt man durch eine offene Flügeltür auf Grün und ein flaches Fachwerkhaus, ein Zimmer ins andere übergehend. Dieses ehemalige Gartenhaus, jetzt bilderbehangen, gehörte zum Hotel Brøndum, in dem seit den siebziger und achtziger Jahren des vorigen Jahrhunderts Maler gewohnt hatten. Der Wirt hängte damals die Werke Skagener Maler in den Speisesaal – bis ein Museum gegründet wurde. Ihm vererbte Sohn Brøndum später Bilder samt Hotel.

Die kleine Museumshalle sah neu aus. Das Licht kam vor allem von oben, der Innenraum im Obergeschoß (auch bilderbehangen) war frei. Rings an den Wänden sah man immer wieder Strände und Meer unter dramatisch bewölkten Himmeln. Dann eine Dame in zartgelbem Gewand vor dem bildfüllenden Blau, Sommerabend. Neben der Frau ein brauner Hund. Und die Lichtreflexe des Monds auf dem Wasser mischten sich mit dem letzten Tageslicht, das sich auf Gesicht und Hals der Frau (sie stand mit dem Rücken zu uns, zeigte aber ihr Profil) und in den Falten des Kleids sammelte, ein Leuchten, das der sinnenfreudige Krøyer wohl noch im Blick hatte von seinen Reisen durch Südeuropa und in den Skagener Sommern wiederfand. – Der von Bornholm zugezogene Michael Ancher malte die silbrige Helle eines Nachmittags, wie auch ich ihn beim ersten Besuch erlebt hatte. Am Strand gingen Damen spazieren; ihre Gewänder in weißlichem Rosa und Goldweiß und Blauweiß befestigten die glasige Weite von Himmel und Wasser im Sand. Vor allem aber malte Ancher Fischer, einzeln und in Gruppen, rötliche, sehr lebendige, aber beherrschte Gesichter mit hellen Augen und Bärten, kräftige Gestalten in Wetterzeug auf dem Weg zum Meer oder vom Meer kommend. Michael, der für immer in Skagen blieb, schien diese Männer mit dem liebevollen und etwas pathetischen Blick eines Entdeckers zu sehen, der nicht ganz dazugehört; er war nie Fischer. Wohl nicht zufällig hatte ich Michael unterstellt, »mein« Bild vom toten Fischer gemalt zu haben.

Anna Ancher aber, das ehemalige Fräulein Brøndum, war dem Vater in der Gastwirtschaft von klein auf zur Hand gegangen, unter Fischersleuten und mit den langen grauen Wintern auf Skagen aufgewachsen. Ein wenig Malunterricht hatte sie später in København genommen, einiges durch ihren Mann Michael und dessen Freunde in Skagen gelernt, das meiste aber wohl durch ihre eigenständige Art zu sehen. Jedenfalls malte sie bereits mit zwanzig einen Holzschnitzer, dessen grobes Gesicht ungewöhnlich ausdrucksvoll und schön war in seiner Ruhe und Konzentration auf die Arbeit. Gesicht, Hände und Holz sammelten das Licht im Bild. Immer wieder malte Anna die Schönheit faltenreicher Gesichter: dieses Bei-sich-selber-Sein, das kein Publikum brauchte. Und in den Küchen und Stuben auf ihren Bildern waren vor allem die Fenster Quelle von Licht und Öffnung nach draußen, weckten bei mir aber weniger Sehnsucht nach Ferne als das Empfinden intensiven Da-Seins. In der blauen Stube bei-

spielsweise, in der Annas Tochter, von uns abgewandt, mit Handarbeit am Fenster saß, brachten Lichtspiegelungen Bewegung in Linien und Farben, schienen Flächen aufzulösen, der Raum, wenn auch durch sattere Farben am Boden gehalten, wirkte tief und schwebend. Alles Stoffliche begann zu atmen. Auf einem anderen Bild stand in der blauen Stube ein Strauß blauer
62 Clematis auf dem Tisch vor einem Fenster mit durchscheinend blauen Vorhängen. Du kannst Dir diese lebendige, von Licht bewegte Bläue nicht vorstellen; im menschenleeren Zimmer schien die Hand noch da zu sein, die die Clematis zum Strauß geordnet und den Vorhang ein wenig zur Seite gezogen hatte, damit auch wir neben dem durchscheinenden Blau noch das Herbstlaub vorm Fenster und den fernen Himmel sehen konnten. Denn wie in dieser Minute würde in der nächsten nichts mehr sein. Das Eigenlicht des Alltäglichen war wie unter einem Zauber nur für diesen kurzen Augenblick sichtbar. Dieses Vergängliche im Aufleuchten der Schönheit machte sie schmerzhaft. Die Poesie in Annas Bildern entzog sich Süßlichem wie auch Pathetischem – sie hatte Kraft. Kannst Du Dir vorstellen, daß sie Schmerz nicht hinausschreien muß und dennoch nicht daran erstickt? Diese Anna würde ich gern zur Freundin oder wenigstens zur Nachbarin haben. Du auch, nicht wahr?

Nimm vorlieb mit Deiner

G.

P.s.: Inzwischen sah ich Annas Bilder als Klischees auf Konfektschachteln und Tassen, die man zum Geburtstag schenkt, doch ich bin zuversichtlich – auch daran stirbt sie nicht.

Spuren der Wikinger

Über der Nordseeküste an der Vigsø-Bucht lag eine Wolkenkette, dunkelviolett, wie ein Hochgebirge vor dem klaren Sommerhimmel. Aus drükkender Hitze tauchten wir kurz vor den Dünen in Nebel, parkten im Fischerdorf Lild Strand und fröstelten in der Wolke. Søren sah sich erwartungsvoll um und sagte: Die Schiffe stehen am Ufer, es ist wie früher. Kein Campingplatz war in der Nähe, keine Reklame im Ort, nicht mal ein Kiosk. Wir liefen allein am steinigen Strand.

Der Nebel gab nur ein Stück Meer frei. Die Luft ruhte. Keine Möwe schrie in die Stille. Die Motorwinde im spilhus hatte mit dem Stahlseil eben einen Fischkutter an Land gehievt. Auf dem Schiff neben ihm arbeiteten Männer an Deck. Ihre Umrisse wirkten im Dunst wie Gespenster. Einer stieß mit dem Kopf gegen das Radar. Von einer Winde mit Handkurbel, abseits an einem Pfahl, führte ein Seil ins Meer.

In Lild Strand hatte Søren als Kind sieben Nachkriegs-Sommer mit seiner Mutter und seinem Großvater in einem Fischerhaus hinter Dünen gewohnt und die Boote ausfahren und mit reichem Fang heimkehren sehen.

Søren hatte damals die Wege um das Dorf nicht verlassen dürfen. Deutsche Truppen hatten während der Besetzung das Gelände vermint, und er hatte hin und wieder eine Detonation gehört, ein Schaf oder ein Hund war auf eine Mine gelaufen.

Bald riß Wind den Nebel auf und trieb Wellen gegen das Ufer. Sie überspülten die kleine Mole. Ich stand vorn und sah eine halbe Stunde zu, wie die Wogen gegen die großen Steine klatschten, Gischt an meine Knie spritzte. Welche Kraft! G. war am Ufer geblieben, stemmte sich gegen den Wind, schon die Brise ließ einen kaum atmen.

Auf dem Sandstreifen zwischen Brandung und Strand, durch Wasser und Wind hart wie eine Straße, sanken die Autoreifen kaum ein.

Bei Sturm kannst du hier nicht gehen, der bläst dich weg, sagte Søren. Fingernagelgroße Klümpchen lagen am Ufer.

Öl, meinte Søren.

G. sammelte Stabmuscheln.

Holzstücke, Blechbüchsen, Reste von Fässern waren angespült worden.
64 Müll oder Trümmer von einem Schiffbruch?

In diesem Meer hatten die dänischen Wikinger ihre schlanken, kaum mannshohen Boote zu Wasser gebracht und waren auf große Fahrt nach England oder Frankreich ausgelaufen. An der Küste in Südjütland hatte hohe Flut sie heimgetragen. Dort gab die Nordsee – wie uns Kirsten und Søren Jahre zuvor zeigten – breite Watt-Flächen frei, zwei Stunden zu Fuß bis zur Insel Mandø. Wir hatten bei Ebbe den Fahrdamm aus dem Meer ragen und die Stöcke zwischen den Pfützen auf dem Fußweg gesehen. Eine Kreuzung von Traktor und Bus – einem Ungeheuer der Vorzeit ähnelnd – brachte uns damals im Schrittempo über den Dammweg auf die Insel. Die Flut drang beiderseits gegen die Dammkrone vor. Nur Bewohner von Mandø, wurde erzählt, durften bei Ebbe auf eigene Gefahr über den Damm fahren. Jeder im Traktorbus, für Fremde die einzige Verbindung zur Insel, war mit 150000 Kronen versichert, verkündete ein Schild in dem schweren Fahrzeug. Auf der kleinen Insel, einem Reservat seltener Vögel, gab es eine Straße und keinen Zeltplatz. Søren bemerkte zuerst das Stück frischaufgeschütteten Deich; ein Orkan hatte vor kurzem den Schutzdamm durchbrochen, hieß es.

Nach der nicht durch Sturm gefährdeten Rückkehr aufs Festland standen wir auf dem Kirchturm der nahen Stadt Ribe und blickten über den schmalen Fluß, der in die Nordsee mündete. Auf ihm zogen die Wikinger ihre Boote wie später die Treidler auf der Wolga, sagte Søren. Mit seinem von der Wärme erhitzten Gesicht, dem rötlichen Vollbart und seiner kräftigen Statur erschien er mir wie einer ihrer Nachfahren, und ich sagte: Ich könnte mir vorstellen, du würdest in einer Stunde mit zu ihnen ins Boot steigen.

Damals hatte ich seine Abwehr nicht verstanden. In Lild Strand begriff ich ihn besser. Der Großvater, von dem Søren öfter sprach und mit dem er hier die Sommer verbrachte, war kein Fischer, sondern Lehrer gewesen und hatte einige Bücher verfaßt. Schon dessen Vater hatte als Lehrer in einem Dorf in Nordjütland gelebt, Gedichte und Erzählungen geschrieben, auch dessen Mutter, eine arme Bauersfrau, dichtete wie damals manche anderen. Søren hielt seinen Großvater für keinen überragenden Schriftsteller; und damals wurden starke und kräftige Jungen Bauern und Seefahrer, schwächliche und kränkliche gingen aufs Lehrerseminar.

Aber Martin Andersen Nexø schrieb im Nachwort zu des Großvaters Roman »Julie Pandum« über ihn: Er »kam nach seiner Konfirmation als Photograph in die Lehre, und zwar nach Oslo. Erst nachdem er schon Ehemann war und sein eigenes Geschäft hatte, holte ihn seine geistige Bodenständigkeit ein und ließ ihm keine Ruhe mehr; er mußte die gesicherte Existenz aufgeben, um aufs Seminar zu kommen . . .« Steckte in ihm nicht auch der Abenteurer? Der Großvater sympathisierte später mit dem russischen Anarchisten Kropotkin und galt als Aufrührer, verlor trotzdem seine Stelle als Dorfschullehrer nicht.

Auf der Rückfahrt von Lild Strand legte die Fähre nach der Insel Mors gerade ab. Nun haben wir Zeit, uns umzusehen, meinte Søren. Bei der Wahl zwischen Bahnfahrt und Fähre nahm er stets letztere, besonders wenn er nach København wollte. Søren blickte erwartungsvoll von der kleinen Autofähre auf Mors, als näherten wir uns einer unbekannten Insel. Er mochte Schiffe, sie gaben ein Gefühl von Heimat und Entdeckerlust. Mors verließen wir dann rasch über eine neue Brücke und spürten den Übergang aufs Festland kaum. Eine Fähre über den Salling Sund hätte Zeit zur Besinnung gelassen, bedauerte Søren.

Vor der Wikingerburg Fyrkat stand ein wuchtiges Wikingerhaus aus hellem Eichenholz. Es ähnelte einem umgestürzten Schiff, die fensterlosen Holzwände durch schräggestellte Planken gestützt, auch sie mit der Axt zugehauen. Wir traten durch den Windfang des in Originalgröße nachgebauten Hauses, im Halbdunkel des mittleren Raumes loderte ein offenes Feuer. Auf den Holzbänken an der Seite saßen Kinder und lauschten einem Lehrer, der eine Heldensage vorlas.

Søren schmunzelte.

Der Ringwall – ehemals flachgepflügt, aber im Gelände noch erkennbar – dieser Wikingerburg bei Hobro in Ostjütland wurde in den fünfziger Jahren wieder aufgeschüttet. An den Hängen wuchs dichtes Gras. Kühe hinter elektrisch geladenen Drähten reckten die Hälse. Der Innenplatz wirkte viel weiter als die angegebenen 120 m Durchmesser. An jeder der vier Himmelsrichtungen öffnete sich der Wall für die ehemaligen Tore. Wie die übrigen drei Burgen dieser Zeit, dazu gehörte Trelleborg, war Fyrkat um 980 streng symmetrisch gebaut worden; sechzehn jener Häuser, eines inzwischen rekonstruiert, lagen zu je vier um einen quadratischen Hof, jeweils Bezug für ein Viertel der Anlage. Im Winterlager für über tausend Wikinger, geschützt im Inneren des Landes, wurden nicht nur Eroberungen vorbereitet; es diente dem König auch dazu, die Zentralgewalt des jungen Reiches zu festigen, und schützte die Handels- und Heerstraße von Ålborg nach Hamburg. Frauen- und Kindergräber und andere Funde weisen ebenfalls auf ein friedliches Alltagsleben hin.

Außer den skandinavischen warfen fast alle Geschichtsschreiber den Wikingern, auch Normannen genannt, zuallererst Plünderungen, Zerstörungen, Raub und Mord vor. Der belgische Historiker Jan Dhondt erwiderte: »Trotz des schlechten Rufes der Wikinger gewahrt man in der ganzen Geschichte ihrer Verstöße nichts, was auch nur annähernd an die Grausamkeit herankäme, mit der Karl der Große die viertausendfünfhundert Sachsen niedermetzeln ließ. Hinsichtlich der Räubereien, die die Normannen verübten, könnte man ebenfalls auf das Verhalten Karls des Großen hinweisen. Was ist denn die außenpolitische Geschichte dieses Herrschers anderes als die Ausplünderung der Nachbarvölker seines Reiches? ... Der schlechte Ruf, in dem die Normannen standen und noch stehen, muß somit auf etwas anderes zurückgehen als auf ihre Bluttaten und Plünderungszüge. In Wahrheit hat er wohl darin seinen Ursprung, daß sie Heiden waren und also von den damaligen Geschichtsschreibern – sie waren ja fast immer Weltgeistliche oder Mönche – nur als Todfeinde angesehen werden konnten. Tausend Jahre hindurch sind die westeuropäischen Historiker mechanisch den Spuren ihrer geistlichen Kollegen aus dem 9. Jahrhundert gefolgt ...« Schließlich hinterließen die Wikinger keine schriftlichen Zeugnisse und blieben ohne Verteidiger. (Fischer Weltgeschichte, Bd. 10, 1968, S. 18/19)

Auch einer Verherrlichung durch die Nazis entgingen die Wikinger nicht. Sie wurden zu Kriegsidolen stilisiert. Alfred Rosenberg unterstellte das Streben nach Ehre und Freiheit als Hauptmotiv ihrer Taten. In Wirklichkeit trieben materielle Bedürfnisse, auch die zu dichte Besiedlung unter harten Lebensbedingungen des Nordens, zu den Fahrten. (Die Tausende, mosaikartig miteinander verbundenen Hakenkreuze im Fußboden des Thorvaldsen-Museums irritierten mich zunächst; ich kannte das germanische Sonnensymbol nur in der Verfälschung durch die Nazis.) Die frühen dänischen Wikingerzüge waren auch eine Gegenoffensive auf die Vorstöße der Franken nach Dänemark. Karl der Große christianisierte die Bevölkerung Norddeutschlands zwangsweise. Der Mord an den Sachsen war nur ein Fall. Die Wikinger überfielen – sie trugen demonstrativ einen Thorshammer im Gegensatz zum Kreuz der Christen – ab 787 an der englischen Küste zuerst Klöster.

Gorm der Alte, Gründer des dänischen Reiches, hatte die fremde Lehre aus dem Süden noch abzuwehren vermocht. Sein Sohn Harald Blauzahn, wahrscheinlich Erbauer von Fyrkat, ließ sich taufen und später im Dom zu Roskilde bestatten, aber gleichzeitig neben den Grabhügeln seines Vaters einen heidnischen für sich errichten. Obwohl die Wikinger vor neunhundert Jahren zu Hause die Kirche besuchten, verließen sie sich auf See lieber auf ihren alten Gott Thor, den Menschenfreund, der ihnen oft gegen Sturm und Tod geholfen hatte.

Die frühen Wikinger verehrten zahlreiche Götter und waren insofern tolerant. Der neue Gott maßte sich an, was diesen Germanen fremd war:

er duldete keine anderen Götter neben sich. Der Hauptgott Odin (Germanen weiter südlich nannten ihn Wotan), der Gewittergott Thor und die anderen Asen hatten täglich ihre Angelegenheiten unter der Weltenesche Yggdrasil beraten (den »demokratischen« Aspekt in der nordischen Vergangenheit unterschlugen die Nazis).

68 Die Bewohner von Fyrkat werden diesen Göttern noch geopfert haben, vielleicht in einem heiligen Moor, hier, im sumpfigen Onsild-Tal, oder in einem Hain auf den Höhen. Wir blickten vom Ringwall weit ringsum auf Wälder und Felder, auf dem Bach in der Senke konnten die Männer ihre Drachenboote vom nahen Mariager-Fjord heranführen.

Auch von Lindholm Høje hatten wir mit Kirsten und Søren weit ins Land geblickt, von dieser Höhe am Limfjord bei Ålborg, der unermeßlichen Zahl von Steinblöcken auf dem größten Gräberfeld Dänemarks. (Ein Freund von Jytte hatte an den Ausgrabungen in den fünfziger Jahren teilgenommen.) Der Fjord schützte südlich von drei Seiten den Friedhof auf dem Hügel und die etwas tiefer gelegene Siedlung. Dunkelgrün hob sich immer wieder flaches Land vom blauen Wasser ab. Die Boote waren in die Ostsee oder Richtung Westen ausgelaufen. Der Limfjord hatte sie südlich von Lild Strand – solange die Öffnung noch nicht versandet war – in die rauhe Nordsee entlassen. Wer die Fahrten und Stürme in den kleinen Schiffen bestand, nicht anderswo oder in ihnen sein Grab fand, wurde in einem aus Findlingen gesetzten Schiff bestattet, hier, auf diesem Hügel, mit Blick zum Wasser. 150 der 700 freigelegten Gräber haben diese Schiffsform aus der Wikingerzeit. Vor tausend Jahren zerfielen die Knochen dieser Seefahrer, aber Schiffe, ihre Schicksalsgefährten, brachten sie in die Ewigkeit. Trotz der Industrieanlagen von Ålborg jenseits des Fjords war es still über den Gräbern, als ob man den Toten zwar Gestank und Zementstaub, aber keinen Lärm zumuten könne.

Blies Odin Flugsand über den Friedhof und die Siedlung, um sie vor Zerstörungen durch spätere Jahrhunderte zu schützen? Der Sand begrub auch Felder, erklärte uns Kirsten; eins aus der Wikingerzeit, von der Form eines Waschbretts, wurde freigelegt. Durch Zusammenpflügen zweier oder dreier Furchen entstand damals eine Art dicht nebeneinanderliegender Hochäcker. Die Furchen waren so deutlich zu erkennen wie an dem Tage, als der Sand sie zudeckte. Quer zum Acker verliefen noch die Wagenspuren von der letzten Fahrt der Wikingerbauern.

In der Schiffshalle in Roskilde lagen einige jener Boote bereit. Da die Rückwand des Museums am Fjord aus Glas bestand, hoben sich die fast schwarzen flachen Schiffe gegen die Wellen ab. Die Boote waren aus zahllosen Wrackteilen, nach der Ausgrabung im Roskilde-Fjord und ihrer Konservierung, zusammengesetzt worden und mehr oder weniger vollständig erhalten. Der Fjord glitzerte. Ich hörte die Männer kommen. Behende würden sie das breite Ozeanschiff und das schmalere Handelsschiff zu Wasser bringen, dann die kleinere Fähre, auch die beiden schmalen, langen Kriegsschiffe, die vielleicht Meeresvogel oder Wogenspalter hießen, denn tapfere Krieger waren die Wikinger gewesen. Die Kunst, die schnellsten und seetüchtigsten Schiffe ihrer Zeit zu bauen, hatte sie unschlagbar gemacht. Der dänische König Knud der Große (1018–1035) schuf das größte Wikingerreich, es umfaßte außer Dänemark und Norwegen auch Teile Schwedens und Englands und wurde zur baltischen und atlantischen Macht. Eroberer! sagte Søren; nicht mal im Scherz ließ er sich Nachfahre der Wikinger nennen. Ja, Eroberer. Doch die Begegnung mit Søren brachte mich erst darauf, diesen Vorfahren nachzufragen und für mich zu entdecken, daß sie nicht nur Plünderer waren. Nach früherer Seeräuberei und einer Zeit großer Feldzüge stellten sich die Wikinger ab etwa 1080 auf Seehandel und Auswanderung ein. Tausende siedelten in England, der Normandie und Norddeutschland und verbreiteten ihre fortgeschrittene Landwirtschaft, sie lehrten den Gebrauch des Pferdes und des Pfluges mit Streichbrett. Die Wikinger gründeten Staaten, waren tüchtige Kaufleute und erreichten fünfhundert Jahre vor Kolumbus von Grönland aus amerikanisches Festland.

Während langer Fahrten der Männer führten die Frauen Wirtschaft und Familie, erhielten sich matriarchalische Züge im Zusammenleben; wie Funde zeigen, ging es hier schon in der Frühzeit zwischen den Geschlechtern nicht so prüde zu wie anderswo.

Unser Bild von den Wikingern ist noch grob und verzerrt. Nach Begegnungen mit Søren und Dänemark bin ich mir dessen sicher.

Zitate zur Frauenbewegung

Zitiert nach: Kirsten Gomard, Kirsten Sødholm 71
DIE ENTWICKLUNG DER FAMILIE UND DIE STELLUNG DER FRAU IN DEUTSCHLAND UND DÄNEMARK ZWISCHEN 1848 UND 1900
(Statens Museum for Kunst, Kopenhagen – Kunstmuseum Århus 1981)

»... In der ... zweiten Hälfte des 19. Jahrhunderts hat sich die fest strukturierte, patriarchalische Kleinfamilie als Norm etabliert ... Die Aufgaben der Frau sind jetzt, Atmosphäre zu schaffen (wie Ibsens NORA), Schmuck des Hauses zu sein und die emotionalen und eventuell auch die religiösen und kulturellen Bedürfnisse der Familie zu erfüllen ...
Entsprechend wird das Rollenverständnis des Mannes den harten Anforderungen auf dem Arbeitsmarkt angepaßt: Präzision, Aggressivität, Härte, Leistung und Unemotionalität werden die vorherrschenden Normen männlichen Handelns und Verhaltens. Der preußische Offizier wird mit seiner Betonung der Selbstdisziplin und seinem schneidigen Auftreten das Ideal der Zeit.
Um die Kinder besser in diese Rollen einüben zu können, in Rollen, die für beide Geschlechter eine Ausgrenzung und Verdrängung wesentlicher Anteile der Persönlichkeit bedeuten, verhärten sich in der Wilhelminischen Ära die patriarchalischen und autoritären Familienstrukturen ...
In dieser Hinsicht besteht jedoch ein gewisser Unterschied zwischen Dänemark und Deutschland: die erwähnten Verhärtungen sind in Deutschland stärker, ebenso wie die Erziehungsmaximen des vom Konkurrenzdenken geprägten deutschen Bürgertums der Gründerzeit strenger sind als in Dänemark. Der Expansionsdrang und der Militarismus des Kaiserreichs wirken in der gleichen Richtung.
... Dänemark war bis weit in das 20. Jahrhundert ein Agrarland, wo vor-

industrielle Produktions- und Familienformen sich länger halten konnten.

... In weiten Kreisen der internationalen Arbeiterbewegung herrschte eine Art ›proletarischer Antifeminismus‹ vor ... Vom marxistischen Flügel jedoch wurde Berufstätigkeit als Voraussetzung für die Emanzipation der
72 Frau angesehen ...

... in Dänemark ... wurden ähnliche Forderungen bezüglich Ausbildungs- und Berufsmöglichkeiten für Frauen erhoben wie in Deutschland. Es wurde ihnen jedoch kein so großer Widerstand entgegengesetzt. So konnten dänische Frauen bereits 1875 Reifeprüfungen ablegen und an Universitäten studieren, und die erste Ärztin legte 1886 ihr Staatsexamen ab. Im Bereich des Bildungswesens hatte eine besondere dänische Institution, die Grundtvigsche Volkshochschule, große Bedeutung ...

Gegenüber den damals wichtigen Zeitfragen, dem Nationalismus und der Aufrüstung, nahm die Frauenbewegung in beiden Ländern eine Haltung ein, die sich durch eine stark pazifistische Tendenz und durch eine umfassende internationale Zusammenarbeit von der vorherrschenden Meinung der übrigen Gesellschaft unterschied ...

In den Debatten in Dänemark ging es im großen und ganzen um die gleichen Probleme des Privatlebens wie in Deutschland, nur wurden sie von einer größeren Öffentlichkeit geführt, nicht zuletzt deswegen, weil sie zu den wichtigsten Themen jener umfassenden skandinavischen Bewegung des ›Modernen Durchbruchs‹ gehörten, die von Männern wie den Gebrüdern Brandes, Ibsen, Bjørnson, J. P. Jacobsen, H. Bang, A. Kielland, ... und von Frauen wie Amalie Skram, Victoria Bendictsson ... und vielen anderen getragen wurde. Der ›Moderne Durchbruch‹ ist eine Bewegung bürgerlicher Intellektueller, und die männlichen Schriftsteller richteten genau wie ihre Kolleginnen scharfe Angriffe gegen eine zur bloßen Versorgungsinstitution gewordenen Ehe, gegen die Mädchenerziehung, die Unterdrückung der weiblichen Sexualität und gegen herkömmliche und unhinterfragte Moralvorstellungen ...

Die progressiven bürgerlichen Intellektuellen ... konnten sich in Dänemark, wo der Widerstand gegen ihre Gedanken weniger massiv war, viel freier entfalten, die öffentliche Diskussion beherrschen und normprägender werden als in Deutschland.«

Århus, Dienstagabend

Liebe Katarina,

74 warum willst Du ein Bild von Kirsten? Das Foto einer ungeschminkten Frau mit hellen Augen, weißblondem, zu zeitloser Ponyfrisur geschnittenem Haar und einem Halstuch, dessen Ecke und zwei Zipfel über dem Ausschnitt des legeren Pullovers hängen, könnte Dich zu dem Kurzschluß verleiten: typisch Dänin. Du würdest jene Kirsten nicht sehen, die auf einem Dorffest und später im Zug die Brust aus dem Hemd hob und den Sohn trinken ließ, ohne sich von den Leuten abzuwenden. Die Blicke der Gesprächspartner (auch meine) irrten beiseite. Doch das Gespräch stockte nicht, weil Kirsten es im angefangenen Ton fortsetzte; den Hunger des Kindes dabei zu stillen war so natürlich wie zu atmen. Nach und nach kehrten die Blicke zurück, freuten sich, wenn auch verstohlen, des lebens- und friedvollen Anblicks und schauten Kirsten wieder ins Gesicht. Mit ihr bewege ich mich fast unbewußt aus beengenden Verkleidungen und Ritualen, weil keine Gegen-Norm mich terrorisiert, verstehst Du? Das macht das Zusammensein spannend und entspannend zugleich. Jedenfalls stelle sie Dir eher zurückhaltend als expressiv vor – und frei von Pose.

Ja, ich zögere, Dir mehr von Kirsten zu erzählen. Du kennst doch Deine Neigung, Frauen, die nicht lamentieren, zu Standbildern zu erheben und ihnen dann übelzunehmen, wenn sie sich wie Menschen bewegen und niemanden führen wollen (oder können). Außerdem ist bei Kirsten sogenanntes Privates und sogenanntes Öffentliches vermischt, ich kann es nicht sortieren.

Der dänische Sommer fiel dieses Jahr auf vier Tage im Juni, sagte neulich Kirsten, legte aber das Armkettchen mit dem altgermanischen Sonnenrand nicht ab. Am Nachmittag des neunten Hochsommertags holte ich sie in Ålborg ab. Die Straßen waren lichtdurchflutet, überall nackte Schultern und Schenkel, man saß und stand vor offenen Türen, auf dem Pflaster, Fahrradstangen, an einen Kiosk gelehnt, um Tische in Höfen und Gärten, der Süden war zu Gast und jeder Entschluß vertagt. Nur ein Mensch aus unseren Breiten trabte brav weiter zum UNIVERSITETSCENTER. Als müßte ausgerechnet hier am Stadtrand in eilig hingestellten und schon wieder zum Abriß bestimmten Betonbaracken das Leben wie gewohnt weitergehen, eilte ich durch menschenleere Gänge, rüttelte an verschlossenen Türen, auch jenseits der Straße in den neuen Instituten, in die Kirsten nicht mit umziehen wird, ihr Vertrag ist befristet wie bei den meisten Universitätslehrern, jedenfalls fand ich sie nicht an ihrem Platz. Natürlich nicht, sagte Kirsten – sie kam mir auf halbem Wege zur Bierstube im Stadtinneren mit Studenten und einem Kollegen entgegen: aus dessen Garten, von den letzten Prüfungen. Ein erschöpftes und glückliches Grüppchen. Inmitten der trägen Heiterkeit ringsum war es aufgefallen durch einen Rest von Anspannung in Gesten und Gang. Nur Kirsten, seit langem geübt im raschen Umstellen, bewegte sich leichter als am Morgen. Sie trug einen halblangen, rotbraunen Rock und ein Hemd mit schmalen Trägern, dessen zartes Rosé die Hautbräune und das Haarblond auffällig machte (Kirsten liebt bequeme, durch Farben wirkende Kleidung). Ihr entgegen kamen zwei Mädchen in halblangen Lederhosen und metallbesetzten Lederwesten. Sie streiften Kirsten gleichzeitig von rechts und links und sagten etwas. Ich verstand das Wort HASCHISCHWRACK erst, als alle im Grüppchen stehenblieben und es mehrmals, sich vergewissernd, wiederholten. Einige Sekunden waren alle gleichzeitig still. Dann brach ein erregtes Hin und Her aus, eine mit Erstaunen vermischte Entrüstung, die noch am Biertisch immer wieder aufflackerte – zwischen Nachfreude über bestandene Prüfungen und Vorfreude auf Ferien – und mir schließlich übertrieben vorkam: wenn jede Anzüglichkeit sie stundenlang beschäftigte, mußten sie überschüssige Kräfte haben. Ich kam halt aus anderen Breiten und brauchte Nachhilfeunterricht in dänischer Tradition; Morten war wegen seines Nackenzopfes in Nürnberg, Kirsten wegen ihres unmodernen Rucksacks am Berliner Alex angepöbelt worden, »natürlich«, aber doch niemals zu Hause – Alarm! Kannst Du Dir vorstellen, wie neidisch ich zuhörte? Kirsten, die Betroffene, blieb seltsam ruhig, fragte aber immer wieder nach. Und es wurde erzählt, neulich wäre in einer dänischen Kleinstadt gegen Iraner demonstriert worden, die vor dem Militärdienst im Golfkrieg geflohen waren und hier Unterkunft und zunächst ein Fahrrad bekommen hatten. Viele der Demonstranten hatten keine Arbeit und kein Fahrrad. Doch am nächsten Tag hätten sich spontan Dänen zu einer Gegendemonstration versammelt und sich für ihre Landsleute bei den Flüchtlingen entschuldigt. Die sprichwörtliche dänische Gemütlichkeit hat also Grenzen. – Inzwischen strichelte Kirsten im Notizheft: Umrisse von überbreiten, eckigen Schultern und Hosen, wie die beiden Mädchen sie getragen hatten. Deren Bein- und Körperlinien, von Kirsten durch Pünktchen angedeutet, schienen nur zufällig in diese Kleidung geraten zu sein; sie fühlen sich nicht zu Hause, siehst Du? Kirsten schreibt an einem Buch über Alltagskultur. Und wenn sie vor etwas auf der Hut ist, dann vor dem Zumauern und Abtöten durch Urteile. Das hat sie sehr langsam und über viele Verletzungen gelernt. Nicht nur in der Rolle des Opfers.

Kirstens Vater hatte in den fünfziger Jahren den kleinen Bauernhof nicht halten können und war als ungelernter Arbeiter in die Stadt gekommen. Als sein Wunsch nach einem Sohn nicht in Erfüllung gegangen war, wollte er wenigstens anstellige Töchter. Seine beiden aber ließen sich weder von ihm noch von sonstwem Bedürfnisse einreden, die sie nicht hatten, und auch keine »abwegigen« Neigungen austreiben (die zu Büchern beispielsweise). In jener Kleinstadt war Kirsten einziges Arbeiterkind unter fünfundzwanzig Schülern, die als besonders Begabte nach der siebenten Klasse eine andere Schule besuchen durften. In diesen Jahren fand sie außer ihrer Schwester keine Freundin und keinen Freund. Ihre Schulgefährten gehörten nicht zu den paar hundert reichen Familien des Landes, mußten aber nicht ständig Klassenbeste sein, und sie gingen tanzen und Tennis spielen, während Kirsten Geld für Essen, Kleidung, Bücher verdiente (nur Miete war zu Hause frei). Außerdem waren andere Eltern an einer guten Ausbildung ihrer Kinder interessiert, Kirstens Vater aber verheimlichte selbst noch das Studium seiner Töchter vor anderen Arbeitern, für die Studenten vor allem Faulenzer und Unruhestifter waren, die ordentlichen Leuten Arbeit wegnahmen.

Ja, die Lebensumstände isolierten Kirsten in einem Alter, das prägt. Aber sie isolierte sich auch selbst: Leute aus bürgerlichen und mittelständischen Kreisen waren für sie von vornherein und ausnahmslos
Mitglieder einer Art feindlichen Macht. Natürlich – eines der beiden Lieblingswörter Kirstens, das andere ist: spannend – versuchte sie sich bei anderen anzulehnen, fand auch ihresgleichen, nicht nur unter Studenten. Aber ausgerechnet ein kommunistischer Gutachter unterstellte, ihre kenntnisreiche Magisterarbeit (nach sieben Jahren Studium) wäre nur mit Hilfe des Lehrers Søren zustande gekommen (bis heute arbeiteten beide nie an einem gemeinsamen Projekt, weil sie zu verschieden sind). Und ausgerechnet mit dieser Arbeit gewann Kirsten dann einen Preis und Lehrauftrag an einer anderen Universität. Dieses Gutachterurteil wurde inzwischen ein langbärtiger Witz. Aber damals übte es Macht aus, machte Einspruch und Gegengutachten erforderlich und hat vor allem Kirsten, die nebenher erst Inga, dann Kaj an der Brust und auf dem Schoß hatte, Kraft abverlangt, die sie dringend für sich, Søren, die Kinder gebraucht hätte. Bei alledem, Katarina, mußt Du als Hintergrund mitdenken: Etwa 4 Prozent Söhne von Arbeitern begannen das Studium, 3 Prozent beendeten es – von den 2 Prozent Arbeitertöchtern schlossen nur 0,4 Prozent die Ausbildung ab. Kannst Du Dir vorstellen, wie Kirsten, endlich, endlich am Ziel, jene herkömmliche Unterstellung aus dem sogenannten eigenen Lager traf?

Sie war heilsam, diese schmerzhafte Erfahrung: Kirsten fand sich nicht im fünften, sondern im sechsten Stand wieder und frei von der Illusion, unter Linken geriete man nicht in übliche Hierarchien. Vielleicht verlor sie deshalb früher als Du und ich jenes verbreitete Bedürfnis nach Führung. Jedenfalls gehörte Kirsten nie mehr einer festen Gruppe oder Organisation an.

Freitagabend

Kirsten ist krank, liebe Katarina. Der Brief muß jetzt liegenbleiben.

Montag

Nur ein paar Sätze nebenher: Kirsten geht es besser. Sie wurde mitten in der Stadt ohnmächtig. Man sieht nicht, daß sie schwanger. ist, wir alle und sie selbst hatten es wohl vergessen. Kirsten überlegt, ob sie in dieser Zeit ein drittes Kind austragen soll. Søren will es. Ich höre sie stundenlang hinter der Tür reden. Manchmal umarmt Kirsten Søren, unbekümmert um Ort und Zuschauer wie in Erinnerung an die Nacht. Manchmal scheint Søren, einen Kopf größer und eine halbe Schulter breiter, sich an Kirsten festzuhalten.

Sie hat etwas mystische Übungen gelernt: Abseits sitzt sie mit geschlossenen Augen in einem vorgestellten Dreieck aus verschiedenen Farben. Das hebt sie. Danach bewegt sie sich entspannt und fließend.

Manchmal trommelt sie unten im Keller. Sobald sie auftaucht, hängen die Kinder an ihr; sie hatte jedesmal fünf Stunden Arbeitsweg und kam abends zu spät und mit schlechtem Gewissen nach Hause.

Halbstundenlang telefonieren Freunde. Sie lassen sich scheiden und schütten Vorwürfe gegeneinander vor Søren und Kirsten aus; beide sind nicht zum ersten Mal verheiratet und seit acht Jahren zusammen, also müssen sie Rat wissen – denken die anderen. Mach's gut, wir fahren baden (Kirsten und Inga lernen Schwimmen, Søren holt Schlaf von Monaten nach).

Mittwochabend

Erinnerst Du Dich an das Buch einer Holländerin, wo vom Frauenlager auf einer dänischen Insel erzählt wird? Es gibt sie noch – auf elf dänischen Inseln! Für Frauen aus vielen Ländern. Auf die einzige Männerinsel wollen R. und Søren mit Kaj fahren, während Kirsten und Inga mit mir noch im Faltblatt herumlesen:

Diese Ferieninseln bieten verschiedene Themen an (für viele Altersgruppen): gesunde Lebensweise, Überlebensweisen in der kapitalistischen

Gesellschaft, Jugend in den achtziger Jahren, Frauen und Kinder, Masse und Macht, Sexualität, Tanz, Dramatik, Multidynamik, alternative Energie, Volksmusik, Christen für den Sozialismus, Balladen, Nein zu Atomwaffen, außerparlamentarische Aktionen, Geschlechterpolitik, Natur und Umwelt, Kinder und Gesellschaft ...
Unsere Wahl war beschränkt durch das kurzzeitige Visum und fiel auf: alternative Lebensformen. Mal sehen, was da los ist. Auch Kirsten war nie in so einem Insellager.

Donnerstagmittag

Liebe Katarina,
anscheinend komme ich immer zu spät ... Ich ging zum Århuser Frauenhaus, um uns für das Lager anzumelden. Vor der Tür sprach mich jemand mit Vornamen an. Eine Erscheinung in rotem Samt vom Hals bis zur Ferse, die Augen dämonenhaft ummalt: Waaas, zu »denen da« gehst du? Eine »einigermaßen normale Frau« hätte nichts mit »hirnrissigen Emanzen« zu tun ... Auch als ich sie an der Stimme erkannte, hielt ich sie für einen verkleideten Mann. Sie traf genau den Ton von Leuten, die mit Bannworten Bewegungen abwehren, solange sie ihnen nicht dienlich sind. Was hatte diese Frau auf einmal zu verlieren? Als ihr blauschwarzes Haar noch aschblond und ihr schöner Körper in einem Sackkleid verborgen gewesen war, hatte sie mich nach einer Lesung wie eine Verräterin behandelt: meine Geschichte erzählte ja ein Mann, pfui, und eine emanzipierte Frau hatte sich nicht anzubiedern durch Schminke und Seidenbluse. Damals war ich ihr nicht feministisch genug gewesen – jetzt ging ihr Schmähmonolog aus entgegengesetztem Grund auf mich nieder. Zum Nachfragen ließ sie keine Gelegenheit. Auch meine Einladung zum Kaffee kam nicht an ... Du weißt ja, welche Wirkung Gefängnisfilme auf mich haben, wo Gefangene sich untereinander fertigmachen und dem Aufseher die Arbeit abnehmen – ich ergriff die Flucht. Etwas Ähnliches hatte ich hier nämlich schon mehrmals erlebt. Offenbar war die Frauenbewegung am Ende. Du weißt, mich hatten ihre vielen Ge- und Verbote und das Gezänk zwischen

den verschiedenen Richtungen an übliche Parteien und Ideologien erinnert und ferngehalten. Soll ich wirklich noch auf diese Insel fahren?

Donnerstagabend

Du hast nicht recht, sagte Kirsten, es ist genau umgekehrt: Die Frauenbewegung ist als Mode und Heilslehre vorbei, und deshalb ist sie aus der Pubertät heraus, erwachsen geworden.
Die von ihr in den sechziger Jahren und siebziger Jahren geprägten Frauen seien jetzt selbständiger und lebendiger als je zuvor – sie brauchten kein »Dach« mehr für ihre sehr unterschiedlichen Bedürfnisse und Fähigkeiten. Vor allem Frauen um Vierzig würden jetzt überall (nicht nur in Dänemark) mit kreativen, von Polemik befreiten Leistungen an die Öffentlichkeit treten, in Literatur, Malerei, Wissenschaft, vor allem aber in ihrem Lebensmilieu. Öffentliche Umfragen bewiesen: Frauen stimmten heute in Dänemark mehr links als vor zehn, fünfzehn Jahren und seien vor allem in den unteren Ebenen des öffentlichen Lebens »überpräsentiert«, bestünden auf Politik, die alltägliche Bedürfnisse und Unterprivilegierte nicht übergeht – ohne sich von etablierten Parteien und Gruppierungen für ideologische Zwecke benutzen zu lassen. Sie nennen das GRASWURZELDEMOKRATIE. In ihrer Breite und Lebendigkeit sei sie erstaunlich stark geworden, trotz Arbeitslosigkeit und Krise. Selbst traditionelle Ignoranten würden an dieser Tatsache nicht mehr vorbeikommen. Wie lange das geht, weiß freilich niemand. Ich, liebe Katarina, kann das nicht beurteilen (auch wenn es mir so ähnlich, auch von Männern, schon mehrmals berichtet wurde), sondern Dir nur kommentarlos mitteilen. Vorläufig ...

Freitagabend

Das Århuser Frauenhaus steht eingeklemmt zwischen alten, mehrstöckigen Häusern in der Hafengegend. Draußen hängt eine dreieckige Fahne mit Kreis und nach unten weisendem Kreuz, dem Frauensymbol. Aber dieses Haus, das Männern nicht offensteht, gehört keiner Organisation. Nach dreijährigem Hin und Her hat es die Stadtverwaltung Frauen allen

Wind-
generator
in Mittel-
jütland

Nachgebautes Wikingerhaus bei Fyrkat

Abteikirche von Veng

Im Gebäude einer jütländischen Wohngemeinschaft

Eingang zum Strøget in København

Lild Strand am Skagerrak

Windkraftwerk bei Ebeltoft

Alters und unterschiedlichster Herkunft und Meinung als Ort ungestörter Begegnung eingerichtet. Nein, eingerichtet haben es Frauen selbst, aber die Stadt überließ es ihnen und gab einigen nach zweijähriger Arbeitslosigkeit für jeweils ein Jahr Arbeit. Sie ändert sich mit den wechselnden Bedürfnissen der Besucherinnen. Schon im schmalen Treppenhaus sprechen sie miteinander, auf Zetteln: Wer braucht eine Wohnung für vier Wochen, ich fahre am Siebzehnten nach Schweden. – Ich habe nur noch eine Brust und Angst, wem geht es auch so? Wer möchte mit mir darüber sprechen? – Ich will eine Wohngemeinschaft mit zehn Lesbierinnen machen, ruf an, wenn du das auch willst ... Im Kellergeschoß sind zwei Räume für die Frauen, die alles im Haus organisieren, säubern, mit der Stadtverwaltung besprechen. Unterm Dach treffen sich vor allem Junge. In den beiden Zwischenetagen gibt es einen Raum, wo sich Frauen über vierzig treffen, einen anderen für Lesbierinnen, eine kleine Bibliothek (jeder gibt Bücher ab, die er nicht für sich allein braucht) und vor allem einen Gemeinschaftsraum, wo man in größeren Runden diskutiert, Filme ansieht, tanzt, Kaffee trinkt, auch ein belegtes Brot fast zum Selbstkostenpreis kaufen kann. Dennoch ließ auch hier der Zulauf in letzter Zeit nach. Gruppen lösten sich auf, neue fanden zusammen – alles hängt ab von Bedürfnissen. Wir ließen uns häuslich nieder im Café. Kirsten, die auch zum ersten Mal in diesem Haus war, betrachtete die kräftigen Wandfarben, orange, ziegelrot, sattgrün. Die Applikationen auf dem Wandteppich zeichnete sie in ihr Notizheft, auch das Muster der aus dünnem Seil geflochtenen Stuhlsitze, sie glaubte es in einer Zeitschrift gesehen zu haben (ihr Forschungsthema hängt mit dem Einfluß von Frauenzeitschriften auf die Alltagskultur zusammen). Und während Kirsten ihr Pfeifchen ansteckte (in einem Berliner Café mußte sie auf das Rauchen verzichten, denn sie wurde begafft wie ein Tier im Zoo und laut bespöttelt), während Kirsten also genußvoll schmauchte, rief man durch die offene Tür nach einer Mette, der Psychologin. Auch eine Juristin kommt zu kostenloser Beratung in dieses Haus, wenn man nach ihr verlangt. Siebzig bis achtzig Prozent der Besucherinnen leben mit Kindern, mit einem Mann, haben

Probleme wie Du und ich oder Kirsten. Manche kamen von der Straße weg, tastend und mißtrauisch wie ich, einzeln oder in Gruppen. Manche bewegten sich hier wie zu Hause, die fünf Frauen beispielsweise, die sich mit Flöte, Banjo, Gitarren ins Nachbarzimmer zurückzogen. Zur Zeit kommen viele musizierende Frauen, sie probieren noch Kombinationen von Instrumenten. Sie haben noch Mut, sagte Kirsten, die seit einigen Jahren vergeblich zum Klavierspielen ansetzt (die Musikantinnen waren wohl Mitte Dreißig, älter als Kirsten). – Da kam das schöne Mädchen (es hatte uns erzählt, daß es, um Heizung zu sparen, in diesem Café für ihre Seminare arbeitet, in jedem anderen würde sie nach einiger Zeit »angemacht«).
Das Mädchen brachte gute Nachricht: Auf »unserer Insel« sind noch Plätze frei. Das Frauenhaus in København, das die Lager organisiert, wird uns Abfahrtszeit und -ort rechtzeitig mitteilen.
Sei nicht traurig, meine liebe Katarina, ich werde Dir haarklein davon erzählen.

Montag

Wir sind alle kribbelig. Die Zeit rückt ran, aber von København keine Nachricht. Kirsten telefoniert viel und schweigt dann.
Wir sind oft bei Freunden. Mit Kirsten und Søren macht das Feiern am meisten Spaß; sie richten den Tisch mit her und waschen mit ab, bevor sie gehen. – Du weißt, daß ich es nicht lange aushalte, wenn nur diskutiert wird oder nur gekocht oder nur getanzt. Aber hier pendele ich nicht allein zwischen den Gruppen, überall ist auch Kirsten, bei diesem Wetter oft barfuß, in lila Pluderhosen, mit einem kunstvoll geschlungenen Kopftuch, sehr schön. Sie wird regelrecht gelähmt, wenn sie nur Kopf oder nur Bauch oder nur Hände sein muß, das ist unabhängig vom Willen, nur hat sie die unselige Gabe, nicht aggressiv, eher krank zu werden in dieser Kultur der Zerstückelung. Ich sehe Dich lächeln, Katarina. Du bist noch erfolgreich, und Du hast tausend Beweise für Deinen »gesunden und unvermeidlichen« Zwang zur Konzentration. Ich werde nicht mit Dir streiten.

Aber ich frage mich oft, warum Du das Bedürfnis nach Ganzheit immer nur belächelst.
Wie erklärst Du Dir, daß Kirsten in diesen unsicheren Zeiten immer wieder Arbeit bekam (bis jetzt), obwohl (oder weil?) sie sich nicht radikal auf ein Fach konzentrierte? Und wie erklärst Du Dir die Tatsache, daß in einem Konzern, nachdem alle Abteilungen mit hochleistungsfähigen Spezialisten und mit Computern besetzt waren, die Leistung zurückging – bis wieder einige Leute mit sogenannter humanistischer, auch künstlerischer Ausbildung eingestellt wurden? Doch, Psychologen hatten sie, von Anfang an. Freilich konnten sie sagen, was fehlte – aber das Verödete wiederbeleben konnten sie nicht.

Mittwoch

Wir warten immer noch, Katarina ...
Inzwischen sind wir viel am Wasser. Wenn hier einer vom anderen nur zwanzig Meter entfernt liegt, nennen sie den Strand schon »Fliegenpapier«. Kirsten ist ein bißchen rundlich geworden und am ganzen Körper braun. Sie erzählt und singt viel mit den Kindern und spielt mit ihnen im Sand. Auch sich selbst zuliebe, glaube ich: sie hat nie genug spielen dürfen. Wenn sie abseits sitzt und zeichnet oder sich vom flachen Wasser schaukeln läßt, wirkt sie mitunter abweisend. Früher verletzte mich ihre Abkehr. Jetzt kenne ich ihr wachsendes Bedürfnis nach Alleinsein, sie lebte immer in Familie, Kommune, Ehe – noch nie allein.
Manchmal ist sie jünger als ich, manchmal älter, mitunter sind wir Zwillingsschwestern oder einander wieder unbekannt.
Heute nähten wir zusammen. Während Kirsten Applikationen für ihr Couchkissen entwarf – ein breiter grüner Mund streckt eine dottergelbe Zunge heraus –, erzählte sie zum ersten Mal von ihrer Großmutter, einer fanatischen Nationalistin aus dem Grenzgebiet zu Deutschland. Sie war Magd und dreimal verlobt. Zwei Verlobte wanderten nach Amerika aus. Dem dritten, einem russischen Kriegsgefangenen auf einem deutschen Hof bei Flensburg, folgte sie nicht, weil sie unverzagt auf Nachricht von jenseits

des Ozeans wartete. Darüber wurde sie dreißig und schließlich Wirt-
schafterin bei einem Bauern, von dem erzählt wurde, er hätte seine Mutter
umgebracht. Eine Dreißigjährige, damals eine Frau ohne Wahl, hatte
furchtlos zu sein und dem Brotherrn auch im Bett zu dienen. Doch sie war
nicht ohne Glück: einen Tag, nachdem sie die Stellung angetreten hatte,
84 verschwand der Mann zu den hauptstädtischen Dragonern. Von dort
schickte er regelmäßig schriftliche Weisungen, die immer in dem Satz
endeten: mit den kräftigsten Grüßen Anton. Die Großmutter, die die Wirt-
schaft lebenslang in Gang hielt, erzählte gern der Enkelin (die ihr ähnlich
sehen soll: klein, zarthäutig, mit kräftigen Hüften). Im Mund der alten
Frau nahmen viele Geschichten den Ton von Komödien an, meinte
Kirsten.

Freitagabend

Liebe Katarina,
während hinter mir Søren und Kirsten mit einem Freund von einem anderen, der ein Haus in der Sowieso-Straße (im Nobelviertel) gekauft hat, wie von einem Gestorbenen reden; während Kirsten laut überlegt, ob sie den geliebten Holztisch gegen ein Plastmöbel tauschen soll, weil Holztische inzwischen gutbürgerlicher Wohnstandard wurden; während sie gemeinsame Ferien auf der Insel Anholt planen und sich darauf verlassen, daß ich kaum ein Wort verstehe, habe ich verstanden: Wir fahren nicht ins Frauenlager.
Mein Mangel an Dänischkenntnissen soll erst Hinderungsgrund gewesen sein. Da wir aber von vielen englischsprechenden Gästen anderer (westlicher) Länder wußten und Kirsten auch dolmetschen wollte, hören wir nur noch: Es ist nicht möglich. Punktum.
Entweder bin ich zu wenig feministisch oder zu viel oder – ich komme aus dem Osten. Dreimal darfst Du raten. Ich sehe Kirsten an, daß sie so traurig ist wie ich (jeden Tag telefoniert sie mehrmals, ich weiß nicht, was sie weiß).
Noch trauriger aber ist: ich kann nicht umhin, diese Frauen in København

zu verstehen, sie sind schließlich keine höheren Wesen, außerhalb von West und Ost. Schade. Vor allem für uns. Wieder mal Grenzen befestigt, wir alle sind ja auch Gefangene von uns selbst. Aber wir werden vielleicht über uns lachen, bevor wir Großmutter sind – auf den Fraueninseln soll es bis jetzt fröhlich zugegangen sein. Aber Du und ich werden erst als Großmutter dort sein. Aber dann werden diese Inseln nicht mehr …

Aber sei gegrüßt!

G.

Mølle, mølle …

Wir lagen am Strand, der Himmel leuchtete tiefblau, Wind bog die Zweige der Kiefern, die Luft vibrierte über dem heißen Sand, und Per übersetzte einen Artikel aus der Lokalzeitung mit der Überschrift: »Bekommt Ebeltoft erstes Windkraftwerk mit einhundertfünfzig Mühlen?« Das Kraftwerk würde in sechs bis sieben Jahren finanziellen Überschuß bringen und im Jahre 2000 eine Kilowattstunde eine halbe Øre, vom traditionellen Kraftwerk aber 300 Øre kosten. Zukunft hätten Kolonien von kleineren Mühlen.

Glaubte der sachliche Per, damals Dozent an der Universität Århus, selbst an diese Vision?

Bei der Rückkehr von Lild Strand neulich fuhren wir am Limfjord entlang und sahen Metalltürme mit den kreisenden Flügeln auf vielen Höhen. Im Norden der Insel Mors im Limfjord, wo Kaj irrtümlich den steil aufragenden Feggeklit für einen erloschenen Vulkan gehalten hatte, drängten sich Moränenberge dicht aneinander. Auf ihren Kuppen lagen Hügelgräber. Über den Ruhestätten der Vorzeitmenschen drehte der Wind die Glasfiberflügel, und mit einem Male fuhr eine Bö durch das kaum geöffnete Autofenster.

Am hohen Ufer des Festlandes arbeiteten einige Mühlen nebeneinander. In der Hügellandschaft kamen immer neue ins Blickfeld. Je weiter wir in Jütland nach Süden fuhren, desto weniger metallisch glänzende Türme gab es. Bald blieben die Höhen kahl, die Landschaft mit den idyllischen Orten, den Waldstreifen und den kleinen Seen wurde stumm.

Auch von Himmelbjerget bei Silkeborg sah ich die Stahltürme ringsum auf den Höhen schimmern. In der Ferne lag einer zwischen zwei Waldstücken. Zu dessen Mitbesitzer fuhr uns Sørens Freund.

Der »Windmüller«, wie er sich selbst scherzhaft nannte, war Deutschlehrer am Gymnasium und bewohnte mit seiner Familie zwei Gebäude einer ehemaligen Bauernwirtschaft. Für ein Gespräch über Mühlen ließ er sich bei den Urlaubsvorbereitungen gern unterbrechen und lud uns auf den ehemaligen Hof, jetzt Garten, zu einer Flasche Øl, also Bier, ein. Die Mühle stand außerhalb des Dorfes auf einer Anhöhe und war von hier nicht zu sehen.

Wir verfeuerten Ende der siebziger Jahre jeden Winter 10000 Liter Heizöl, 1000 Liter kosteten 3800 Kronen, da mußten wir uns was einfallen lassen, sagte der Lehrer. Dänemark verfügte, erinnerte ich mich, weder über Braunkohle- noch über Steinkohlevorkommen, Erdöl wurde vor der Küste gefördert. Wasserkraft war in dem flachen Land nicht nutzbar (in Norwegen erzeugte sie praktisch den ganzen Strom). Da auch fast alle anderen Rohstoffe fehlten, war man hier auf Importe angewiesen. Um die Auslandsverschuldung nicht noch rascher wachsen zu lassen, drückte der Staat durch Steuern die Benzin- und Energiepreise künstlich hoch. Sinkt der Erdölpreis auf dem Weltmarkt, sinnen die Behörden über eine neue Abgabe nach, hörten wir. Das zwang zur Sparsamkeit und zu Auswegen. Drei Männer setzten sich zusammen und redeten in ihrer Freizeit fast nur noch über Windmühlen. Später schrieben sie auf die Trostschrift für ihre Ehefrauen: den Windwitwen.

Zu besprechen war vieles: Es gab mehrere Windturbinenfirmen, Windkraftanlagen verschiedener Größe. Im Jahre 1980 zahlte der Staat für eine Mühle 30% Zuschuß (1986 15%), die 22% Mehrwertsteuer wurden erlassen. Die Mühlen damals waren noch störanfällig. Und die Elektrizitätsgesellschaften fürchteten um ihr Monopol. Inzwischen räumten sie die Steine aus dem Weg, sagte der »Windmüller«, denn die Dänen verzichteten auf den Bau von Atomkraftwerken.

Die drei Männer entschieden sich, gemeinsam eine 55-kW-Anlage zu kaufen, damals eine der ersten dieser Größe. Und sie war die einzige in der Gegend. Heute standen auf den umliegenden Höhen modernere und stärkere Mühlen. Windmølle oder einfach mølle sagten die Dänen, obwohl die Anlagen mit den Windmühlen vergangener Jahrhunderte äußerlich wenig gemeinsam hatten. Den präziseren Ausdruck Windturbinen benutzten die Dänen selten, er war ihnen vielleicht zu wenig anschaulich.

Der »Windmüller« reichte mir das Monatsmagazin Naturlig Energi, das »Mitgliedsblatt für die Vereinigung dänischer Windkraftwerker«, Juni 1986, blätterte in der seitenlangen Statistik der in Betrieb befindlichen Mühlen – sie enthielt nur die der Mitglieder des Verbandes – und zeigte auf die Daten seiner:

88 Angefahren: 10.12.80; Produktion 1985: 64020 kW/h;
Betriebszeit: 54%

Der Lehrer wies auf eine Überschrift: 4,3 Millionen kW/h von den Mühlen im April. Bei einem derartigen Monatsergebnis freuen wir uns, sagte der Windmühlenpionier. 746 Mühlen lagen dieser Statistik zugrunde, wovon nicht alle Daten gemeldet waren.

Bei hohen Windgeschwindigkeiten steige der Heizölverbrauch in den Kraftwerken rapide, erklärte der »Windmüller«, gerade dann lieferten die Mühlen den meisten Strom. Meint es die Natur nicht gut mit uns? Im Sommer ist meist Flaute; im Herbst und Winter, wenn geheizt werden muß, weht starker Wind.

Auf der Fahrt zu seiner Mühle kamen wir an größeren Schweineställen eines Bauern vorbei, der – wie wir hörten – mit der Wärme der Tiere Wasser aufheizen ließ.

Der Turm auf dem Rain eines Getreidefeldes bestand aus leichten Stahlträgern. Die drei je 7,5 m langen propellerartigen Flügel standen still. Mich wunderte das, den Lehrer nicht. Er nannte seine eine alte Mühle, die alle Kinderkrankheiten durchmache. Die Windrichtung hatte sich eben gedreht und die Automatik die Haube mit den Flügeln noch nicht rasch genug nachgeführt. Heute wußte man zudem mehr über den günstigsten Platz der Mühlen, und zwar am Meer. In einer Kabine zwischen den Füßen des Turmes befanden sich Schaltkästen mit Zählern und der automatischen Steuerung, nicht viel größer als die Sicherungskästen für eine Fünfzimmerwohnung. Der »Windmüller« setzte einen Motor in Gang, der drehte die Haube gegen den Wind. Wie in Dänemark üblich, führte keine direkte Leitung von der Mühle zu den Wohnungen der Eigentümer. Der Strom floß ins Netz der Elektrizitätsgesellschaft, denn drei Abnehmer

brauchten bei gutem Wind keine 55 kW. Und wehte schwacher oder gar kein Wind, kauften die Abnehmer den Strom etwas teurer vom Werk zurück. Die besten Windkraftwerke kamen also ohne eine zentrale Energieversorgung nicht aus. Der Lehrer schaltete erneut um auf das Netz, die Flügel begannen sich zu drehen, mit dem Strom des Elektrizitätswerkes. Dann schaltete er ab, die Flügel rotierten weiter. In der Höhe wehte stär-
kerer Wind als über dem Rain. Jetzt erzeugen wir Strom! rief der »Windmüller«. Wie zum Beweis knipste er im Schaltraum eine Lampe an. Eigenes Licht, sagte er nicht ohne Stolz.

Ab Windgeschwindigkeiten von 4 m/s wurde Strom erzeugt (das Optimum lag bei 16 m/s), bei Orkanen und anderen Gefährdungen die Anlage gebremst, sie schaltete sich selbständig ab. Bei dem schwachen Wind jetzt lief der 11-kW-Generator, bei kräftigerem Wind wurde selbständig der 55-kW-Generator in Betrieb genommen; beide übrigens aus der DDR, bemerkte der Lehrer.

Am 22.6.86 las ich auf den Zählern der dänischen Vestas-Windkraftanlage:

Zahl der erzeugten kW/h	357 708
Zahl der Betriebsstunden	7 761

Beim Abschied stieß ich mit dem »Windmüller« auf seinen Enthusiasmus und auf guten Wind an; in anderen Gegenden Dänemarks wurde über Windmühlen noch gelächelt.

Per hatte uns nach Ebeltoft eingeladen. Wir sollten sehen, was aus der Utopie geworden war. Die Straße führte in für Dänemark einmaligen Serpentinen über die Höhen der Halbinsel Mols an der Århus-Bucht. »Dänische Alpen«, hatte Søren gescherzt, als er mit uns durch die überwachsenen Dünen gewandert und in ein riesiges trichterförmiges Loch gestiegen war. An der Stelle hatte am Ende der Eiszeit ein mächtiger Eisblock gelegen. Søren konnte damals auf diesen Kuppen noch keine Windgeneratoren zeigen. Die Landschaft mit den zahlreichen Buchten und Halbinseln im flachen Land hatte mich an Rügen erinnert. Dort blies auch heftiger Wind, und ich stellte mir sich drehende Windmühlenflügel vor.

In den Straßen der Bilderbuch-Stadt Ebeltoft mit den niedrigen altersschiefen Häusern drängten sich die Touristen zur Besichtigung. Auch die Fregatte »Jylland«, eins der letzten Schiffe aus der Mitte des vorigen Jahrhunderts, würde diesmal überfüllt sein. Als uns Per damals zum Wein in ein Lokal einlud, war er noch Belgier, sein Vertrag als Dozent in Århus ab-
90 gelaufen und in seinem Fach in Dänemark keine Arbeit zu bekommen. Die Mehrheit der Schulen, wo er in seiner Heimat hätte als Lehrer arbeiten können, wurde von der katholischen Kirche beherrscht; zu unterrichten war in ihrem Sinne, außerdem ein Papier zu unterschreiben, daß man katholisch leben wolle. Die Toleranz, Liberalität und antiautoritäre Lebensart im Gastland wollte er nicht aufgeben und war inzwischen Däne geworden. Neben akzentfreiem Deutsch sprach er akzentfrei dänisch und heiratete ein dänisches Mädchen. Wir hatten oft seine Kochkunst genossen und ihm scherzhaft eine Laufbahn als Meisterkoch prophezeit. Tatsächlich machte er sein Hobby zum Beruf und wurde binnen weniger Jahre Küchenchef eines Restaurants in Djursland. Die Zeitungen lobten seine französischen Gerichte. Ich stehe wie auf einer Bühne, gestand Per, habe jedesmal Lampenfieber, ich weiß keinen Tag, wie viele Gäste kommen und was sie bestellen werden. Und wenn das gewohnte Lob einmal ausbleibt?

Mit seiner Frau bewohnte er ein Einfamilienhaus in Ebeltoft, zur Zeit mietfrei, weil die Baufirma nicht zum Termin ihr Reihenhaus fertigstellte. Dessen Innenwände entstanden aus großen Platten, die Außenwände wurden gemauert, dazwischen dämmte eine 15-cm-Isolierschicht die Wärme.

Per hatte Rinder- und Schweinebraten mit Salaten zubereitet und im Freien gedeckt. Seine Frau, kürzlich zur besten Weinverkosterin des Landes gekürt, schenkte uns nach.

Ich war beeindruckt von Pers erfolgreichem Berufswechsel.

Du weißt nicht, wann du gefeuert wirst, dämpfte Søren mein Lob dieser Flexibilität.

Aber trägt sie nicht dazu bei, alles aus dir herauszuholen?

Im Augenblick ja, aber du weißt nie genau, was du nächstes Jahr tun und wie du leben wirst, gab Søren zu bedenken und erzählte vom sogenannten »Dracula-Ausschuß«, der dieses Mal einem geisteswissenschaftlichen Institut der Københavner Universität mitgeteilt hatte, bis 1990 seien zehn Mitarbeiter zu entlassen. Wer eingespart würde, hätten die Wissenschaftler unter sich auszumachen. Und ich war Zeuge gewesen, wie Kirsten die Nachricht erhielt, daß sie eine von zehn Bewerbern um eine freie Dozentenstelle sei und zur Spitzengruppe der ersten beiden gehörte.

Dachte Per manchmal wehmütig an seine Lehrtätigkeit zurück? Diese Frage stellten wir nicht. Er telefonierte mit der Windturbinenfirma NORDTANK. Obwohl es bereits Freitagmittag war, würde uns ein Techniker ab siebzehn Uhr den Betrieb zeigen.

Inzwischen fuhren wir an die Küste zum Fährhafen Ebeltoft. Dort standen nicht einhundertfünfzig Mühlen, sondern siebzehn, dafür größere, trotzdem eine Sensation nicht nur für Touristen. Es war das erste Windkraftwerk der Erde im Meer, von NORDTANK errichtet und im März 1985 angefahren.

Der lange, leicht geknickte Damm aus Steinquadern führte weit ins Meer. Søren ging mit den Kindern voraus und wirkte käfergroß. Ich lehnte am ersten der sechzehn zylindrischen Metalltürme, die hoch in den Himmel ragten und wie eine Reihe dienstbarer Wächter im Wind standen. Die dreiflügeligen Propeller surrten gleichmäßig und kaum hörbar weit über meinem Kopf, als wollten sie von ihrer Arbeit kein Aufsehen machen. Das beruhigte und gab mir Sicherheit, ich ging langsam auf die Spitze der Mole zu. Im Hafen nebenan machte eine Hochseefähre fest. Das blaugrüne Meer lag fast glatt in der Sonne, der Wind blies mäßig, aber man spürte ihn. Nach Untersuchungen dänischer Institute sank die Windausbeute im Inland je nach Bebauung und Bepflanzung bis auf 30%.

Kaj und Inga fürchteten, die Mühlenflügel könnten brechen und herunterstürzen. Mich überraschte ihre Angst.

Unter den Stahltürmen fuhr mir eine Windbö ins Gesicht, und diesmal war mir, als triebe der Windgott Odin die metallisch schimmernden Propeller. Verhalf er den Dänen zu neuer Kraft?

Bei gutem Wind lieferten die sechzehn 55-kW-Mühlen auf dem Damm und die 100-kW-Anlage am Ufer rund eine Million Watt, was den Stromverbrauch der Stadt Ebeltoft in der Spitzenbelastungszeit nicht überschritt, den jährlichen Energiebedarf von etwa sechshundert Einfamilienhäusern und damit 13% dessen von Ebeltoft deckte.

Meine Annahme, Bastler oder kleine Handwerksbetriebe bauten die Mühlen für Enthusiasten, die auf jeden Fall draufzahlten, erwies sich als irrig. NORDTANK, die zweitgrößte Firma der dänischen Windmühlenindustrie, lag im kleinen Ort Balle unweit von Ebeltoft auf der Nase der Halbinsel Jütland. Ein junger gewandter Techniker führte uns durch die flachen Hallen. Die Firma produzierte früher Tanks für Kesselwagen. Die Energiekrise der siebziger Jahre zwang zu einer Umorientierung. Die Maschinen zum Biegen von Stahlblechen standen im Betrieb, folglich erhielten die NORDTANK-Mühlen feuerverzinkte Türme aus Edelstahl, der Aufstieg zu den Aggregaten oben in der Haube wettergeschützt im Inneren. Zwei große Mühlen ragten über das Betriebsgelände, für Versuchszwecke und zur Werbung; ihre Flügel hatten uns schon von fern herbeigewunken. Der dänische Windturbinenbau führt in der Welt, denn die dänischen Mühlen funktionieren, hörten wir. Die im Lande vorherrschenden Klein- und Mittelbetriebe mit ihren handwerklichen Traditionen waren wendiger als Großbetriebe anderer Länder und konnten sich in der Krise und bei verändertem Markt rascher auf neue Produkte umstellen. Entsprechend dem technischen Höchststand werden auch NORDTANK-Mühlen von Mikroprozessoren gesteuert. Das dänische Energieministerium förderte die Erforschung der alternativen Windenergie von 1976 bis 1986 mit rund 100 Millionen Kronen. Nur Mühlen jener Firmen, die Leistungstests der staatlichen Versuchsanlage Risø bestanden haben, kommen infolge finanzieller Vergünstigungen auf den Markt und ins Ausland.

Der Export in die USA trägt die Firma, sagte der Techniker; 90% der Produktion wird dahin verkauft, ein Auftrag für 40 Millionen Dollar liegt wieder vor. In Kalifornien drehten sich etwa neuntausend Windturbinen, meist in großen Parks auf windreichen Pässen mit einer Leistung von insgesamt etwa 1000 Megawatt, der eines hochmodernen Großkraftwerks. Ungefähr 80% aller aus Europa ausgeführten Mühlen kamen aus Dänemark, dessen Firmen jährlich für zwei Milliarden Kronen Windkraftanlagen exportieren. Im Lande selbst gab es ca. eintausendfünfhundert Mühlen, die noch unter 1% des Stromes erzeugten und 2 Promille des Energiebedarfs Dänemarks deckten. Wirklich nur 2 Promille? Ich dachte an die zehntausend Windkraftanlagen, die nach der Prognose des Energieministeriums im Jahre 2000 10% des Stromes liefern sollten, und erinnerte mich an Sørens Frage: Würden diese vielen Mühlen nicht auch die Landschaft zerstören?

Heute sind 55-kW-Mühlen am gebräuchlichsten und nur solche bis etwa 150 kW wirtschaftlich, sagte der Techniker, die fünf großen 750-kW-Mühlen auf Masnedø und die 2-Megawatt-Anlage bei Esbjerg werden staatlich gestützt.

Der Techniker wies auf eine fensterlose Halle, die Forschungsabteilung: Wer von den zweihundert Beschäftigten die Räume unbefugt betritt, wird sofort entlassen. NORDTANK könnte jährlich eintausendzweihundert Mühlen bauen, stellt jedoch nur siebenhundert her, die Konkurrenz der Firmen im Inland sei hart. Trotzdem wächst der Betrieb täglich, hörten wir.

Wie lange hält eine Mühle? fragte ich.

Sie ist für mindestens zwanzig Jahre gebaut, erwiderte der junge Mann. Und wir geben zwei Jahre Garantie. Wird die zugesicherte Mindestproduktion nicht erreicht, zahlt die Firma Ersatz. Für einen geringen Betrag kann die Wartung und Garantie auf fünf Jahre erweitert werden.

Wie lange brauchen Ihre Mühlen, um ihren Preis zu verdienen?

In etwa sechs Jahren haben sie sich amortisiert.

Früher gaben die Banken nur Kredit auf Mühlen bei einem Haus als Sicherheit. Heute, hörten wir von Pers Schwiegervater, der sich mit vierzehn Partnern in eine Mühle teilte und sie wie ein Mechaniker beherrschte, heute genügen oft die Mühlen selbst als Sicherheit.

Weißes Kreuz auf rotem Grund

Das kräftige Rot und das klare Weiß gehörten an jenem Morgen zu dem Picknick vor dem Moesgård-Museum. Birte und Bodil hatten mich zu einer Radtour eingeladen und deckten einen Tisch im Freien mit Wegwerftellern und Wegwerftassen. Auf der Tischmitte hißte Birte eine kleine dänische Fahne. Ich stellte eine Flasche Nordhäuser daneben. In jedes der Generalbasse – einer Art Brötchen – wurde ein Papierfähnchen gesteckt. Je mehr Generalbasse in unsere Mägen wanderten, desto mehr Fähnchen wurden gekappt. Für den Strauß Tulpen, den ich den Mädchen unterwegs schenkte, hatten sie rote und weiße gewählt.

Gartenkolonien wurden zuweilen beflaggt. Zu Geburtstagen und Hochzeiten, auch beim Besuch eines guten Freundes zog man am Mast vor dem Haus die Fahne auf. Den Weihnachtsbaum schmückten die Dänen mit zahlreichen kleinen Fähnchen. Ein Mädchen steckte am Strand bei Århus eine Fahne in den Sand, bevor sie sich nackt daneben legte. Das weiße Kreuz auf rotem Grund symbolisierte im Alltag weniger Feierlichkeit als Freude und Geselligkeit. Auch manche Norweger und Schweden wählten Kleidung mit den Farben ihrer Fahne.

Und die Dänen wollten zeigen, daß ihre kleine Nation neben den großen Nachbarn und der EG noch existierte; oft sah man das Fahnenzeichen an Autos und auf Konservenbüchsen im Ausland.

Die Dänen können ihre Fahne nicht »nach dem Wind hängen«, den deutschen Ausdruck (wir haben in unserem Jahrhundert bereits die vierte Fahne) kennen sie nicht. Derart unterschiedliche Winde wehten im Nachbarland nie. Und die dänische Fahne, der Dannebrog, ist die älteste Europas. Sie soll am 15. Juni 1219 in der Schlacht bei Lindenæs (Lyndamiz) vom Himmel gefallen sein. Das rot-weiße Kreuzbanner verhalf dem dänischen Heer unter König Valdemar dem Großen auf diesem Kreuzzug gegen die heidnischen Esten zum Siege. Nach einer anderen Version schenkte der Papst es den Dänen vor dem Feldzug. Mit der Christianisierungsidee unterwarf das Nachbarland um 1200 zeitweise Stämme an der Ostseeküste und zerstörte das Heiligtum der Sueben auf Rügen mit.

Über zweihundert Jahre früher hatte auch der große Nachbar im Süden den Dänen die neue Lehre aufgedrängt, um das Jahr 962, als der deutsche König Otto I. zum Kaiser gekrönt und das römisch-deutsche Kaiserreich gegründet wurde. Otto II. zwang 974 die Dänen nach einem Feldzug, die deutsche Oberhoheit anzuerkennen, und stach seinen Speer besitzergreifend am Limfjord in den Oddesund; die Deutschen wurden zum Trauma.

In den letzten Jahrhunderten wurde die Fahne zum Symbol nationaler Behauptung auch gegen den großen Nachbarn im Süden und für die eigene Selbstbesinnung. Malten dänische Künstler der Vergangenheit aus diesen Gründen oft Fahnen auf ihre Bilder?

Nicht nur die gemeinsame Grenze verband die Geschichte Deutschlands und Dänemarks eng miteinander. Seit 1460 wurden mit Christian I. die dänischen Könige zugleich Herzöge von Schleswig-Holstein und damit Fürsten des deutschen Kaiserreiches. Daß Schleswig-Holstein sowohl zu Dänemark als auch zu Deutschland gehörte (eine Eigentümlichkeit des »Heiligen Römischen Reiches Deutscher Nation«), führte vierhundert Jahre lang kaum zu Konflikten, vielmehr zu engen wirtschaftlichen und kulturellen Beziehungen.

Die progressiven dänischen Liberalen versuchten 1848, getragen von den Ideen der Revolution und nicht frei von Nationalismus, ganz Schleswig, auch die von Deutschen besiedelten Gebiete, dem dänischen Staat anzugliedern. Es kam zu einem antidänischen Aufstand und zum Hilfeersuchen an Preußen. Bei Århus schlug ein preußischer General ein dänisches Heer, die Stadt wurde im Juni 1849 besetzt.

Dänemark behielt formell die Herzogtümer und baute Ende der fünfziger und Anfang der sechziger Jahre die Herrschaft über sie aus; die progressive Verfassung von 1863 galt auch für Schleswig, was Deutschland und die anderen Großmächte herausforderte. Nach Ablauf eines Ultimatums griffen, getragen vom deutschen Bestreben nach nationaler Einigung, preußische und österreichische Truppen 1864 in Jütland an. Das gerechtfertigte Vorgehen von deutscher Seite konstatierte ich mit Erleichterung, wenigstens diesmal waren wir nicht schuld.

»Die Niederlage war ein schwerer Schlag. Es stellte sich – wie 1660 und
96 1814 – die Frage, ob Dänemark überhaupt als Nation überleben könne.« (Dänische Themen, die Geschichte Dänemarks, herausgegeben vom Königl. Dän. Ministerium des Äußeren, København 1984, S. 5) Mit den entwickelten Herzogtümern Schleswig-Holstein (auch den fast nur von Dänen besiedelten Gebieten Nordschleswigs) verlor Dänemark ein Drittel seines gesamten Staatsgebietes und zwei Fünftel der Bevölkerung. So stellt sich der Sachverhalt aus dänischer Sicht dar.

Warum überlebte die dänische Nation ihre Katastrophen?

Die in die früheste Zeit zurückreichenden demokratischen Traditionen, meine ich, waren und sind – auf der Grundlage sozialökonomischer Besonderheiten – Quellen für ständige Erneuerung aus dem Volke. Bis ins 13. Jahrhundert lag in Dänemark die Macht, auch die gesetzgebende und richterliche Gewalt, bei den Versammlungen der wehrfähigen freien Männer (Landstinge); die wählten auch den König. Schon in den Bootsgemeinschaften der Seefahrernation war jeder auf jeden angewiesen gewesen. Viele der vorfeudalen Verhältnisse erhielten sich bis ins 11., ja 13. Jahrhundert. Wälder, Weiden, Gewässer blieben lange Gemeineigentum. Blutsverwandtschaft verband Besitzende und Besitzlose. Viele Sklaven erhielten Bodenanteile zur Nutzung, man gab ihnen häufig die persönliche Freiheit. Auch in späteren Jahrhunderten entwickelten sich, mitverursacht durch die härteren Naturbedingungen des Nordens, die sozialökonomischen Verhältnisse langsamer und führten nicht zu so krassen Widersprüchen wie in den Ländern weiter südlich. Im Unterschied zu den Leibeigenen, den Hörigen in Deutschland, blieben in Dänemark während der Feudalzeit die abhängigen Bauern meist persönlich frei, pachteten befristet fremden Boden. Auch die dänischen freien Bauern waren wirtschaftlich unabhängiger als die im übrigen Europa.

»Selbst im absolutistischen Dänemark konnten die Menschen ihre Meinung weitaus freier äußern als beispielsweise in den absolutistischen deutschen Staaten. Politische Gesellschaften und Klubs ... Zeitungen ... in denen politische Diskussionen geführt wurden, wurden zu normalen Erscheinungen ...«, schreibt A.S. Kan (Geschichte der skandinavischen Länder, Berlin 1978, S. 99). Die Gegensätze zwischen sozialen Klassen spitzten sich nicht so zu wie in den anderen europäischen Ländern. Reformen von oben verhinderten eine gefährliche Konfrontation oder gar Revolution. Ein Jahr vor der Französischen Revolution, 1788, hob der aufgeklärte dänische Absolutismus die der Leibeigenschaft verwandte Abhängigkeit im Prinzip auf. Die Februarrevolution 1848 blieb nicht ohne Wirkung auf Dänemark. Die Liberalen versammelten sich am 20. und 21. März im Theater »Casino« in København und zogen an der Spitze einer Masse Volks zum königlichen Schloß Christiansborg. Der erschreckte König Frederik VII. entsprach, ohne daß Waffen oder Barrikaden aufgeboten wurden, den Forderungen der Liberalen, verzichtete auf die Alleinherrschaft und betrachtete sich künftig als konstitutionellen Monarchen. Dänemark erhielt eine der progressivsten Verfassungen seiner Zeit.

Auch andere skandinavische Staaten stehen in dieser demokratischen Tradition. Im Jahre 1810 wählte der schwedische Reichstag den französischen Marschall Bernadotte zum Thronfolger und Regenten. Bernadotte stammte aus dem Kleinbürgertum und hatte in der französischen Revolution zeitweise auf der Seite der Jakobiner gestanden. Und die norwegische Geschichte lieferte einen beispiellosen Vorgang: Nach der endgültigen Unabhängigkeit 1905 wählten die Norweger den dänischen Prinzen Carl zu ihrem König (nur 21% sprachen sich für die Republik aus). Als Haakon VII. leitete er seine Stellung nicht wie bei den Königen üblich vom Gottesgnadentum ab, sondern aus einer Volksabstimmung.

In Norwegen und Dänemark fanden 1972 Volksabstimmungen über die Mitgliedschaft in der EG statt; in anderen westlichen Ländern entschieden darüber lediglich die Parlamente. Während sich in Dänemark 63,3% für den Beitritt aussprachen, stimmten in Norwegen 53,5% dagegen. In Norwegen begegneten wir kaum einem Menschen, der unsere Sympathie für den Dannebrog teilte. Von 1380 bis 1814 gehörte das Land zur dänischen Krone, wurde zeitweise wie eine Kolonie verwaltet, Dänisch war Amtssprache. Die Skepsis der meisten Norweger gegen die EG, ihr ausgeprägtes Nationalgefühl und ihr Engagement für unterdrückte Völker sind auch Er-

fahrungen aus ehemaliger Abhängigkeit (bis 1905 von Schweden).

Dänemark hob 1953 auch den kolonieartigen Status von Grönland, das mit Island und den Färöer 1380 Gebiet unseres Nachbarn geworden war, auf und erklärte es zu einer dänischen Provinz. Nach dem Abkommen von 1979 wurde Grönland die Selbstverwaltung zugesprochen; die dänischen Unternehmen werden Grönland übergeben, das jährlich vom dänischen Staat finanzielle Unterstützung erhält.

In Svendborg erlebten wir die Auseinandersetzung eines dänischen und eines grönländischen Arbeiters, der dem Dänen nationalistisches Denken vorwarf, weil er nur seine Landsleute voll gelten ließ.

Den Dänen aber ist der Dannebrog Zeichen ihrer ungebrochenen Geschichte. Während der deutschen Besetzung im zweiten Weltkrieg wurde er zum Symbol für das Weiterbestehen des Landes. Das weiße Kreuz auf rotem Grund führte Zehntausende Dänen in Stadien zusammen, man sang patriotische Lieder, fühlte sich als Nation zusammengehörig und ging mit der dänischen Fahne wieder nach Hause; die Okkupanten tolerierten diese Veranstaltungen.

Nach dem Krieg wurde die dänische Fahne auch Zeichen für friedlichen Ausgleich und Verständigung. Dänemark gehörte 1945 zu den Mitbegründern der UNO (Schweden wurde erst 1946 aufgenommen).

Die Mehrheit des Folketing lehnte Bestrebungen der Konservativen und Liberalen ab, Südschleswig (Nordschleswig war 1920 nach einer Volksabstimmung wieder zu Dänemark gekommen) mit seiner dänischen Minderheit erneut dem dänischen Staat einzugliedern. Bei der Landtagswahl 1947 hatten in Südschleswig etwa 60% der Bevölkerung (die Flüchtlinge nicht gerechnet) für die dänische Partei gestimmt. Die Regierung in København verzichtete – auch auf Drängen Großbritanniens – auf derartige Gebietsansprüche und stellte die Grenze zum besiegten Nachbarn nicht in Frage.

Zu Beginn der Fußballweltmeisterschaft 1986 trugen mehr Dänen als sonst Mützen und Hemden in Rot und Weiß. Kinder auf dem Strøget hatten sich das weiße Kreuz auf das rote Gesicht gemalt. Dänische Fußballanhänger prägten den Slogan: We are red, we are white, we are Danish Dynamite. Eine dänische Musikgruppe wurde bei der Ankunft in Thailand vorläufig festgenommen; auf ihren Instrumentenkästen stand »Danish Dynamite«. Wer im fernen Asien wußte, daß Dynamit in Verbindung mit Dänemark nicht gefährlich sein konnte und weiter nichts »explodierte« als das Nationalgefühl eines kleinen Volkes, das manchmal übersehen wird.

»Ihr Sohn wird ein großer Mann werden,

und ihm zu Ehren wird Odense einmal illuminiert werden«, hatte eine Alte aus dem Graubrüder-Hospital der Wäscherin Andersen prophezeit, als Hans Christian nicht in die Schneiderlehre, sondern um jeden Preis nach København wollte, in die »größte Stadt der Welt«: um berühmt zu werden.

So erzählte es später Andersen im »Märchen meines Lebens (ohne Dichtung)«. Zu jener Odenser Zeit nähte der zu Manneslänge aufgeschossene Vierzehnjährige noch für Puppen, mit denen er Theaterszenen nachspielte und erfand. Durch seine Bekanntschaft mit dem Zettelverteiler war er oft im Theater gewesen und hatte einmal sogar Statist sein dürfen. Er hatte eine schöne Sopranstimme und sang und deklamierte in Bürgerhäusern und vor jedem möglichen Publikum mit einer Hingabe, die Heiterkeit erregte. Vor Spott und Raufereien lief er davon. Gefährten hatte er nicht. Dieser weltfremde Junge würde spätestens beim Anblick der wilden See am Ufer Fünens umkehren und seine Phantastereien für immer aufgeben, glaubte die Mutter und bestach den Postillion, Hans Christian als blinden Passagier mitzunehmen. Ja, ihm wurde angst, als er »bei Nyborg an den großen Belt gelangte und das Schiff sich von meiner heimatlichen Insel entfernte« – aber er bestieg das Schiffchen in Richtung Seeland! Und »den ganzen Tag und die folgende Nacht fuhr ich durch Städte und Dörfer, ich stand einsam beim Wagen und verzehrte mein Brod, während umgepackt wurde – ich meinte, ich sei schon weit hinaus in die große Welt.«

Welche seltsame Kraft trieb oder zog diesen Menschen fort – damals und später? Bis zu seinem Lebensende konnte er über Zahnreißen oder unregelmäßigen Stuhlgang endlos lamentieren und von unfreundlicher Kritik fieberkrank werden, sich im Bett verkriechen, aber immer wieder, fast dreißigmal, brach er auf ins Ungewisse: tagelang im rumpelnden Postwagen, mit den ersten Eisenbahnen, auf unbequemen Dampfschiffen quer durch nicht ungefährliche Gewässer und Länder zwischen nördlichem Polarkreis und Mittelmeer, nach Schweden, Norwegen, England, Frankreich, Spanien, Portugal, Nordafrika, der Türkei, Griechenland, mehrmals nach Italien und immer wieder nach Deutschland ...

Ein ungewöhnlich weites Blickfeld für Andersens Verhältnisse und Zeit.
Was trieb oder zog ihn so weit hinaus?

Heute, einhundertfünfzig Jahre nach Hans Christians erstem Auszug, kamen Leute von weither nach Odense.

Aller Stunden querte ein Intercity-Zug von Jütland oder Seeland her diese Mittelinsel Fünen. Der Reisende ruhte im Polstersessel, ließ aus einem Knopf an der Kopflehne Frischluft strömen, aus einem anderen leise Musik, ein Getränke-Wagen wurde herangerollt, die gutgelaunte Stimme, die über Funk die Gäste willkommen geheißen hatte, sagte jede Station voraus und das Einfahren in den Bauch der Fähre, falls der Reisende von København kam, rief ihn rechtzeitig von Deck dieser schwimmenden Brücke über den Großen Belt, und im selben Sessel setzte er die Landfahrt in Nyborg fort, um nach zwei Stunden und vierundfünfzig Minuten planmäßig Odense zu erreichen.

Übrigens klang der Name dieser drittgrößten Stadt Dänemarks nicht nach -see, sondern die Endsilbe schwand fast zugunsten des gedehnten Anfangs-O wie beim heidnischen Gott Odin, der hier gelebt haben soll. Und H.C. Andersen klang aus dänischem Munde wie Ho-ße-Annersen (Betonung auf dem A).

Auch wenn man wußte, das ehemalige Armenviertel hatte abseits von Kirche und Bürgerhäusern gelegen, suchte man, sobald man aus dem Odenser Bahnhof trat und den Backsteinturm gegenüber erblickte, unwillkürlich in der Nähe dieser Kirche oder in den Laden- und Wohnstraßen rechts. Das H.C. Andersen-Hus aber lag links vom Bahnhofsausgang, in Richtung des dächerüberragenden Bankhochhauses. Nach wenigen Straßen stand man vor Baggern und Baugruben. Aufgerissene Treppenhäuser mit Ölsockel, in die Luft ragende Rohre. Am anderen Straßenende

bereits »Market« und Wohnbeton. Dahinter ein Platz mit parkenden Autos. Hatte man ihn überquert und zweimal zwei Spuren der Autobahn, die Odense durchschnitt, stand man vor einer langen frisch verputzten Mauer. Sie umschloß ein Märchenstädtchen mit winzigen weißen, karminroten, ockerfarbenen Häusern. Hinter vielgliedrigen Fenstern Leinenvor-
102 hänge, vor den Türen Steintritte, das alte Gassenpflaster wie mit dem Staubsauger gereinigt. Dennoch konnte man durch das gegenwärtige Bild gleichsam hindurchblicken auf ein Bild von 1836, das die Wände bröckliger und die Fensterluken klein und nahe am niedrigen Dachrand gezeigt hatte, und man konnte sich diese Enge lehmig und ohne Kanalisation vorstellen. Dieses uralte Armenviertel für Zeitgenossen bewohnbar zu halten, mußte sehr teuer sein. Wer lebte hier? Hansen, Hildrup, Mønegaard; die Namen an den schönen alten Holztüren verrieten nichts.

Die Tür zu dem gesuchten, lichtgelben Eckhäuschen war verschlossen. Man betrat es nebenan durch einen Neubau, ebenso hoch und fensterlos, über dessen Eingang ein steingewordener Scherenschnitt prangte: von zottigen Strahlen umgebenes Gesicht mit Löwenaugen und Kindermund (Andersen liebte solche aus schwarzem Grund geschnittenen Phantasiebilder, wenn auch in handlicherem Format). Aus einer Art Empfangshalle mit Postkarten und Reiseandenken gelangte man also seitlich in jenes Eckhäuschen. Zunächst in einen acht bis neun Quadratmeter großen Raum, dessen Decke man mit ausgestreckten Fingerspitzen erreichte. Etwa in dieser Größe hatte man sich die väterliche Schusterwerkstatt und gleichzeitig Wohn- und Schlafstube von Andersens Familie vorzustellen. Wenn Hans Christians Schlafbank abends zum Sitzen gebraucht wurde, lag er inzwischen im elterlichen Bett. Der Vater hatte dafür »das Holzgestell verwendet, welches kurz zuvor den Sarg eines ... Grafen ... getragen hatte ... Anstatt der gräflichen Leiche ... lag hier am zweiten April 1805 ein lebendes weinendes Kind; das war ich ...« Ob Andersen wirklich hier gelegen hatte – erst nach der Geburt zogen Mutter und Vater zusammen – oder im ebenso kleinen Fachwerkhaus in der Munkemøllestræde (im gleichen Viertel), das als späteres Elternhaus galt, war gleichgültig: aus solcher Enge, aus diesen Seitengassen sehnte der Heranwachsende sich hinaus auf Hauptstraßen, wo beispielsweise die Lateinschüler zu Hause waren. »Wenn sie auf dem Kirchhofe spielten, stand ich außerhalb am Gitter ... und wünschte, daß ich unter den Glücklichen wäre, ... der vielen Bücher halber und wegen dessen, was sie in dieser Welt werden konnten.« Ein Armenschüler mit geisteskrankem Großvater, den die Gassenjungen verhöhnten, einer Großmutter, die ihr dürftiges Leben gern mit einer reichen Vergangenheit ausschmückte, und einer verwitweten Mutter, die den ganzen Tag mit geschürzten Röcken im Fluß stand und Wäsche anderer Leute spülte und dann vor den Augen geachteter Bürger trank, ein solcher Junge konnte sich nur eine Zukunft erfinden. Weltberühmter Dichter wollte er werden. Theaterdichter; nur auf diesem Wege schien er damals höchstes Ansehen unter seinen Landsleuten erwerben zu können. Auf einem winzigen Hof wie diesem hinterm Eckhaus spannte der Anwärter künftigen Ruhms eine Schürze zum Johannisbeerbusch und brachte auf dieser Bühne alles Erlebte und Gehörte und Gelesene zu einem glücklichen Ende. Daß dies etwas mit Märchen zu tun haben könnte, kam ihm nicht in den Sinn, denn in seiner Welt gab es keine Grenzlinie zwischen Wirklichkeit und Phantasie wie bei anderen Leuten, die ihn gern zum Sonderling stempelten. Auch seine Mutter. Sie »liebte mich von ganzem Herzen, verstand aber mein Streben und Trachten nicht, welches ich damals auch selbst nicht verstand; ihre Umgebung sprach immer gegen meine Art zu sein ...«

Also auf nach København, dem Mittelpunkt der Welt! Dort wohnte der König, dem man allabendlich die Schlüssel der Stadttore ins Schloß brachte. Dort wohnten alle Berühmten, die eines Dichters Art zu sein verstehen würden. Dort sprach man außerhalb und innerhalb der vornehmen Häuser von nichts anderem als den Aufführungen am Königlichen Theater. In knarrenden Konfirmationsstiefeln, die schon in der Kirche von Odense gestört und die allgemeine Aufmerksamkeit wenigstens einige Sekunden auf ihren stolzen Träger gelenkt hatten, überschritt dieses mannsgroße Kind mit den zu kurzen Ärmeln ohne gewöhnliche Vorstufen die Schwellen des Theaterdirektors, des Direktors vom Konservatorium, eines berühmten Shakespeareübersetzers, und deklamierte, sang, las vor. Stehenden Fußes. Ob die Überrumpelten sich mitten in einer Abendgesellschaft befanden oder soeben frühstücken wollten, konnte den Darstellungsdrang dieses Besessenen keine Minute bremsen. Nach so einem kurzen Auftritt oder vorübergehendem Gratisunterricht stand er wieder draußen – ohne Mittel, Verwandte, Freunde. In diesen ersten drei Jahren in København geschahen zwei Wunder: Andersen gab seine Vision nicht auf, und er fand in allerletzter Minute immer wieder den kleinen Finger einer helfenden Hand. Eine nachsichtige Zimmervermieterin beispielsweise, eine Mahlzeit und schließlich einen Dichter, der im letzten Schauspielversuch Andersens (der immer noch für Puppen nähte und Rollen erfand) eine Spur von Talent sah, zur Theaterdirektion gehörte und dort den einflußreicheren Etatsrat Collin überreden konnte, sich beim König für ein Stipendium zu verwenden. Nein, kein Dichterstipendium. Das Schreiben begann mit fehlerfreier Orthographie, meinten Andersens Gönner und schickten ihn zur Ausbildung in eine ordentliche Lateinschule, wo er sogar im Hause des Rektors wohnen durfte. – Glückspilz! dachte die Besucherin jener paar Stübchen in Odense, während sie neben den Bildern der Lateinschulen in Helsingør und Slagelse vor allem die Abbildungen von Bürgerhäusern und Herrensitzen betrachtete, wo der unbehauste Andersen nicht nur zu Gast gewesen, sondern wie ein Familienmitglied ein- und ausgegangen war. Lebenslang bei den Collins beispielsweise (der Etatsrat übernahm die Vormundschaft und Verwaltung der Finanzen) oder bei den Wulffs, der Familie des Shakespeareübersetzers, der als Kommandeur-Kapitän mit im königlichen Schloß gewohnt und seinen jungen Schützling über Weihnachten eingeladen hatte (dort hatte Andersen auf einem Ball zum ersten Mal den König gesehen) – also hing auch ein Bild von Schloß Amalienborg hier in Odense an den kleinen weißen Wänden. Ferner gepreßte Blätter aus dem Garten von Dickens (ja, auch ihn hatte Andersen besucht), ein Foto von Freund Ørsted, dem berühmten Physiker, Manuskriptseiten mit Zeichnungen von Andersen, Erstdrucke von Werken ... Dazwischen erfreulich sparsame Kommentare in dänisch, englisch, deutsch. Dieses Museum tat, was es konnte. Eines Menschen wie Andersen, bei dem es auch im späteren Leben keine berechenbare Grenze zwischen Realem und Vorgestelltem und kein wirkliches Zuhause gegeben hatte, konnte man nicht habhaft werden mit greifbaren Lebenszeugnissen. Diese punktierte Glückslinie weckte bald Unglauben und Neugier auf die Lücken zwischen den Punkten ... »Ich habe Ihnen bei Ihrer Abreise nichts mitzuteilen. Nur die bestimmteste Aufforderung, daß Sie nach Ihrer Ankunft in Slagelse die Zeit nicht dazu verwenden, Erzählungen und Gedichte zu schreiben, womit Sie zur großen Belustigung der Betreffenden hier aufgetreten sind – sondern sich mit Schularbeiten abgeben.« Punktum. So konnten also wohlhabende Gönner und Förderer mit einem abhängigen Lateinschüler sprechen, der nach den gescheiterten Versuchen als Schauspieler und Sänger und Tänzer (!) nun nur noch in die Phantasie ausweichen konnte, wenn er die abstumpfenden Exerzitien in Grammatik und Rechnen nicht mehr ertrug. Mädchen oder andere Vergnügungen seines Alters kannte er nicht. Immerhin war dieser verspätete Schüler siebzehn-, achtzehn-, zwanzigjährig und saß zwischen kleinen Jungen auf der Bank. Erinnern wir uns: »... ihre Umgebung sprach immer gegen meine Art zu sein«. Hatte sich wirklich nichts geändert? Doch, er hatte notdürftig Wissen gesammelt (auch wenn man später noch oft genug, auch öffentlich, Andersens Rechtschreibung und literarische Bildung bewitzelte), und er hatte ein Zuhause in geachteten Familien gefunden. Wäre er aber wirklich ihresgleichen geworden, hätte er wohl nicht weiter mit peinlichem Eifer um ihr Wohlwollen geworben. Eines Tages wollte der Rektor der Lateinschule ausgehen. Auf seinem »Mantel waren Daunen, er rief das Mädchen wegen einer Bürste ... Da lief ich hin und bürstete ihn. Er sah mich milde an, und ich war wieder zufrieden. In der Schule hatten wir die französische Revolutionsgeschichte, oh, wie mich die interessiert, Kraft und Zügellosigkeit!« Zwischen diesem Bericht von seiner Dienstbarkeit und seiner Begeisterung für das Rebellische gab es in seinem Tagebuch tatsächlich keinen Gedankenstrich, keinen Absatz. Und wenige Seiten später der aufschlußreiche Satz: »... denke ich dagegen gut, geschieht das stets in Erwartung.« Wen wundert, daß Andersen vor allem ein Märchendichter wurde? Sein Ehrgeiz war freilich weiter in andere Richtung gegangen, nur mit Gedichten, Theaterstücken, Romanen schien man vor den Kunstrichtern der Hauptstadt bestehen zu können. Märchen, die sich dem herrschenden Ton von geistreicher Ironie und glanzvollem Formenspiel entzogen, erzählte Andersen zunächst Kindern, bevor er sie, gleichsam nebenher, aufschrieb: als »Belanglosigkeiten«. Daß darin seine Art zu sein ihre natürliche Sprechweise gesucht und gefunden hatte, daß jede andere sein Talent teilweise verbarg, unterdrückte, jedenfalls nicht ausreifen ließ, schien er selbst nach dem raschen Verbreiten der ersten Märchenhefte in Deutschland und England und der Prophezeiung von Ørsted, die anderen Arbeiten würden Andersen als Schriftsteller bekannt, seine Märchen ihn aber weltberühmt machen, nicht zu glauben. Die Anpassungssucht dieses Mannes an tonangebende Kreise und seine Abhängigkeit von Lob und Tadel dauerten fort.

Im Kinoraum des Museums, schon außerhalb der paar Stübchen im Eckhaus, konnte man den gesellschaftsfähig gewordenen Dichter bewundern – oder immer noch belächeln. Ja, er ließ sich gern fotografieren. In allen Posen und ausgesuchten Kleidungen. Kleider bedeuteten nicht nur in seinen Märchen etwas. Hatte der standesgemäße Aufzug dem Dichter über seinen Minderwertigkeitskomplex hinweggeholfen? »Er kam mir wie ein Schneider vor. Er sieht auch wirklich so aus ... und verrät in seinem äußeren Anstande ein ängstliches devotes Benehmen, so wie die Fürsten es gern haben«, soll Heinrich Heine über ihn gesagt haben.

Fünfundzwanzig, vierzig Fotografien – und immer dieselbe Hagerkeit, große Nase, fliehende Stirn. Er kam sich häßlich vor. Um so mehr putzte er sich heraus. Offenbar mißtraute er seinem eigenen Märchen vom häßlichen Entchen, das wurde ja eines Tages von selbst ein Schwan, weil es in einem Schwanen-, nicht in einem Entenei gelegen hatte. Wieder der scharfzüngige Heine (der freilich nicht im Entenstall aufgewachsen war): »Als er mich besuchte, hatte er seine Brust mit einer großen Tuchnadel geschmückt; als ich ihn fragte, ... antwortete er mit einer ungemein salbungsvollen Miene: Das ist ein Geschenk, welches die Kurfürstin von Hessen mir zu verleihen die Gnade hatte.«

Inzwischen ging Andersen also bei Fürsten ein und aus. Mit einer Dichtergage, einem bescheidenen Jahresgehalt auf Lebenszeit ausgestattet (auch daran hatte der väterliche Freund Collin mitgewirkt), las und tafelte er nicht nur beim dänischen König, sondern auch am Hofe von Wien, Athen, im Schloß von Potsdam, sogar die unüberwindlichen Schranken der englischen Aristokratie hob Außenminister Lord Palmerston für den weitgereisten Märchenerzähler, von der schon fast familiären Gastfreundschaft des Großherzogs in Weimar und anderen zu schweigen. Andersens Weltruhm war ja vor allem vom deutschen Sprachraum ausgegangen. Der dänisch lesende Chamisso in Berlin, den Andersen schon bei seiner ersten Reise aufgesucht hatte, Tieck in Dresden und vor allem der Leipziger Verleger (dänischer Abstammung) Carl B. Lorck hatten dazu beigetragen. Hier erschienen 1839 die ersten Märchen in neun Nummern und bereits 1847 – sieben Jahre vor der dänischen Ausgabe – gesammelte Werke Andersens, die auf achtunddreißig, schließlich fünfzig Bände anwuchsen.

Inzwischen war Andersens Ruhm auch zu Hause unanfechtbar geworden. Das Arbeitszimmer aus den letzten Jahren am hauptstädtischen Nyhavn, das hier im Odenser Museum rekonstruiert worden war, wirkte auf mich wie das Kabinett eines Gelehrten, der Behaglichkeit liebte: polierter Schreibtisch, großer Spiegel mit Konsole und ovaler Tisch aus demselben Holz, grünes Sofa, Schaukelstuhl, zartes Geschirr auf der Anrichte, eine Nachbildung des Goethe-Schiller-Denkmals in Weimar. Doch welcher Gelehrte war damals Ehrenbürger seiner Geburtsstadt geworden wie Andersen – ein kleiner Raum zeigte den Brief aus Odense neben der Büste des Dichters – und tatsächlich mit einem Fest in der illuminierten Stadt empfangen worden? Der Traum des Schusterjungen war Wirklichkeit geworden. Nun mußte er doch endlich glücklich sein! Doch während er auf dem Balkon über der Menge stand und ihre Huldigung annahm, war er wieder mal mit seinem Zahnreißen beschäftigt und dachte: Sehr schön, aber wie komme ich schnell wieder aus dieser Zugluft ...

So etwas erzählte er freilich nicht im »Märchen meines Lebens (ohne Dichtung)«, dem eigens für die deutsche Werkausgabe geschriebenen Vorwort, aus dem ein Lebensbericht nach ästhetischen Regeln von Märchen wurde: Der in seinem eigentlichen Wert verkannte Held überwindet alle Mutproben und Hindernisse und wird am Schluß reichlich belohnt. Und so ging es ja auch zu in Andersens Biographie. Wenn er auch keine Prinzessin bekam – lebenslang blieb er ohne Frau und Kinder –, das Reich der Poesie gewann er.

Fast alle von Andersen im märchenhaften Lebensbericht ausgesparten Tatsachen waren inzwischen in seiner Akte gesammelt. Man wußte, seine Mutter hatte nicht nur vor Hans Christian eine außereheliche Tochter geboren, sondern war selbst uneheliches Kind gewesen, ärmlich aufgewachsen, hatte nie schreiben gelernt, eine ihrer Halbschwestern war Bordellwirtin geworden und sie selbst als Alkoholikerin während Andersens erster Italienreise im Armenhaus gestorben. Man hatte Andersens umfangreiche Tagebücher durchforscht und spekuliert, mit welcher Frau er geschlafen haben könnte, ob er homosexuell war und seinem Wesen nach ein weiblicher Schriftsteller oder nichts von alledem, man glaubte sogar sein Zeichen für Onanieren entschlüsselt zu haben. Man wußte von seiner Vorlesemanie in jedweder Gesellschaft – eine Karikatur zeigte den euphorisierten Märchendichter mit einem Buch inmitten einer eingeschlafenen Tischrunde –, wußte von seiner Aufdringlichkeit, dem Liebkindmachen bei allerlei Berühmtheiten. Ja, die Akte Andersen wurde von Jahr zu Jahr umfangreicher. Aber wurde die wachsende Schar von Kriminalisten Andersens habhaft?

Nach all diesen Studien konnte man freilich fragen: Wie ertrugen die vielen treuen Gönner und Freunde, normal und behaust, lebenslang diesen egozentrischen und wehleidigen Menschen, dem sie doch zu nichts verpflichtet waren?

Man konnte aber auch fragen: Wie ertrug dieser oft geniale Erzähler die Abhängigkeit von den anderen, die mitunter seine Texte nicht nur orthographisch verbesserten und mit ihrem »richtigen« Dänisch Ander-

sens unnachahmliche, dem Mündlichen nahe Erzählweise farbloser machten?
Und vor allem konnte man fragen: Wie ertrug er sich selbst? Antwort auf solche Fragen gab es wohl nicht. Auch nicht am sichtbaren Ausgangspunkt von Andersens Leben. Hier in Odense wurde vor allem das Hinauswachsen aus dem Stübchen in die Welt augenfällig durch Anbauten und Anbauten im Rücken des Museums; vom Kinoraum über eine häßliche Kuppelhalle mit pathetischen Illustrationen (aus den dreißiger Jahren?) und allerlei Zwischenräumen bis zu einer großen Bibliothek. Ein weiträumiger, aber nicht zu hoher Neubau mit Fenstern auf Bäume und Rasen und kleines Wasser hinaus. Hier drinnen stand Band an Band, auf allen Buchrücken derselbe Autorname. In etwa hundert Sprachen sollen Andersens Märchen inzwischen übersetzt sein, eine »Verbreitung ..., die selbst Goethe und Shakespeare übersteigt und in der Tat nur hinter der Bibel zurücksteht«, schrieb der Biograph Nielsen. – Zwei grauhaarige Engländerinnen saßen am Fenstertisch der Bibliothek mit einer Art Telefonhörer am Ohr und lauschten selbstvergessen wie Kinder. Auch ich nahm einen Hörer ab, und eine lebhafte Männerstimme begann zu erzählen: »In den heißen Ländern, dort kann die Sonne brennen! Die Leute werden ganz mahagonibraun; ja in den allerheißesten Ländern werden sie sogar zu Negern gebrannt. Aber ein gelehrter Mann aus den kalten Ländern war nur bis in die heißen Länder gekommen ...« Was ihm dort widerfuhr, hatte ich als Kind gelesen. Erkannte nun auch Wortwendungen und einzelne Bilder. Sah wieder vor erleuchtetem Zimmer einen Altan und darauf den mageren Gelehrten. Endlich war die Sonne untergegangen. Das erwachende Straßenleben erfreute den Fremden, und er beobachtete wieder das seltsame, dunkle Haus gegenüber. Dort drang Musik durch die angelehnte Altantür, die Blumen draußen verwelkten nicht, und falls es kein Traum gewesen war, hatte der Gelehrte sie eines Nachts sekundenlang wie Flammen um ein Mädchen aufleuchten sehen, das sofort wieder verschwunden war. Doch Abend für Abend bewegte sich dort drüben nichts außer dem Schatten des Fremden. Mein Schatten könnte sich einmal in diesem merk-

würdigen Haus umsehen und mir dann berichten, dachte der Gelehrte. Und das geschah. Aber wie es geschah! ».. . der Fremde erhob sich, und sein Schatten auf dem Altan gegenüber erhob sich auch; der Fremde drehte sich um, und der Schatten drehte sich auch um, ja, wenn jemand genau darauf achtgegeben hätte, so hätte er deutlich sehen können, wie der Schat-
110 ten durch die halbgeöffnete Altantür des gegenüberliegenden Hauses hineinging, gerade als der Fremde in seine Stube zurückging und den langen Vorhang hinter sich herabfallen ließ . . .«
Die Trennung von Herrn und Schatten, der unerhörte Vorgang erschien so natürlich, daß ich ihm wie als Kind ohne die leiseste Verwunderung folgte. Doch nun – die Stimme des Erzählers an meinem Ohr betonte nicht diesen oder jenen Satz, ließ nur Zeit, ihm nachzuhören – trat hinter der bekannten Geschichte zunehmend Unbekanntes, Unbeachtetes hervor: Als der Schatten nicht zurückkehrte, wuchs dem Mann in südlicher Wärme »ein neuer Schatten aus den Beinen . . .; die Wurzel mußte also geblieben sein.« Die fast beiläufige Mitteilung über diese geheimnisvolle Lebenskraft hörte ich wie zum ersten Mal. Und als der Schatten nach Jahren den heimgekehrten Gelehrten besuchte, »außerordentlich gut gekleidet, und das war gerade, was ihn zu einem ganzen Menschen machte«, und, nach jenem seltsamen Haus im Süden befragt, zwar wußte, daß darin die Poesie wohnte, aber nichts von ihr erzählen konnte, nur behaupten: »Ich sah alles, und ich weiß alles. Ich bin am Hofe der Poesie im Vorgemach gewesen« – da ordneten sich diese Sätze zu einer späteren Textstelle über die Arbeit des Gelehrten: ». . . was er von dem Wahren, dem Guten und dem Schönen sprach, das war für die meisten, was Rosen für die Kuh sind.« Als Kind hatte mich das stupide kauende Kuhmaul erheitert. Jetzt hörte ich vor allem, wie das Stupide zu Ehren gekommen war; der ehemalige Schatten verbreitete Schrecken, indem er »Übles bei den Nachbarn« ausspionierte und es ihnen schrieb. »Sie hatten solche Angst vor mir, sie hatten mich außerordentlich lieb! Der Professor machte mich zum Professor; der Schneider gab mir neue Kleider . . .« Nur ein Komma trennt im Text Angst von Liebe – mit einem harmlosen Märchenerzähler hatte man es hier

wahrlich nicht zu tun! Wie nebenher fällt der Blick in Abgründe, während die Geschichte ihrem scheinbar natürlichen Lauf folgt und Gutes mit Bösem verquickt bleibt. Als nämlich der ehemalige Schatten dem kranken Gelehrten das unverschämte Angebot machte, ihn auf gemeinsamer Erholungsreise zu begleiten – als bezahlter Schatten des Schattens! –, war der Mann zwar empört, lehnte zunächst auch ab, fuhr aber schließlich doch mit. Ja, er bot dem Gauner sogar das »Bruder-Du« an und verließ ihn auch nicht, als er ein weiteres Mal erniedrigt wurde: Der Schatten duzte seinen ehemaligen Herrn, ließ sich von ihm jedoch weiter mit Sie anreden, denn jenes »Bruder-Du« hätte ihm Übelkeit bereitet wie anderen Leuten das Ritzen eines Nagels über Glas und ihn außerdem gleichsam zu Boden, in seine frühere Stellung gedrückt. Endlich, kurz vor Schluß, bestand der Mann darauf, nicht der Schatten des Schattens zu sein. Das Mißverständnis wird sich aufklären, hoffte ich einen Augenblick, glaubte mich auch an einen versöhnlichen Schluß zu erinnern. Aber hier ging es nicht um Mißverständnisse. Der Schatten hatte mit seiner Prinzessin inzwischen Macht und öffentliche Meinung auf seiner Seite, erklärte den späten Rebellen zum Verrückten und ließ ihn köpfen.

Die Stimme des Erzählers noch im Ohr, suchte ich in den Regalen dieser Andersen-Bibliothek nach einer deutschen Märchenausgabe. Las nach. Der Text verblaßte nicht, sondern wurde von Mal zu Mal schärfer und rätselhafter (humoristische Details machten den bitteren Untergrund noch bitterer). Wie konnte eine Prinzessin, die wegen allzu großer Scharfsichtigkeit zur Kur fuhr, gegenüber dem Schatten so blind sein und bleiben? Und warum zweifelte sonst niemand an der schattenhaften Meinung des Mächtigen und fragte den Gelehrten selbst? Ein unausweichlicher Text. Wann hatte Andersen ihn geschrieben? 1846 – im selben Jahr, als er für die deutsche Werkausgabe sein Leben als »ein hübsches Märchen, so reich und glücklich« darstellte, unterwegs schreibend, in einem italienischen Pensionszimmer beispielsweise, wo er sich damals krank fühlte und einsam. Andersens Einsamkeit war nicht heilbar. Je mehr ich mich festlas in dieser riesigen Bibliothek mit Reisenotizen, Tagebüchern und immer wieder

Märchen, um so vieldeutiger wurde das Bild von diesem Dichter: Nur scheinbar erzählte er Märchen für Kinder. Plauderte. Die Sprache schien an Zuhörer, nicht Leser gerichtet, an Gesten und Mimik gebunden zu sein, die Kinder allen Alters hörten einen Wagen rollen, schon saßen sie auf neben dem Erzähler und zogen mit hinaus, prickelnd die Abenteuerlust und Ungewißheit, wie man aus alldem wieder herauskommen würde. Für die sogenannten Erwachsenen aber taten sich zwischen den vorbeiziehenden Bildern immer wieder Rätsel und Abgründe des Lebens auf. Verführt hatte uns der scheinbar naive Ton.

Wen wundert es, daß Berühmtheiten jeder Art, zu denen es Andersen mit der Gier des Zukurzgekommenen gedrängt hatte, in der Welt seiner Dichtung nur als Schemen, als Kulisse anwesend waren, während Alltägliches, Unbeachtetes lebte? Seine Einsamkeit war nicht heilbar durch Ruhm und Wohlstand. Auch nicht durch tausend Freunde. Vielleicht nicht einmal durch Liebe. Und sie ließ sich auch nicht nur zurückführen auf das soziale Trauma und alle Kränkungen seit seiner Kindheit (obwohl er keine vergaß; einen Teil der Antwort, die der Schatten dem Gelehrten auf dessen Du-Angebot gab, hatte Andersen einmal von Collins Sohn gehört, mit dem er »fast« wie ein Bruder aufgewachsen und bis zum Lebensende befreundet war). Andersens Einsamkeit war vor allem gebunden an seine Art zu sein, an diese unerschöpfliche Fähigkeit, einen Stein anzusehen und aus ihm einen Kosmos wachsen zu lassen (im Höfchen von Odense, auf dem Straßenpflaster von København, am Strand von Neapel), in dem einzelne Menschen, ganze Gesellschaften und Dinge wohnten, die man bisher für leblos gehalten hatte. Wer in diesem lebendigen Universum wie selbstverständlich umherging, war überall und nirgendwo zu Hause.

Andersen war kein Chronist von Märchen eines Volkes wie die Brüder Grimm. Von den einhundertfünfzig Märchen und Geschichten, die er zwischen 1835 und seinem Todesjahr herausgab, sollen nur sieben oder acht »nacherzählt« sein – er hat das Märchenerzählen als Kunstform erweitert und neu geschaffen. Und er war sich dessen schließlich bewußt: »Die Märchendichtung ist das ausgedehnteste Reich der Poesie, es

Autofähre Århus-Kalundborg

Im Hafen von Skagen

Der »Sandwurm« auf der nördlichen Spitze Jütlands

Damm zur Schloßruine Kalø nördlich von Århus

Im Schloß
Frederiks-
borg auf
Nordseeland

Die Dannebrogsgade in København

Schloß Frederiksborg

Wanderdüne in Nordjütland

erstreckt sich von den blutdampfenden Gräbern des Altertums bis zum Bilderbuch der frommen, kindlichen Legende, nimmt in sich auf die Volksdichtung und die Kunstdichtung, es ist für mich der Vertreter aller Poesie, und wer es meistert, muß das Tragische, das Komische, das Naive, die Ironie und den Humor hineinlegen können.«

Wie Andersens Wesen nicht aufging in Charakterisierungen als ruhmessüchtig, devot, ungebildet, redselig, kindlich, so konnte man auch seiner besten Märchen mit keiner Deutung ein für allemal habhaft werden, schon gar nicht mit einer Definition. Immer blieb ein ungeklärter Rest.

Und dieser Rest schien nicht zu schwinden, sondern zu wachsen. Und ein wachsendes Heer von Forschern brauchte offenbar Raum: An die Museumsbibliothek schloß sich ein Saal an, wo man Filme nach Andersen-Märchen ansehen konnte; dann ein Saal mit unter Glas liegenden, prächtigen Illustrationen seiner Märchen aus aller Welt; und noch ein Saal mit Stuhlreihen hintereinander, wohl für Vorträge bestimmt ... Und draußen, jenseits der Museumsgäßchen, in die Ecke das Bilderbuch-Marktes (mit einem Burger-Restaurant) hineinragend, ein dreigeschossiges H.C. Andersen-Hotel mit überglaster Eingangshalle und dahinter ein riesiger Bau mit viel Glas und etwas Holz, ein H.C. Andersen-Kongress-Center. Ob der zum Titularprofessor ernannte und mit vielerlei Orden geehrte Dichter sich hier eingesessen und genug berühmt gefühlt hätte? Oder ob er genug Kraft und Phantasie gehabt hätte, sich noch einmal davonzumachen? Denn »wie ein stärkendes Bad für den Geist, gleich einem Medeatrank, welcher immer wieder verjüngt, wirkt das Reisen«, und so würde ihm wieder »ein neuer Schatten aus den Beinen« wachsen, »die Wurzel mußte also geblieben sein«: im Schaum des Meers, der von der verwandelten Seejungfrau oder wilden Schwänen herkommen konnte, in den Tiefen der Wälder, solange es sie noch gab, in Kindern jeden Alters, die immer wieder durch Überwindung von Hindernissen einen glücklichen Ausgang zu verdienen hoffen, in allem Lebendigen und Vermenschlichten – und überall, wo zwei Gelehrte sich wenigstens darin einig waren, daß der abwesende Dritte ein unbegabter Emporkömmling war, der gelehrt mit Doppel-e schrieb ...

In der Hauptstadt

114 Wie aus einer Gondel blickten wir vom Turm des Rathauses auf die Hauptstadt. Der Himmel war höher und weiter als anderswo. Der nahe Øresund warf überschüssiges Licht zurück. Die Stadt in der Ebene grenzte an das Meer. Vor Jahrhunderten hatten die Københavner ein Stück zugeschüttet, es an anderer Stelle durch den Nyhavn-Kanal bis zum Kongens Nytorv, dem Königlichen Neumarkt, erweitert. Das Meer beherrschte die Stadt, umspülte die Schloßinsel, trennte die Altstadt von der großen Insel Amager mit dem Flugplatz Kastrup. Mitten in der Hauptstadt der St. Jørgens Sø, der Peblinge Sø, der Sortedams Sø, allerdings künstlich angelegt, Teiche wie in Ørsteds Parken, der Tivoli-See als Rest des Stadtgrabens. Und das viele Grün in den Alleen und den Parks! Westlich die selbständige Stadt Frederiksberg (mitten in der Hauptstadt; die Frederiksberger lehnten das Eingemeinden auch wegen des jetzigen Steuervorteils ab).

Die Hochhäuser – wie das fensterlose der Carlsberg-Brauerei – hielten sich abseits vom historischen Stadtkern. Nur das von SAS, der skandinavischen Fluggesellschaft, stand gegenüber dem Hauptbahnhof. Der Raum über den Dächern der Altstadt blieb den Türmen der Kirchen und Schlösser vorbehalten, und ihre Grünspanfarbe schien den Himmel zu tönen. Stadt der schönen Türme, meinte Carl Jacobsen. Türme gehörten in Großstädte. Aber welche Hauptstadt besaß derart einmalige wie den aus vier umeinandergeschlungenen Drachenschwänzen der alten Börse, wie die vergoldete Spirale auf dem der Vor Frelsers Kirke, der Erlöserkirche, und den dicken Runden Turm? Der beeindruckte H.C. Andersen so, daß er in seinem Märchen vom Feuerzeug dem dritten Hund Augen von der Größe dieses Turmes gab. Der stand ein paar hundert Schritte nah und hatte statt Treppen eine grob gepflasterte Auffahrt, die im Schneckengang steil nach

oben führte. Stufen gab es nur in der Turmspitze bis zur Aussichtsplattform. Unten das Gedränge in der Købmagergade, einer Fußgängerstraße, die in den Strøget der Hauptstadt mündete. Den hundertjährigen Fassaden der Altstadt zu unseren Füßen sah man an, daß sie keine Kriege und Revolutionen erlebt hatten; zwischen ihren Mauern schien man auch gegen künftige Umstürze und Katastrophen gefeit zu sein. Palastartige
Geschäftsstraßen aus Glas und Beton wie in Stockholm fehlten. Zuletzt war die Stadt 1807 von der englischen Flotte beschossen worden, weil sich die Dänen im Krieg gegen Napoleon zunächst geweigert hatten, ihre Flotte auszuliefern. Während der Besetzung im zweiten Weltkrieg fielen keine deutschen Bomben.

Die Türme ringsum spiegelten noch den Glanz einstiger Großmacht wie unter Christian IV. (1588–1648), dem populärsten dänischen König, Bauherrn der Börse und des Runden Turms; wir spürten noch etwas von der früheren Hauptstadt Skandinaviens.

Der Ballon, den Andersen über København (zu deutsch Kaufmannshafen, gesprochen etwa: Köbenhaun) fliegen ließ, brachte uns zum Turm der Türme, dem der Erlöserkirche im Stadtteil Christianshavn, fast eine Insel zwischen dem kanalartigen Binnenhafen und dem Stadtgraben. Mächtige Balken – ein halber Wald verbaut – trugen den Turm. Die vergoldete Spirale schimmerte nicht nur zur Zierde, sondern erwies sich als Geländer einer steilen Wendeltreppe außen um den Turm, dessen Spitze eine vergoldete Kugel trug. Wir stiegen Stufe um Stufe, drehten uns um den Turmschaft, entdeckten Schritt für Schritt ein neues Stückchen Stadt, schraubten uns über den Dächern höher und höher, Kanäle auf Christianshavn wurden sichtbar, im Binnenhafen Ozeanschiffe zwischen den Häusern, Tanks am Ufer von Amager, Handelsschiffe an den Kais neben Kränen. Wir stiegen weiter, der Øresund wurde breiter. Die schwedische Küste mit den Konturen von Malmö zeichnete sich am Horizont ab. Der Sund trennt das Ø vom schwedischen Ö. Noch zur Zeit Christians IV. lag København mitten in Dänemark. Heute ist der Øresund für Skandinavier kaum noch eine Grenze. Ein Tragflächenboot verließ eben mit einem

Gischtschweif den Hafen und würde Malmö in vierzig Minuten erreichen. Der Øresund verband Nordseeland und Südwestschweden zur Øresundregion, dem größten Ballungsgebiet Skandinaviens. Wegen zu hoher Kosten blieb es bisher bei Projekten für eine Brücke oder einen Tunnel nach Schweden.

116 Vom Meer beengt, dehnte sich København weit ins Land, fast bis Roskilde, besetzte die Küste Seelands nach Norden bis Helsingør, zog sich bis nach Süden zur Køge-Bugt. Im Großraum der Hauptstadt lebt heute fast jeder dritte Däne (als hätten 1925 21 Millionen Deutsche in Groß-Berlin gewohnt).

Hinter der Erlöserkirche begann die Antiwelt zum Schloß, kaum tausend Schritte davon entfernt, die Freistadt der Aussteiger. Wir schraubten uns weiter in den Himmel, Turmgäste, vor allem Engländer, drängten sich auf der schmaler werdenden Wendeltreppe, jeder wollte auf die Aussichtsplattform und die goldene Erdkugel über unseren Köpfen berühren. Ganz oben quetschte mir das Geländer die Hüften, auf das letzte Treppchen paßte nur eine Taube, der Schneckengang endete. Eine Aussichtsplattform fehlte. Die vergoldete Erdkugel blieb unerreichbar, die darauf stehende Figur verborgen.

Also ging es wieder abwärts, dem Hauptbahnhof entgegen. Neben ihm landeten wir an dem Ort, wo die Reisen von den Fähren endeten und zu ihnen begannen. Das breite Gebäude mit den vielen Aufbauten war von Fahrrädern umstellt, an jedem freien Platz vor den Mauern lehnten oder standen sie in dichten Reihen. Ein Bahnhof für Radfahrer? Die Züge Richtung Norden verschwanden ja in einem Tunnel und erreichten – nach einer kurzen Strecke Oberlicht – erst außerhalb des Stadtzentrums die Erdoberfläche.

Kam ich auf dem Hauptbahnhof an, stand ich mitten in Dänemark und fühlte mich heimisch. Die Bögen aus braunem Holz (das erste Mal hatte ich sie für rostiges Eisen gehalten) spannten sich nicht zu hoch über die zwölf Bahnsteige, eine Etage tiefer als die große Querhalle und mit ihr durch Rolltreppen verbunden. Die Hallenwände, ebenfalls aus

Backsteinen, rot und gelb, trugen die hohe gewölbte Dachkonstruktion aus dunkelbraunem Holz: zwei riesige Tonnenhälften nebeneinander, die keinen Lärm und kein Dröhnen aufkommen ließen. Auch nachdem auf dem S-Bahnsteig ein großes Stück Holzdach abbrannte, werden die Københavner keinen Bahnhof aus Stahl und Beton bauen. Mädchen und junge Männer saßen neben ihren Rucksäcken auf dem Boden in der Querhalle.

Wenn ich zu einem kurzen Besuch nach København komme, gehe ich unbedingt ins »Tivoli« und bummle über den Strøget, sagten Dänen, mit denen wir zufällig ins Gespräch kamen.

Das etwa trapezförmige Gelände am Tivoli-See hinter Mauern und Zäunen zwischen Hauptbahnhof und Rathaus war weder zu übersehen noch zu überhören. Über einer Seite des Haupteinganges stand: For funktionærer. Für Funktionäre? Nein, funktionærer waren Angestellte. Ich kaufte für achtzehn Kronen eine Eintrittskarte und bemerkte auf den Promenaden am Anfang fast nur gepflegte ältere Damen und alte Herren. Pensionierte, sie zahlten für die ganze Saison vom 1. Mai bis Mitte September nur 135 Kronen, saßen auf den zahlreichen Bänken oder plauderten stehend. »Tivoli« wirkte von außen nicht sehr groß, aber drinnen fand ich in jedem Winkel eine Überraschung und verirrte mich in dem Gedränge. Im Jahre 1843 hatte Carstensen eine Konzession erhalten, weil er, wie es hieß, in der Audienz bei König Christian VIII. gemeint hatte, das Volk vergäße zu politisieren, wenn es sich amüsierte. Zunächst hatte die Erlaubnis für fünf Jahre gegolten.

Der »fliegende Teppich« hob ab, Wikingerschiffe gingen auf Kreisfahrt, Mariehønen, ein mit Kindern besetzter Marienkäfer, kroch los. Der Fotokomiker hatte zu tun. Vor Riesen-, Glücks- und anderen Rädern standen die Leute. Auch vor »Røde Orm«, dem Wikingerboot Rote Schlange. Nur der Schnellzeichner langweilte sich. Über mir brauste der Odin-Express durch die Luft, allerdings auf Schienen. Familien mit Kindern vergnügten sich; für die meisten ein teures und seltenes Erlebnis. Auch die Jugendlichen, oft aus der Provinz, amüsierten sich. Viele trugen den TUR-PAS am Handgelenk, der für 88 Kronen an einem Tag freie Fahrt auf allen Attrak-

tionen gewährte. Die meisten Plätze in den fünfundzwanzig Restaurants – keines glich in Lage und Ausstattung dem anderen – waren besetzt, nicht nur in volkstümlichen, auch in den exklusiven wie »Nimb« mit einem Menü für 250 Kronen. Die Speisekarten vor den Türen sortierten die Gäste. Trotz der vielen Touristen hörte ich im »Tivoli« vor allem Dänisch.
118 Ich kaufte mir im »Bix'en«, dem bescheidensten Lokal, am Stand ein Frankfurter Würstchen mit Brötchen (mit Salat hätte es das Dreifache gekostet) und ein kleines Bier für zusammen 26 Kronen und setzte mich auf einen Gartenstuhl im Freien; hier und im »Sø-caféen« konnte eigenes Essen mitgebracht werden. Und das feine »Promenaden« offerierte in deutsch: Bunte Kreide vorhanden für große Kinder zum Zeichnen auf das Tischtuch.

In einem Saal, wo die Spieler in die Augen der Automaten starrten, die grünen Streifen zum Einwickeln der Spielmünzen wie Papierschlangen den Fußboden bedeckten und es rasselte wie in einer Maschinenhalle, hockte ein Halbwüchsiger auf einem Motorrad. Über dem Lenker der Bildschirm mit der Straße und den anderen Krädern, die er jagte. Bei zweihundertfünfzig Sachen überholte er drei, drückte in einer Kurve das Motorrad zu langsam zur Seite, geriet auf die Wiese, schaffte es gerade noch, überholte noch einen, kriegte die nächste Kurve bei zweihundertsiebzig nicht und sah sich selber in einer Wolke verbrennen. Der Junge kniff die Lippen zusammen, steckte neue Münzen in den Automaten und begann das nächste Rennen. Bescheidener fuhren die Kleinen mit der Linie acht auf Gummirädern über Wege und Promenaden. Der Fahrer klingelte sich pausenlos durch den Strom der Fußgänger, hielt in der Nähe der Freilichtbühne Plænen, bis seine Fahrgäste den Salto des Artisten durch den brennenden Reifen gesehen hatten, und fuhr weiter in Richtung Konzertsaal. Vor Jahren hatten wir dort durch die Fenster Liza Minnelli den Mund bewegen sehen wie im Fernseher bei abgestelltem Ton. Karten für das Konzert waren für uns unerschwinglich gewesen.

Im »Tivoli« ging es nicht steif und fein-bürgerlich, sondern dänisch, also leger zu. Zwar war es wie überall nicht billig, aber bezahlbar und urgemütlich. »Tivoli« bot für jeden etwas. Auch die 110000 bunten Lämpchen im

Park und an den Bauten aus Andersens Märchenwelt wahrten die Tradition. Leuchtstoffröhren wären ein Stilbruch. Und in der Dunkelheit saßen viele Alte neben Kindern und jungen Leuten vor der Freilichtbühne, lauschten den Platzkonzerten, amüsierten sich über Besucher oder beobachteten die Gäste hinter Glas in den Nobelrestaurants.

Die Fußgängerstraßen mittlerer dänischer Städte ähnelten einander
durch gleiche farbige Reklamen, bunte Auslagen und die ein- oder zweigeschossigen Häuser.

Der Strøget in København hatte nirgendwo seinesgleichen. Am Rathausplatz lockte ein Phantasietorbogen aus grellfarbenen Plasteteilen in die Hauptgeschäftsstraße. Die Dänen machten als erste in Europa fünf aufeinanderfolgende Straßen zu einer Fußgängerzone. Noch heute ist sie die längste des Kontinents. Kein breiter Boulevard, sondern altstädtisch, unterbrochen von kleinen Plätzen, leicht s-förmig gebogen. Der Strom der Passanten schob sich in beiden Richtungen aneinander vorbei, gebremst durch Pullover mit grönländischen und isländischen Mustern auf Gestellen vor Schaufenstern, anderen Auslagen, dem Modell der kleinen Seejungfrau, »wilden« Straßenhändlern. Wer konnte den Straßencafés, den offenen Türen zu den Boutiquen, den zwanzig Sorten Eis widerstehen? In einem Kaufhaus zogen noch immer T-Shirts wie geköpfte beinlose Marionetten an einem endlosen Band über die Köpfe der Kunden, begleitet von hartem Rock aus drei Fernsehern. Junge Mädchen machten Tanzschritte, blickten verzückt und kauffreudig auf die Kleider ringsum. Verkäuferinnen lächelten mir zu. Meinten sie nur den potentiellen Kunden? Von Decke und Wänden, glatt weiß, stachen die Waren ab. Schick gekleidete Verkäuferinnen, nein Puppen, saßen auf Stühlen, wie der Mann auf der Treppe zur Kelleretage. Zwei Jugendliche reichten ihm im Vorbeigehen lachend die Hand. Ich zog meine zurück. Mit genügend Kronen in der Tasche hätte ich auch gekauft, von der Musik eingestimmt, um die hübschen Verkäuferinnen, die Puppen, und mich nicht zu enttäuschen. In einem anderen Geschäft wurde über der modischen Kleidung einer ganzen Etage auf sieben Fernsehern gesurft und melancholisch gesungen, das Video nahm kein Ende. Auf dem Boden einer Passage führten rote Fußtapfen in ein Elektronikgeschäft, ich folgte ihnen über drei Rolltreppen, trank erschöpft einen Kaffee, hastete weiter, sah plötzlich, daß ich selbst die roten Tapfen machte, rannte vor ihnen davon, stand mit einem Male auf dem Runden Turm, eine Windbö fuhr mir ins Gesicht, ich lachte und befand mich wieder auf dem Gammeltorv am Strøget. Bei der raffinierten Verführung des Käufers war eben auch Spiel im Spiele, Phantasie und Inspiration wie bei den Frauen mit den schräg abgeschnittenen weiten Kleidern, den beiden Männern, die Bierflaschen auf ihren Hüten befestigt hatten und mit Schläuchen daraus tranken, und der Kreuzung von Fahrrad und Gartenbank. Originalität und eigenwillige Typen gehörten neben Punkern und Weltenbummlern zum Strøget wie die Königliche Porzellanmanufaktur, Hoflieferanten und andere traditionsreiche Geschäfte.

Auf dem Strøget, wo man alle Hautfarben sah und die Sprachen aller großen und vieler kleiner Länder hörte, war immer etwas los. Einige Amerikaner versuchten mit Fotos und Songs zur Gitarre ein Bild von den wahren USA zu geben (jedenfalls verkündeten sie das auf einem Plakat). Umweltgruppen verteilten Flugblätter, ein Chor der Heilsarmee sang, die Tivoligarde marschierte vorbei, Blumen- und Gemüsefrauen boten an Ständen ihre Waren feil. Unter dem Eingang zu H&M spielte nach Ladenschluß ein Streichquartett, zwei junge Männer in schwarzen Anzügen und Fliegen, ein Mädchen, eine Japanerin, wie im Konzert die Kleine Nachtmusik, einen Walzer, Brahms. Die Leute blieben andächtig stehen, manche warfen Handteller voll Münzen in den Geigenkasten auf dem Pflaster. Eine Betrunkene quäkte dazwischen, ein Zuhörer drückte ihr eine Flasche Bier in die Hand, die Frau trat still an den Straßenrand. Einen Tag später hängten an derselben Stelle drei junge Dänen alte Regenschirme an ihren Griffen in die Buchstaben der Firma und lehnten an ihren Instrumentenkasten ein Schild: De hører SYCAMORE (Sie hören SYCAMORE). Die drei trugen dunkelgrüne Jacken mit einer kleinen dänischen Fahne vorn und begannen eine Musikclownerie. Der linke stand

an einem Stück Fahnenmast, natürlich rot-weiß, daran Saiten eines Basses befestigt, oben eine Hupe, der rechte blies anstatt in seine Trompete manchmal in ein leeres Kaffeekännchen oder in einen Staubsauger. Bei lustigen Liedern tauschten die drei ständig ihre Kopfbedeckungen und spielten gegenseitig auf ihren Instrumenten. Zuweilen trug einer eine Wikingerkappe mit Hörnern. Da jeder mehrere Instrumente beherrschte,
parodierten sie mit Klappern, Rasseln und Pusten die Musik, sangen dazu dänisch und führten sogar eine stumme Tanznummer vor. Dabei warf einer der Gruppe selbst Münzen in den Kasten und sah nach, ob sie heckten. Der dänische Humor, wie wir ihn auf dem Bakken – dem mit über vierhundert Jahren ältesten Vergnügungspark der Erde im Norden der Hauptstadt, volkstümlicher als »Tivoli« – erlebt hatten, kam an: klimpernder Beifall. Abgeschlagene farbige Gitarristen, die für sich selbst zu spielen schienen, und der Alte mit der Mundharmonika, dem glasigen Blick und dem Plastenapf zwischen den steifen Knien in der Toreinfahrt.

In der Østergade, dem letzten Stück Strøget vor dem Kongens Nytorv, tauchte die Olsenbande einen Moment im Gedränge auf, ich hörte das »skidegodt« (wörtlich: »scheißgut«, unübersetzbar, im Film deutsch wiedergegeben mit »mächtig gewaltig«), sie waren in Eile, unterwegs zu einem neuen »Ding«. Und das Komikerpaar Pat und Patachon – ich hatte es längst für tot gehalten – kam daher, verschwand wieder, und ich dachte an die Zeit Anfang des Jahrhunderts, als dänische Stummfilme Weltgeltung hatten und Hollywood noch ein unbekanntes Dorf war.

An der Stelle, wo ehemals auf dem Strøget ein junger Mann stand, an einem Stock eine Werbehand hielt, deren Daumen auf einen Sexshop in der Seitenstraße zeigte, und unbeteiligt in einem Buch las, saß ein anderer auf einem Stuhl, gegen seine Knie eine Tafel gelehnt, auf der ein Pfeil zu einem Restaurant in der Seitenstraße wies. Der einzige Sexshop auf dem Strøget – dort hatte ich vor Jahren den Preis für den Filmbesuch ohne zu handeln von 30 auf 20 Kronen gesenkt und mit zwei weiteren Zuschauern gesessen – existierte nicht mehr. Das Geschäft in der Seitenstraße (kein anderes der Art sah ich in der Altstadt) war Freitagnachmittag gut besucht. Auf der

Leinwand sah man viel rosa Fleisch in Aktion. Die Frauen gebrauchten zuerst immer den Mund. Die Männer sollten ja befriedigt werden, schließlich stellten sie fast ausnahmslos die Zuschauer. Vielleicht zehn mittleren Alters saßen im kleinen Kinoraum, die Toilettentür nebenan klappte häufig. Die Spülung rauschte in das Stöhnen von der Leinwand. Wer keine Partnerin hatte oder wollte, ging erleichtert nach Hause. Als nach Gruppensex- und Lesbierinnen-Filmen wieder das mechanische Glied, von dem umfänglichen Gestänge bewegt, gut geschmiert an eine Liegende herangeführt wurde, ging auch ich, wieder für einige Zeit bedient. Früher hatte ich, nach längerer Abwesenheit, einen derartigen Shop mit Spannung und Neugier betreten, diesmal den Besuch hinausgeschoben. Das Pornoviertel auf einigen 100 Metern der Istedgade westlich des Hauptbahnhofes schien etwas kürzer geworden zu sein. Ich trat in die Geschäfte, spielte den Kenner, blätterte, fand das Bestimmte nicht und ging weiter. Die Magazine in den Sexshops zeigten noch die gleichen Stellungen, mitunter auch Gewalt und Perverses, die Preise hatten sich, trotz Inflation, kaum verändert. Ein kleiner Markt für Stammkunden, Neugierige und Ausländer. In der dänischen Öffentlichkeit spielte die Pornografie kaum mehr eine Rolle. Auch das Selbstbewußtsein und die Eigenständigkeit der dänischen Frauen mögen dazu beigetragen haben.

Der unter Christian IV. gegrabene Kanal, damals neuer Hafen, heute Anlegeplatz für Rundfahrten, Yachten und andere kleinere Boote, teilte die Straße Nyhavn in die Seite mit den geraden und die mit den ungeraden Nummern. Letztere, die »unanständige« Seite, hatte preiswerte Restaurants, Cafés, im Sommer auf der Straße bis dicht an den Kanal, Kellerläden, Tätowierer. Dort hatte ich zwischen Leuten einem Akkordeonspieler zugehört, den Geruch von See geschnuppert. Vor Jahren hatte uns Eckart hier in ein kleines Hafenlokal eingeladen. Die Gäste gingen in einem hinteren Raum ab und zu eine Treppe hoch, ich war, den Weg diskret erkundend, zurückgehalten worden. Jetzt saß ich mit Birte (Bodil kam in diesen Tagen nieder und war nicht zu treffen) im Straßenrestaurant in Nyhavn vor dem ehemaligen Haus des dänischen Schriftstellerverbandes und erzählte ihr, wie der Verband einst zu dem Gebäude gekommen sein sollte. Eine Københavner Katzenliebhaberin wollte das Haus und ihr Vermögen den Katzen der Hauptstadt vererben, davon erfuhren einige Autoren und bedeuteten der Frau, daß Schriftsteller auch bedürftig seien und ein Domizil brauchten; die Frau änderte ihr Testament.

Birte und ich hatten uns vier Jahre nicht gesehen und umarmten uns wie alte Freunde. Das Mädchen mit dem ehemals langen blonden Haar hatte sich in eine, wie mir schien, gesetzte Frau verwandelt. Das sehr kurze Haar ließ sie größer erscheinen. Es gibt einen dänischen Roman, sagte sie, wo eine Frau ihr Haar abschneidet und ein anderer Mensch wird. Über eine Annonce bekam sie Arbeit in einem Verlag. Lud sie mich aus purer Höflichkeit zu einem Kaffee ein? Blickte sie an mir vorbei? Oder hatten Ernsthaftigkeit und Konzentration ihre jugendliche Spontaneität von damals erstickt?

Abends bei ihr zu Hause lachte sie und war in anderer Art schön wie früher. Ihr Freund briet Forellen in Folie. Inzwischen duschte ich mich in der kleinen Toilette, in der vor dem WC-Becken an der Decke eine Brause befestigt war. Das Wasser floß auf den Fußboden, und mit einer Art Wischer der Fensterputzer zog ich es zum Abfluß. Ich staunte wieder über die praktischen Dänen.

Birte hatte zehn Jahre studiert, die meiste Zeit Literaturwissenschaft, sich dabei Studiengeld durch Arbeit in einer Küche verdient und »nur« 100000 Kronen Kredit aufgenommen. Damals betrug der Zinssatz 20%, also waren inzwischen 200000 Kronen abzuzahlen, monatlich 3000 Kronen, elf Jahre lang. Dann bin ich frei, sagte Birte. Ihr Freund hatte weit höhere Schulden dieser Art. Man konnte sich auch für bankrott erklären, der Staat übernahm die Schulden, man bekam im Land der Kredite keinen Kredit mehr. Wir deckten den Tisch im Garten, der zu dem mehrgeschossigen Mietshaus gehörte. Für die Dreizimmerwohnung in einem nördlichen Vorort der Hauptstadt, mit dem Fahrrad fünf Minuten zum Strand, im Grünen, zahlte sie monatlich 6000 Kronen ab. Mietwohnungen waren kaum noch zu bekommen, die Eigentümer verkauften sie als Eigentumswohnungen und verdienten so mehr. Obwohl Birte einen Teil der Zinsen von der Steuer absetzen konnte, mußte sie trotz ihrer gut bezahlten Arbeit hart rechnen. Ein Auto kann ich mir nie leisten, sagte sie. Allerdings war sie im Frühjahr in Griechenland gewesen, und im Herbst wollte sie mit ihrem Freund nach Spanien, auch ein billiges Reiseland für Dänen. Nun saßen wir in Nyhavn und blickten auf den Akkordeonspieler. Du kannst ihn ruhig fotografieren, sagte Birte bei zwei halben Litern Bier. Da ich durch mein Fotografieren in Dänemark schon zweimal in Handgemenge geraten war, befürchtete ich hier auch einen unangenehmen Zwischenfall. Nach meinem Schnappschuß kam der alte Däne an unseren Tisch und spielte Seemannslieder. Ich spendierte ein kleines Bier. Bei einer Melodie, die ich nicht kannte, verkündete er: Alte Kameraden. Ich bat um etwas anderes. Nun kam Lili Marlen. Der Alte war nicht mehr nüchtern und verstand nicht; ich war doch Deutscher, und dieses Repertoire kam schließlich immer an.

Nyhavn mündete in den kanalartigen Binnenhafen, der den Stadtteil Christianshavn mit der Erlöserkirche und die große Insel Amager von der Altstadt trennte. Yachten und kleinere Boote passierten den Binnenhafen mühelos, für größere Handelsschiffe mußten sich die Brücken öffnen. Wir hatten Glück, die Blinkanlage vor der Knippelsbro bei der Börse rasselte, Radfahrer, Busse und andere Autos stauten sich. Der Pott fuhr mit unverminderter Geschwindigkeit auf die Brücke zu; die war längst vom Verkehr frei, nur ein Mann lief noch gemächlich hinüber; es klingelte und rasselte, er lief immer noch, da klappte die Brücke hoch, im letzten Moment, sonst hätte es den Mast abgerissen. Er stand aber noch. Offenbar war ich noch nicht gelassen genug.

Wir bummelten die Havnegade, die Hafenstraße, am Binnenhafen entlang, wo die Fähren nach Bornholm festmachten und die »Flugboote« über den Øresund nach Malmö abfuhren, überquerten auf einer Brücke den Kanal Nyhavn, liefen weiter, sahen die Hochseefähren nach Oslo am Kai und erreichten den Gefionbrunnen am Hang des Parkes. Die Ochsen spannten sich in die Gurte, das Wasser sprühte um Gefion auf, fiel in

Kaskaden herab. Vielleicht war es auch damals so heiß, als sie – der Sage nach – an einem Tage Land von der Größe Seelands aus dem Meer gepflügt hatten. Mir klebte in der Sonne das Hemd auf dem Körper. Eine dunkelhaarige Frau warf ihr Kleid beiseite und stieg unter die Fontänen zu den Ochsen; ihr Begleiter und die kleine Tochter folgten ihr, sie standen, wie zum Denkmal gehörend, unter dem sprudelnden Wasser, sprangen wieder unter die wärmende Sonne, bis ein Bus Touristen ausspie und die Reiseführerin die Frau nachdrücklich aufforderte, ihren Oben-ohne-Tanz zu beenden.

Am Kastell begann die Langelinie, die berühmte Hafenpromenade, mit einem Wahrzeichen der dänischen Hauptstadt: den lille Havfrue, die kleine Meerjungfrau. Bei meinem ersten Besuch hatte ich sie mir als repräsentatives Denkmal vorgestellt, der Bedeutung des Meeres und Andersens angemessen, übersah sie, bis ich am Ufer Leute um ein zierliches Mädchen mit Flossenfüßen stehen sah, das auf einem Stein saß. Diesmal schien mir ihr Gesicht noch anmutiger, je länger ich sie ansah. Kinder berührten achtungsvoll die Beine des Bronzemädchens, das unterhalb des Gehweges am Wasser saß, sie wußten um ihr Schicksal aus Andersens Märchen »Die kleine Seejungfrau« und blickten befremdet auf den Touristen, der ihr an die Brust faßte und sich so fotografieren ließ, und auf den Dicken, der es lachend vom Sockel zu heben versuchte. Mir war, als hätte der Metallkörper nach dieser Belästigung gezuckt und wollte ins Meer entkommen. Dann rückte ein japanisches Aufnahmeteam an. Das bildhübsche Werbemädchen drückte ihre Hand an die Seejungfrau und blickte verzückt zu ihr auf. Ehe ich den Schauplatz verließ, kehrte ich mich um, ob die Meerjungfrau nicht doch in den Øresund ... Nein, sie wandte das Gesicht, das immer auf das Meer gerichtet war, einen Augenblick mir zu und lächelte.

Liebe Katarina,

126 alles ist anders als in Århus: Ich bin keine Touristin, arbeite jeden Tag, kaufe ein, koche, bewirte und besuche Freunde. Und doch bin ich keine alltägliche Bewohnerin Københavns, denn in diesen Wochen muß ich kein Geld verdienen. Mein Gastgeber kommt abends gegen acht, halb neun nach Hause und sagt: Wer so faul ist wie ich, muß viel arbeiten. Er ist Wahldäne. Ob seine Neigung zur leisen Ironie ihn mit hierher führte oder sich erst im hiesigen Umgang entwickelte, weiß ich nicht. Während eines Ausflugs beschrieb uns ein nordseeländischer Bauer breit und pausenreich den Weg zur nächsten Bahnstation (wahrscheinlich war er lange nicht dort gewesen) und schloß mit der Bitte, ihn nicht aufzuhängen, falls er sich geirrt hätte. In diesem Fall kommen wir nicht zurück, versprach Eckart, und beide nickten ernst. Hier achte ich mehr auf die Sprache der Augen. Der Blick für das Komische ist unglaublich entspannend, und wenn keine Vollkommenheit erwartet oder vorgespiegelt wird, werden Gekläff und Hohngelächter zu unangemessenen Reaktionen.

Eckart ist Nachtmensch. In seinem sonst bescheidenen Lebenszuschnitt erlaubte er sich einen Luxus: den automatischen Stereospieler, der sich morgens zur vorbestimmten Stunde einschaltet und die gewünschte Musik in alle Winkel des Hauses schickt. Kannst Du Dir vorstellen, wie friedfertig man schließlich die Augen öffnet? Später scheppern mehrere Wecker. Dann klingelt das Telefon. Der Weckruf wird von Mal zu Mal schriller. In den ersten Tagen saß ich verkrampft am Schreibtisch und redete mir zu: Misch dich nicht ein, Gudrun oder Poul haben ja die Buchhandlung pünktlich geöffnet. Inzwischen habe ich das rituelle Kampfspiel des Nachtmenschen mit dem Geschäftsmann genießen gelernt, höre nach dem zwölften oder siebzehnten Klingeln Eckarts »Tusind tak« (tausend Dank) und ihn dann das Treppchen zwischen Küche und Bad hinauf- und herabrennen.

Die erste Zigarette in der Hand, trinkt er im Stehen Kaffee, greift die Tasche mit Papieren und Stullen, holt das Fahrrad aus der Garage und strampelt los: klein und zäh – einer von hunderttausend Hauptstädtern ohne Auto, die auch im Winter nicht mit Bus oder S-Bahn fahren.
Das rote Klinkerhaus ist übrigens sehr schön: ebenerdig, fünf Räume, kein Zaun zur Straße, auf der Rückseite Türen zu Terrasse und einem Ziergarten mit ovalem Rasenstück, man sieht ihn durch die großen, gardinenlosen Fenster vom Eßtisch, vom Bett, von der Liege, vom Lehnstuhl, vom Schreibtisch (in Eckarts Kellerladen brennt von morgens bis abends Neonlicht). Die Möbel sind schlicht und stabil, ungebeizt. Vor Blicken von der Straße her schirmen Milchglasscheiben und Jalousien ab. Vom Haus gehören Eckart erst Schornstein und etwas Dach (sagt er). Die Abzahlungsraten tilgen in den ersten Jahren zum größeren Teil die Zinsen, zum kleineren den Kredit, und man bleibt an diesen Vertrag über Jahre gebunden, auch wenn man plötzlich erbt und die Schulden auf einmal loswerden könnte. Die Abhängigkeit von der Bank dauert bis sonstwann. Und hat man eines Tages die letzte Rate gezahlt, zahlt man weiter für Eigentum, für Wohnwert und was weiß ich, und der Wohnwert steigt für alle Häuser ringsum, wenn plötzlich eine Berühmtheit das Nachbarhaus kauft, also muß man immer einigermaßen verdienen. Ein ziemlicher Druck (aber auch Unabhängigkeit von einem Vermieter oder Wohnungsnachbarn). Zum Glück war Eckart noch nie krank. Bei jeder Runde durchs Haus stehe ich eine Weile am Küchenfenster. Die Metalljalousie gewährt Durchblick auf Radweg, Autostraße, Baumzeile, Rasen mit Sandsteg und überwachsenen deutschen Bunkern (ja, Du hast richtig gelesen: an vielen Stellen der Stadt gibt es noch diese unterirdischen Bunker aus der Besatzungszeit, die kleinen Hügel sind bepflanzt), wieder Baumzeile, Autostraße, Gehweg und ein viergeschossiger Wohnblock. Selten geht dort drüben jemand ein oder aus. Manche Fenster bleiben Tag für Tag verhangen, die Bewohner sind noch in ihren Sommerhäusern.
Ich warte auf vorbeiradelnde Schulkinder. Du weißt, daß zu Hause vom zeitigen Morgen bis nach Mitternacht Radiolärm aus einem der fünfund-

fünfzig Fenster rings um meinen Hof schallt, Familien ihre Absprachen öffentlich treffen, drei Stockwerke hinauf und herunter, aus dem Nachbarhof die Schulklingel kreischt und in Wellen Kindergeschrei in mein Zimmer schwappt, bis ich mit der Schreibmaschine auf den Friedhof um die Ecke flüchte. Hier, an Eckarts Schreibtisch neben der Gartentür, stört mich nichts und niemand. Aber der Mensch ist ein komisches Wesen: Nimm ihm weg, worauf er jeden Tag schimpft, und es beginnt ihm zu fehlen. In den drei Nachbargärten und im Haus gegenüber habe ich noch kein Kind gesehen.

Eines Nachmittags stand ein Mann mit der Heckenschere am Zaun. Wir grüßten einander, und ich versuchte einen Schwatz in englisch über diese graufeuchten Tage, zum Auswringen, aber wenn man lange genug hinschaute, wurde die Amsel im Baum zum Paradiesvogel, und ich wies auf das Astgestänge der japanischen Kirsche – bis ich die Verlegenheit des Mannes spürte: Er war der Gärtner des Nachbarn und glaubte, ich wollte ihn für die diesseits der Hecke herabgefallenen Äste rügen. Mein Lächeln und die Worte hielt er offenbar für eine Verkleidung der Kritik. Bis jetzt war das meine einzige nachbarschaftliche Berührung. Doch abends schimmert Licht durch die Gärten.

Wieder keine Post von Dir! Hast Du meinen ersten Brief nicht bekommen? Übrigens war der Briefkasten wieder voll von kostenlosen Zeitungen. Interessant sind kleine Berichte aus der Kommune (so nennt man auch im Verwaltungsdänisch Städte oder Gemeinden), meist mit Foto, und die Sprache ist dem Mündlichen näher als den Amtsbegriffen, die uns zu Hause zugemutet werden, Dänen sind halt Nachfahren von Andersen. Auch die in den Zeitungen angebotenen Häuser und Wohnungen sind abgebildet. Aber mindestens dreimal fünfzig Seiten füllen Warenangebote aus Kaufhäusern und Spezialgeschäften (wie gefällt Dir »Sofa-Center«?). Sie sollen eigens für das Austragen dieser Werbezeitungen Boten angestellt haben, und es soll auch Leute geben, die gleich losfahren und die preisgesenkten Sachen holen. Doch meistens wird das viele bedruckte Papier ungelesen weggeworfen wie hier bei Eckart. Beim Anblick dieser Stapel neben

Mülltonnen und in Abstellräumen fange ich jedesmal an zu rechnen, welche begehrten Bücher davon zu Hause aufgelegt werden könnten. Überhaupt würdest Du Dich wundern über meine neuen Rechenkünste. Du weißt, ich hatte selten reichlich Geld – aber nie habe ich so viele Gedanken darauf verwandt wie hier. Einesteils wehre ich die allgegenwärtige Reklame ab, fühle mich ständig agitiert, bin abgestumpft wie der dänische Herr Jensen gegenüber den Angeboten des Sexshops und sehe und höre auch weg, wo ich aufsehen und aufhorchen müßte. Andererseits sind die sich darbietenden Waren und Möglichkeiten (zu reisen beispielsweise!) auch eine immer wiederkehrende Verlockung. Gehe ich ihr aber nach ... Neulich erwarteten wir Wochenendbesuch. Im Supermarkt um die Ecke hatte ich in den ersten Tagen die wichtigsten Preise aufgeschrieben (nachdem die Augen das Fest genossen hatten: keine grauen Schnitzel, kein vergammelter Spinat, eine Unmenge Foliepäckchen in den Regalen). Damit kalkulierte ich nun Varianten für Mahlzeiten zu viert: unter 400 Kronen (etwa 110,– DM) kam ich von Freitagabend bis Montagfrüh nicht weg. Vorsichtshalber steckte ich noch 200 Kronen vom Budget der nächsten Woche ein (eine Flasche Wein und Nachtisch mußte man einem Besuch schon vorsetzen). Nun, ich will es kurz machen: Ich brauchte eine und eine dreiviertel Stunde. Viele Preise stimmten nicht mehr; außerdem habe ich inzwischen einen solchen Widerwillen gegen diese ewige Folieverpackung (die man auch noch mit bezahlt), Bückling in Folie, Koteletts in Zellophan, in durchsichtigen Minisärgen Petersilie aus Sizilien, alles geruchlos, steril, rosarotgefärbte Wurst, rosarotes Hackfleisch wie im Spielzeugladen meiner Kindheit, Hefe, die nach drei Wochen noch frisch ist, Brot, nach einem Monat nicht schimmelig. Man sieht inzwischen, was man mitschluckt von dieser Weihnachtsbescherung. Sucht also möglichst Ungefärbtes, Unverpacktes und (was damit selten zusammengeht) Billigangebote, ohnehin kauft man Gemüse hier selten in Pfund oder Kilo (und man wirft weniger Brot und Speisereste weg als bei uns), 3 Zwiebeln, 22 Kartoffeln, 4 Tomaten ... Jedenfalls beglückwünschte ich mich endlich zu meiner Jagdbeute und stapelte sie gelassen auf das Fahrband an der Kasse. Sie zeigte

600 Kronen und 80 Øre (ich hatte tatsächlich vorteilhaft gekauft, sagte man mir hinterher). Etwa 26 fehlende Pfennige sind für ein Alltagsdiplom weniger als ein Schönheitsfehler. Warum diese Bagatelle zu einer Demütigung wurde, kann ich nur notdürftig erklären: Lächelnd (ja, ja, sie lächelte) nahm die Kassiererin die zwei Kartoffeln aus meiner Hand (ich hatte sie ins Regal zurücklegen wollen) und warf sie nach hinten zu meinem Käse, als wären sie ohnehin faul. Dergleichen hatte ich schon öfter beobachtet, binnen Sekunden konnte ein Jemand zum Niemand werden und alle Rechenarbeit vergebliche Mühe. Das verwunderte nicht weiter. Was aber diese Gnadengeste so gnadenlos und deprimierend machte, war, daß sie unbewußt, fast automatisiert wirkte und nicht aus der Chefetage, sondern von meinesgleichen kam.
Auf solche alltäglichen Gesten achte ich inzwischen kaum noch. Allerdings ertappe ich mich jetzt auch immer häufiger, wie ich jemand beispielsweise nur deshalb mißtraue, weil er in einer Villengegend wohnt. Ja, Katarina, ich kehre die Geste jener Verkäuferin offenbar einfach um. Die Macht des Geldes ist jeden Tag allgegenwärtig, verstehst Du, jeder muß nun mal täglich essen und wohnen. Dennoch kannst du sie nicht sehen, greifen, dich bei ihr beschweren: Der Bäcker schickt dich wegen des Brotpreises zum Bauern, der rechnet dir Getreidepreise auf dem EG-Markt vor; der Vermieter macht dir Rechnungen mit gestiegenen Materialkosten, Handwerkerlöhnen, Bodenwertsteuern auf; auch der Angestellte im Rathaus versteht deine Bedrängnis, er ist in derselben und sucht dir die vorteilhafteste Steuervariante heraus; und alle miteinander schimpfen auf diese hohen Steuern (mindestens 45 Prozent des Bruttoverdienstes), die progressiv sind, also mit wachsendem Einkommen steigen und sozial ausgleichend wirken sollten, es aber augenscheinlich nicht können, denn dein Nachbar kann sich ein Haus leisten (und du nur eine Zweizimmerwohnung), ein Auto, mehrere Reisen im Jahr – den von einer anonymen Macht ausgehenden Druck reagierst du halt nebenan ab.
Schrieb ich Dir, daß ich ein Fahrrad habe (geliehen)? Ich durfte es für einen Freund wählen und kaufen, ein ungetrübtes Vergnügen. In dieser

Saison hält man Räder mit blitzenden Gestängen und Schutzblechen für die allerschönsten. Mich erinnern sie zu oft an Metalljalousien, Neonlicht und Autochrom. Ein viel billigeres Rad in der Ecke sah nach Frühling aus. Unverdient wurde mir Bescheidenheit unterstellt, denn Blau war lange aus der Mode, insbesondere cremiges Blau. Der Verkäufer trennte sich gern von dem einsamen Renner, der Käufer sparte unerwartet Geld, und so wurde aus dem Kauf ein gemeinsamer Spaß. Probeweise umradelten wir die Säule im Laden. Der Verkäufer federte in Turnschuhen hin und her, schraubte am Sattel, trug Körbe für Gepäckträger und Lenker herbei, blaue Taschenlampen, die man als Vorder- und Rücklicht aufstecken und auch ohne Rad benutzen konnte, einen blauen Regenumhang. Ohne Zeichen von Ungeduld nahmen die Umstehenden teil. Dann wurde das Rad vor die Tür gerollt und angeschoben. Du weißt, Radfahren machte mir immer Freude (man spürt seinen Körper und Sonne oder Regen, und wenn man Glück hat, hebt man mal vom Boden ab). Hier ist es außerdem ein geselliges und billiges Vergnügen (Straßenbahnen gibt es nicht, S-Bahn und Bus sind teuer), und es hat Leute erfinderisch gemacht: Taxifahrer transportierten Fahrräder ihrer Kunden auf Haltern am Kofferraum. Für Hunde gibt es spezielle Fahrradanhänger. In keiner anderen Großstadt sah ich so viele Radwege wie hier (über 1600 km sollen es sein). Und trotzdem sind es den Radfahrern noch zu wenig. Immer wieder demonstrieren sie dafür, zu Tausenden. Im Stadtinnern ist es häufig zu eng für zusätzliche Radwege. Und dürften Autos dort nicht mehr parken, würden kleine Geschäftsleute ein Drittel ihrer Stammkunden verlieren. Deshalb haben Radfahrer dort meist das Nachsehen und schlängeln sich zwischen Autos und Fußgängern hindurch, junge Burschen mitunter freihändig und pfeifend. Stadtauswärts sind die Radwege breit. Zwei, drei Radler fahren nebeneinander. Wer überholen will, macht durch ein Räuspern oder angedeutetes Rufen auf sich aufmerksam. Klingeln (oder gar Zurechtweisen) ist nicht üblich. Auch schnelle, nicht ungefährliche Autofahrer hupen nur, wenn sie sich nicht anders zu helfen wissen. Verstehst Du, warum ich diese Leute und ihre Stadt so mag? Alles Aufgeblasene läßt hier bald Luft ab. Übrigens kaufe ich nur noch bei Kleinhändlern ein. Das habe ich von den Nachmittagsradlern auf dem Heimweg gelernt. Die kleinen Geschäfte müssen zwar teurer verkaufen als Supermärkte, aber gegen Abend geben sie billiger ab, was morgen unansehnlich sein würde: Ware ohne Folie. Die Tüten hängen draußen neben Obst und Gemüse, man sammelt es selbst ein, ehe man es dem Händler gibt, und nach drei Tagen sieht man seinem Gesicht an: er kennt dich. Jetzt willst du, daß er nicht Pleite macht. Bei einem Kleinhändler darfst du selbst einen einzigen Hering umständlich aussuchen. Und natürlich kurze, fleischige Schollen, die hier häufiger gekauft werden, wenn auch erst nach filiertem oder zu sogenannten Bollern geknetetem Fisch. Die begehrtesten Meerestiere scheinen die zarten Garnelen zu sein. In keinem Smørrebrød-Schaufenster fehlen diese rosa Würmer auf grünen Salatblättern. Als tägliche Mahlzeit sind sie freilich zu teuer. Mein Fischverkäufer wiegt mir hundert Gramm in einen Becher und beträufelt sie mit Zitrone, denn ich möchte sie im gemächlichen Dahinfahren naschen. Diese Abweichung von Landessitte veranlaßt weder den Fisch-Mann noch einen Mitradler zu irgendeinem Kommentar oder Seitenblick. Der erste Polizist wurde nicht in Dänemark geboren. Auch nicht der innere. Du willst im Sommer eine Pelzmütze und im Winter Sandalen tragen? Bitte sehr, belästige dich selbst damit. Kommt Toleranz aus eigener Sicherheit oder aus Abstand vom anderen? Oder aus beiden? Ich weiß es nicht. Niemand kümmerte sich um einen Mann, der mit zum Hitlergruß erhobenem Arm singend durchs Gedränge marschierte. Niemand mokierte sich über eine betrunkene Frau. Es hob sie aber auch niemand auf, als sie fiel. Manchmal erscheint mir das dänische Lächeln als die sicherste Wehr gegen Nähe.

Das Heimradeln ist besonders schön. In den Seen bei Østerbro spiegelt sich das Laternenlicht als zitternde Kette. Die Straßen außerhalb der Innenstadt sind nach Geschäftsschluß schnell leer. København scheint sich an die Familientische zurückzuziehen. Die sogenannten Kartoffelrækker, engbrüstige Häuschen in schmalen Reihen zwischen zwei Ausfallstraßen, erinnern tatsächlich an Ackerfurchen. Von den vielen erleuchte-

ten Fenstern geht etwas Heiteres aus, du kannst von draußen hineinsehen: lauter kleine Bühnen mit bekannten Familienszenen. Ältere Männer oft hinter Zeitungen, Kinder vor dem Fernseher oder miteinander spielend, in der Küche meist Frauen und einige jüngere Männer. Wie es hinter den Kulissen zugeht, laß Dir am besten genau und unsentimental von Dänen erzählen, von Peter Seeberg etwa oder von Kirsten Thorup.
In den langen Geschäftsstraßen zähle ich jedesmal die Läden der Schlächter und die für Fisch: etwa acht zu eins. Kein Ort ist in Dänemark weit vom Meer entfernt, aber nicht Fische, sondern die heiligen Frikadellen wurden zum Nationalgericht. Sage ja nicht Beefsteak dazu! Bodil, die das Rezept von ihrer Mutter hat, mischt Hackfleisch mit Zwiebeln, Eiern, Mehl, Selters, Salz, Pfeffer, sticht die Portionen mit einem Eßlöffel ab und brät sie auf beiden Seiten. Zu Porreestangen, wie Spargel zubereitet, und Pellkartoffeln schmeckten sie sehr gut, locker und unaufdringlich im Gewürz. Aber wie könnte ich mir einbilden, etwas von dänischen Frikadellen zu verstehen! Bei mir gibt es immer noch viermal die Woche Fisch – Nachhunger, hast Du mal gesagt.
Kannst Du Dich noch an unser »Wenn-ich-zu-entscheiden-hätte«-Spiel erinnern? Unseren früheren Vorschlägen würde ich jetzt (als eine Art Ausführungsbestimmung) zufügen: Jeder Anwärter für irgendein Amt muß eine öffentliche Eignungsprüfung im dänischen Fernsehen ablegen. Erstens: Kann er zuhören? Zweitens: Kann er Widerspruch ertragen? Drittens: Kann er gegenteiligen Auffassungen mit Argumenten begegnen, ohne sie moralisch zu denunzieren? Das lernt man hier in öffentlichen Diskussionen, scheint mir.
Vorige Woche beispielsweise debattierte man im Fernsehen über die Haltung einer Lehrerin. Sie hatte unter Schülern insgeheim verbreitete Pornohefte mit in den Unterricht bringen lassen und mit den Kindern freimütig, nicht anklägerisch, darüber geredet. Kollegen forderten die Entlassung der Pädagogin. Andere verteidigten diese offensive Methode. Eltern, Journalisten, Sozialarbeiter beteiligten sich am Für und Wider, das weitergeht (auch im Zug und in Gastrunden der Freunde) – bis

jetzt wurde die Lehrerin nicht entlassen. Auch sie hatte natürlich das öffentliche Wort.

Inland-Nachrichten kreisen oft um Arbeitslosigkeit. Gestern untersuchte eine Reporterin Situationen und Lebenschancen von jungen Leuten ohne Ausbildung und von Frauen, die zunehmend zurückkehren in den Stand versorgter Ehefrauen und Mütter mit den bekannten Folgen der Abhängigkeit. Der befragte Minister versuchte im Tone eines Schlußwortes, Hausarbeit moralisch aufzuwerten. Er bekam nicht das letzte Wort. Wer macht das bei euch zu Hause? wurde er gefragt. Seine Frau. Wieviel er verdiente, da er sie bezahlen konnte? Er mußte die Höhe des Einkommens preisgeben. Abblende. Nachrichten. Der wortlose Kommentar stand noch im Gesicht des Nachrichtensprechers.

Ja, der unvermeidliche amerikanische Film. Eben war man drauf und dran, den freien Abend am Fernseher abzusitzen. Jetzt ist Zeit für einen Stadtbummel. Was wird im Kino gezeigt? »Jack greift an«, »Der King von Manhattan« Gut, daß man nicht Hals über Kopf losgelaufen ist. Schließlich gibt es Bücher im Hause, sogar ausgezeichnete wie dieses »Wir amüsieren uns zu Tode« – ein Warnbuch für Europa. Welcher kluge Mensch warnt uns im letzten Moment? Ein Amerikaner.

Eckart sitzt noch über mitgebrachter Arbeit. Es ist drei Viertel elf. Laß Dir's inzwischen so gut wie möglich gehen und sei gegrüßt.

G.

Deutsche Bücher in København

Ich kam zufällig nach Skandinavien, blieb aber nicht zufällig hier, sagte Eckart.

Tysk bogimport stand über dem Schaufenster in der Nähe des Rathausplatzes. Eine Treppe führte hinunter, Bücherregale versperrten mir den Weg. Nach der nächsten Ecke wieder Bücher. Ich gelangte in einen quadratischen Raum, glaubte mich in einer Art Bücherlabyrinth gefangen, sah ringsum keinen Ausweg, nur in langen Reihen Bücher aller großen bundesdeutschen Verlage, meist Taschenbücher, und welche u.a. vom Aufbau-Verlag und von Reclam aus Leipzig.

Ich durfte mich auf den Platz eines Mitarbeiters hinter die Bücherwand setzen, mit der Spähluke in den Kundenraum. København war auch eine Stadt der Antiquariate und Buchhandlungen. Die meisten sozialistischen und Buchcafés hatten nicht überlebt; auch der englische Laden mußte schließen. Während der Krise sparten nicht nur Bibliotheken und Hochschulen. In der Deutschen Buchhandlung sah ich von meinem Platz aus zwei Kunden über Sprach- und Reiseführern. Die Blätter raschelten. Vor dem schmalen Kellerfenster klapperten oben auf dem Trottoir Absätze. Die Angestellten neben mir beantworteten Anfragen, bearbeiteten Bestellungen großer Bibliotheken und einzelner Kunden und bedienten Besucher. Der Ladenverkauf war nur ein Teil des Geschäftes. Auch Eckarts Arbeitsplatz befand sich vorn im Verkaufsraum. Der Buchhändler telefonierte wegen Großhandelsaufträgen, die in der letzten Zeit zunahmen. Ich kam nicht dazu, ihm von der Gemüsefrau zu erzählen.

Wer von deinen sechs Angestellten vertritt dich jetzt? hatte ich Eckart während einer Fahrt nach Weimar gefragt. Er hatte mich erstaunt angeblickt, meine Frage nicht verstanden. Jeder erledigt seine Arbeit, das Team macht alles Laufende. Er hatte keine Urlaubsvertretung. Das geht nur in einer kleinen Firma, wo sich die Mitarbeiter so engagieren. Nicht einmal am Biertisch nannte er sie Angestellte.

Das Geschäft hatte drei Jahre Verlust gehabt, ein weiteres wäre nicht mehr durchzustehen gewesen. Die Bilanzen der Firma, wie die anderer, konnte sich jeder für ein paar Kronen kaufen. Der Buchhändler lud die Mitarbeiter zu sich nach Hause ein und ließ sie mitentscheiden: entweder das Geschäft schließen oder einen Mitarbeiter einsparen. Sie waren dafür, jenen zu entlassen, dessen Existenz es am wenigsten traf.

Eckart aus Mannheim hatte nach dem Abitur zunächst Buchhändler gelernt und bekam nach eineinhalb Jahren Studium 1950, als auch Westdeutsche noch kaum ins Ausland gelangten, das verlockende Angebot, ein halbes Jahr in einer Stockholmer Buchhandlung zu arbeiten. Nach einem Jahr in Schweden empfahl Peter Suhrkamp dem jungen Mann in einem längeren Gespräch: Bleiben Sie dort! Doktoren haben wir genug! Eckart stieg in der Buchhandlung rasch auf. Und die skandinavische Lebensart zog ihn an. Im Jahre 1955 übersiedelte er nach København und gründete drei Jahre später mit einem dänischen Teilhaber »Tysk bogimport«. Selbst Fachleute warnten: In der Nachkriegszeit kauft hier niemand deutsche Bücher; damals streikten mitunter noch Schulklassen gegen Deutschunterricht. Die Firma begann mit viel Arbeit und wenig Verdienst. Sie wollte Vorurteile abbauen helfen, zunächst gegen die Deutschen überhaupt.

Eckart konnte keinen Chef über sich ertragen (vielleicht machte er sich nur deswegen selbständig) und mochte niemanden kommandieren. Ehe er heute als Alleininhaber eine wichtige Entscheidung traf, hörte er die Meinung der Mitarbeiter. Auf ihren Wunsch erhielten seit Jahren alle das gleiche Einkommen, ob Fachkraft mit Ausbildung oder Neuling. Sie waren kaum krank. Kam ein Mitarbeiter einige Stunden später oder ging früher, machte das die Gruppe unter sich aus. Sie wußten: scheiterte die Firma, würden sie ihre Arbeit verlieren. Nach dem günstigen Geschäftsjahr 1985 bekam jeder Mitarbeiter einen gleichen Anteil am kleinen Überschuß.

Da saß ich nun im Bücherkeller in der Vester Voldgade und blickte aus meiner Luke auf einen Lehrer, der wie ein Schäfer aussah und Eckart in ein Gespräch zog. Die Buchhandlung beriet die Schulen bei der Auswahl der Lektüre. Im Deutschunterricht wurde viel diskutiert. Gefragt waren sprachlich nicht zu komplizierte Texte, die soziale Verhältnisse bloßlegten. Von Bölls »Die verlorene Ehre der Katharina Blum«, Walraffs Reportagen, Christa Wolfs »Der geteilte Himmel«, Volker Brauns »Unvollendete Geschichte« und Maxi Wanders »Guten Morgen, du Schöne« wurden je einige tausend Exemplare verkauft – als Ausnahme, normalerweise waren es fünf bis zehn. Zur Zeit interessierten sich viele für Christoph Hein.

Warum möchten Sie einen neuen Roman aus der DDR empfohlen haben? fragte ich den Lehrer. Uns interessiert, antwortete er im fast akzentfreien Deutsch, wie die Leute dort leben und mit den Problemen dieser Gesellschaft fertig werden. Wir Dänen glauben weder einem ganz Frommen noch einem ganz Bösen und lesen auch Bücher, mit denen wir nicht einverstanden sind.

Der in einem westlichen Land begrenzte Umsatz von Büchern aus der DDR stieg in den letzten Jahren. Davon wurden zuweilen mehr verkauft als aus der Schweiz oder aus Österreich. Da die Dänen keine Revolution gemacht haben, sind sie neugierig auf Länder, in denen es Auseinandersetzungen gibt, kommentierte Eckart. Über Deutsch wollen sie euer Gesellschaftssystem kennenlernen, ihr steht im Westen oft für den ganzen Osten.

Auch schwedische und norwegische Fachleute, selbst Touristen aus Amerika informierten sich bei »Tysk bogimport« über das aktuelle Angebot. Kunden aus der Bundesrepublik lobten dessen breites Spektrum; einer fand hier Titel, die er zu Hause für verboten hielt. Hier stand das umfangreichste Sortiment deutschsprachiger Bücher außerhalb des deutschen Sprachraumes.

Das war nicht wirtschaftlich, wußte ich. Aber Eckart, mit Leib und Seele Buchhändler, arbeitete hart, um dieses Sortiment halten zu können. Auch seine Mitarbeiter, die zweisprachig bedienen konnten, sahen in Büchern keine Waren wie Fleisch oder Schnaps. Eckart kannte keine Vierzig-Stunden-Woche. Manchmal hatte sein Stundenlohn unter dem seiner Mitarbeiter gelegen. Leider kann ich fast kein Buch selbst gründlich lesen, will ich den Überblick behalten, sagte er.

Sachbücher trugen das Geschäft. Warum werden deutsche bevorzugt? fragte ich eine Mitarbeiterin. Für die fünf Millionen Dänen alles zu übersetzen wäre zu teuer; um Fachliteratur zu lesen, muß man eine Weltsprache beherrschen; zwar kommt Englisch vor Deutsch, aber deutsche Sachbücher sind übersichtlicher, systematischer aufgebaut, haben Register, Verzeichnisse, erwiderte sie.

Ein älterer Mann tapste herein, blickte sich hilfesuchend um. Tatsächlich ein Bauer, der eine Publikation über die Geschlechterbestimmung eintägiger Küken wollte. Der Buchhändler redete mit ihm, diesmal dänisch, suchte eine Dreiviertelstunde, fand ein dünnes Heftchen für 2,80 Mark. Das war natürlich kein Geschäft. Und er wußte, dieser Mann würde wegen seiner ausgefallenen Interessen nie wiederkommen und Bücher über Kunst oder Literatur kaufen.

Ich beobachtete von meinem Platz wieder den jungen Mann, der sich schon zwei Stunden nur »informierte«, jetzt sogar auf einem Stuhl niederließ und ungeniert festlas. Eckart, dem ich meinen Verdacht äußerte, erwiderte lächelnd: Die Leute sollen sich hier aufhalten, die Buchhandlung ist ein Ort, wo man sich orientiert. Nun nahm ich auch den Tisch wahr, an den sich Kunden zum Blättern und Lesen setzen konnten; in anderen Buchhandlungen der Hauptstadt hatte ich nach einem derartigen Möbel vergeblich Ausschau gehalten. Sesselartige Stühle fand ich in anderen repräsentativen Buchhandlungen nur für das Personal, für Kunden in wenigen kleineren Antiquariaten.

Einige Kunden hatten Eckarts Freizügigkeit ausgenutzt. Während des »Orientierens« war bei einem Studenten die Tasche immer dicker geworden. Er kam öfter. Nach einer hier unüblichen Kontrolle, bei der er die gestohlenen Bücher auspackte, lieferte er tatsächlich eine lange Liste der schon früher entwendeten ab, versprach auch, sie in Raten zu bezahlen, bat

allerdings um Studentenrabatt, was der Buchhändler in diesem Falle ablehnte. Ein Bücherfanatiker mittleren Alters kaufte in verschiedenen Buchhandlungen immer neue Stapel von Büchern, hortete sie zu Hause, konnte die Rechnungen nicht bezahlen, verkaufte einen Teil davon antiquarisch, um die hartnäckigsten Gläubiger zufriedenzustellen. Eckart erzählte mit geheimer Sympathie für die den Büchern Verfallenen. Auch dies-
mal vermied ich, sein Ethos als Buchhändler, diese Berufung zu loben. Er mochte kein Pathos und würde mir die Flasche Grøn Tuborg, die er mir jetzt nach Geschäftsschluß in die Hand drückte, wieder abnehmen.

Bei diesem Grøn Tuborg, seinem Lieblingsbier, und der unvermeidlichen Zigarette erzählte ich ihm endlich von der Gemüsefrau. Als Mittagsmahlzeit hatte ich bei ihr für 10 Kronen fünf Bananen gekauft und, wie gestern schon, zwei mehr in der Tüte gefunden. Ich hatte sie auf dänisch verlangt und die Frau mich für einen Isländer oder Norweger gehalten. Leute von der Straße redete ich ungeniert auf dänisch an. Auch Kaj und Inga waren erleichtert gewesen, daß die Sprachmauer aufbrach; sie korrigierten nicht jeden Fehler. Die dänische Aussprache war selbst für die verwandten Schweden und Norweger kaum erlernbar.

Auf Bücherstapel gestützt, die griffige Bierflasche in der Hand, verglichen wir wieder das Deutsche und das Dänische. Letzteres hielt Eckart für konkreter und anschaulicher. Beispielsweise für x-beinig sagten die Dänen kalveknæet, kalbsknieig (die Kälber haben nach innen gebogene Beine); das Gassenjungenwort knallert für Moped ging bald in die Wörterbücher ein. Ich fand Eckarts Vergleich bestätigt, stieß damit jedoch bei anderen Dänen auf Ablehnung. Sie hielten für Kritik an ihrer Sprache, was ich als Vorzug gegenüber der deutschen empfand, nämlich die größere Bildhaftigkeit, bei Ausdrücken wie jordemoder (Hebamme, wörtlich: Erdmutter), rejse på tommelfingeren (per Anhalter fahren, wörtlich: reisen auf dem Daumen), die konkreten Wörter mormor (Muttersmutter) für Großmutter und morfar (Muttersvater) für Großvater, morbror (Mutterbruder) und farbror (Vaterbruder) für Onkel usw. Und da viele Dänen das Wort Spontaneität oft ohne »e« schrieben, erklärte die höchste Sprachinstitution

auch diese Schreibung für zulässig. Und dann fragte ich Eckart, seit einiger Zeit dänischer Staatsbürger: Warum reagieren Dänen – unter sich Meister der Ironie, auch gegenüber heimischen Zuständen – so auffallend empfindlich bei Kritik von außen, selbst wenn sie sie nur vermuten? Entspringt das dem Selbsterhaltungszwang einer kleinen Nation? Wie oft habe
140 ich in Dänemark die Schwächen der Deutschen und ihrer verschiedenen Verhältnisse kritisiert und Urteile der Dänen angehört ...

Eckart schwieg.

Ich ebenfalls. Und erinnerte mich an das Stoßgebet eines Dänen, das ich in einer lustigen Runde gehört hatte: »Lieber Gott, ich danke dir, daß ich nicht so bin wie die Amerikaner, die Schweden, die Franzosen, die Deutschen und all die anderen.«

Dann sagte Eckart statt einer Antwort: Ich habe vier verschiedene Sorten Bier gekauft, die wollen wir zu Hause probieren.

Wir stiegen die Treppe hinauf, nicht einmal eine Scheibe trennte die Kunden von den Neuerscheinungen hinter dem Schaufenster neben den Stufen. Der Buchhändler schloß das Geschäft ab. Passanten standen vor dem Schaufenster (die Buchhandlung lag an der Bus-Haltestelle), blickten auch durch einen breiten Spalt auf die Auslagen in der Kelleretage.

Dienstagmittag halb elf

fuhr ich mit dem einundvierziger Bus stadteinwärts. Außer einem jungen Mann mit Baby saßen nur ältere Leute im Wagen, und von Station zu Station stiegen mehr Alte zu, öffneten statt der Geldbörse ein rotes Klappkärtchen und setzten sich jeder für sich.
Auch später, Schulter neben Schulter, blickte jeder schweigend am Nachbarn vorbei in Fahrtrichtung.
Und doch schienen diese Fahrgäste einem gemeinsamen Ziel zuzustreben. Münder und Brauen der Frauen waren sorgfältig geschminkt, aus Krägen quollen Seidentücher, auf den Hüten der Männer glaubte ich Bürstenstriche zu erkennen – sie fuhren zu einem Fest. Mochten sie sich auch gelassen geben, von meinem Platz im Rücken des Fahrers konnte ich in alle Gesichter schauen und spürte ihre heimliche Erregung, die sie bereits miteinander verband: in der Art, wie Zugestiegene sich umständlich und sehr gerade zurechtsetzten, wie Blicke Häuserwände durchdrangen und in imaginäre Räume vorausgingen, in der Andeutung eines Lächelns, das sich nur in der Linie zwischen den geschlossenen Lippen veriet. Wer und was erwartete sie? Ich begann schon nach einem Lotsen zu suchen, einer Garderoben- oder Küchenfrau, denn in Poncho, Cordhosen und Stiefeln konnte ich mich nur durch eine Hintertür einschmuggeln.
In der Busmitte stand eine Grauhaarige mit dem Rücken zum Fenster. Vor der ausladenden Brust bewegten sich die Hände mit Strickzeug, während die Augen unablässig über die Köpfe der Sitzenden nach rechts und links strichen. Der Blick erinnerte mich an Nachbarn, die stundenlang auf einem Sofakissen im Fenster nach dem Leben draußen Ausschau hielten. Diese Frau würde mich führen und zugleich mit ihrem großen Körper verbergen können. Unvermittelt fiel das Strickzeug in den Beutel am Handgelenk. Die Finger hielten Notizblock und Stift, während der Blick den samtigen

Stickereien auf einem Jackenrücken folgte. Schließlich beugte die Grau-
haarige sich über die Schulter der Sitzenden. Die Angesprochene drehte
den Kopf ins Profil und zeigte ein Lächeln, das Sympathie für das empfan-
gene Kompliment und gleichzeitig Abwehr von Vertraulichkeit ausdrück-
te. Unbeirrt prüfte die Handarbeiterin Material und Schnitt der Jacke aus
142 nächster Nähe, richtete sich auf – und war im nächsten Moment an der
Tür und draußen auf dem Roskildevej.

Im Bus schaute sich niemand nach der Ausgestiegenen um. Hatte je-
mand sie wahrgenommen? Wahrscheinlich würde auch mich keiner be-
merken, wenn ich mit durch den Haupteingang schlüpfte, aber noch war
Zeit, nur wenige stiegen aus und mehr und mehr Ältere zu. Wir waren
bereits in der Frederiksberg Allé und am Nansen Teatret vorbei, als neben
mir eine weiße Serviette über die ungepolsterte Gepäckbank wischte. Das
Papiertuch verschwand in einer weißen Tasche. Sie hing an der Schulter
einer Frau in schwarzem Plüschmantel und weißem Turban. Ich empfing
die Nachbarin mit einem Lächeln. Unsere Körper hüpften bei jeder Stra-
ßenwelle, und die Frau begann zu plaudern, wobei der ungeschminkte
Mund sich immer wieder zum linken Winkel hin verzog. Um nicht an un-
passender Stelle zu nicken oder den Kopf zu schütteln, wahrte ich die
Miene einer naiven Zuhörerin und versuchte den Ausdruck dieser blaß-
blauen Augen und des hellhäutigen Gesichts zu deuten. Es schien nach
Babyseife zu riechen und kam mir seltsam unlebendig vor: erschlafft, aber
nicht gezeichnet von Runzeln, die es Jahr um Jahr schöner machen könn-
ten. Tarnte dieser ironische Mund ihre Verletzungen oder hatte er sie fern-
gehalten? War das Maßvolle in Mimik und Gesten Rücksicht auf die
Gefühle anderer oder Gleichgültigkeit? Jedenfalls zog es an – und machte
gleichzeitig rebellisch. Dieser Frau wollte ich folgen.

Schon schwang der Plüschmantel vor mir her über den Rathausplatz, wo
die meisten Gäste ausgestiegen waren, zog mich über die Vester Voldgade
in ein Labyrinth von Höfen, Gassen, Durchgängen, das offenbar im
Kopf der Frau vorgezeichnet war, ohne nach rechts und links oder
zurückzublicken, strebte sie dem unsichtbaren Ziel zu.

»... stilles under de besøgendes beskyttelse ...«, wird unter den Schutz der Besuchenden gestellt. Hatte ich dieses Schild über der Passage nicht schon einmal gelesen und mit den rüden heimischen Verbotsschildern verglichen? Ja, aber dies war nicht der Innenhof, wo damals Angestellte über Mittag unter ein paar kleinen Birken gesessen hatten, hier war ein Durchgang zwischen unbekannten Straßen, und der schwarze Plüschmantel schwang bereits um die nächste Ecke.

Und so ging im Verfolgungslauf bald das Gefühl für Ort und Zeit verloren.

Ein einziges Mal verweilte die Frau: am Käsekeller in der Købmagergade. Durch ebenerdige Fenster schaute man auf Stapel von Käseleibern und aufgeschnittenen Scheiben, zarte, lockere, frische, cremefarbene, dottergelbe ... Speichelschluckend eilte ich nebenan zum Straßenstand unter der roten Markisenhaube. Mit einem Käsebrot in der Hand ließ ich mich wieder auf die Psychologie der Preise für diese Köstlichkeiten ein. Nie kosteten hundert Gramm glatt drei oder sieben Kronen, denn bei zwei Kronen (große Lettern) achtundneunzig Øre (kaum erkennbar) oder sechs Kronen neunundachtzig Øre schien man fast eine Krone einzusparen.

Unterdessen ging die Frau im Laden umher. Immer wieder leuchtete der weiße Turban über aufgeschnittenen Käsetorten, gelb-, braun-, rotrindigen – und einen Kostehappen vom Blauschimmeligen, noch einen vom Geräucherten. Schließlich – nie hätte ich das in so einem Laden gewagt – ließ sie etwa hundertfünfzig Gramm abwiegen, einpacken und sich wie eine Großkäuferin zur Ladentür geleiten. Kaum aber war sie die paar Stufen herauf, stand sie bereits mit dem Rücken zum Laden am Bufett nebenan und schlang ein Käsebrötchen. Wahrscheinlich sollte ihr Päckchen als kleiner Festbeitrag dienen.

Wir mußten in unmittelbarer Nähe unseres Zieles sein, die Frau querte mit langen, entschlossenen Schritten den Gråbrødre Torv (Graubrüdermarkt) – die Platane war das letzte Orientierungsmal –, bog rechts ab, gleich darauf links und wieder halbrechts ein winkliges Sträßchen hinauf, stand einen Augenblick auf der Kreuzung – und war verschwunden.

Vergeblich suchte ich gassauf, gassab, lauschte in enge Treppenhäuser, öffnete Ladentüren. Hatte sie mich bemerkt und bewußt irregeführt? Ich gab auf und entfaltete den Stadtplan. Hinter der Scheibe, an der ich lehnte, bewegte sich etwas Weißes: der Turban. Wippte auf und verschwand wieder hinter der Messingstange mit dem halbhohen Vorhang.

144 Die Kneipe betrat man durch die Ecktür. Dunkelgrüner Vlies trennte die beiden Raumflügel und verband sie gleichzeitig, indem er auf Tresen und Spielautomaten in der Mitte wies. Rechts der weiße Turban über dunkelrotem Kleid. Die Frau saß türabgewandt über einem halbvollen Henkelglas Bier und zündete einen Zigarillo an.

Der Wirt brachte den Kaffee an meinen vom Vlies verborgenen Tisch und setzte sich wieder hinter die Zeitung. Die meisten Gäste waren nach der Mittagspause gegangen. Nur die Frau rief hin und wieder nach einem großen Bier. Zwischendurch stand sie am Spielautomaten. Es war einer von der altmodischen Sorte; sie fütterte ihn mit grünen Scheibchen, er klingelte, etwas Rotes kreiste hinter Glas, blieb stehen – nach einigen Sekunden klimperten Münzen. Oder nichts geschah. Vielleicht irrte ich mich, was den Automaten betraf, denn auf ihn achtete ich nicht. Was er tat oder unterließ, las ich vom Gesicht meiner ehemaligen Busnachbarin ab. Mit dem ersten Klingeln richtete sich der Zigarillo im Mundwinkel auf. Gespannte Wangen. Während des Surrens der roten Scheibe wurde der Blick starr, die Augen, schwarz, schienen nur noch aus Pupillen zu bestehen. Mit dem klimpernden Münzenfall ging ein Leuchten über das Gesicht. Blieb er jedoch aus, erschlaffte es urplötzlich, und vom hängenden Zigarillo fiel Asche.

Längst hatte ich jede Vorsicht vergessen und den Platz gewechselt. Nichts außer dem Automaten hörte und sah die Frau. Wangen und Stirn zeigten rote Flecken. Das Bier stand griffbereit auf dem Boden. Der Zigarillo qualmte nicht mehr, wurde dennoch kürzer und kürzer: sie zerbiß ihn, wenn keine Münzen fielen. Leute kamen und gingen. Niemand schaute sich um nach der Besessenen. Beim Zahlen verzog sich ihr Mund zum linken Winkel hin, und der Wirt lächelte allerweltsfreundlich.

Vor dem Hauptbahnhof København

Straße im Bahnhofsviertel

Auf dem Strøget in København

Flohmarkt

In Nørrebro, einem Arbeiterviertel

Rast beim Einkaufsbummel

Straßen-
theater

Denkmal
für
Københavns
Fisch-
frauen

Zum Rathausplatz wählte sie den kürzesten Weg.
Von hinten sah sie nicht müde aus.
Sie stieg in den einundvierziger Bus, stadtauswärts.
Vier Fünftel der Fahrgäste waren alte Leute. In etwa einer Stunde, zur Zeit des Berufsverkehrs, müßten sie den vollen Fahrpreis zahlen, aber jetzt galt noch die sogenannte rabatkort für Pensionisten (wie hier alle Rent- 145
ner genannt wurden).

Skål!

Die Führung der deutschen Gruppe begann pünktlich elf Uhr. Holländer schlossen sich an, junge Isländer. Wir warteten am Elefantentor der Carlsberg-Brauerei, einer der größten der Erde. Die steinernen Tiere trugen an den Seiten kindergroße Hakenkreuze. Ich war irritiert. Die anderen kümmerte das nicht. Im Jahre 1938 wurde das Sonnenzeichen als Firmensymbol abgeschafft.

Die Gruppe drängte sich in die Sudhaushalle. Hier wird das Malz geschrotet, sagte der dänische Begleiter. Ich beugte mich über das verzierte Messinggeländer auf der Stahlkonstruktion. Computer lenkten den Prozeß in den altertümlichen Kupferpfannen. Kein Arbeiter war zu sehen, nur Lämpchen leuchteten, Aggregate brummten. Engländer und Italiener standen vor uns. Unsere Gruppe stockte. In der Saison kamen täglich bis zweitausend Besucher, im Jahr etwa einhundertvierzigtausend, bei laufender Produktion. Haben Sie Fragen? nutzte der Führer die Zeit. Schweigen. Wieviel Flaschen Bier am Tag? fragte ich. Fünf Millionen, drei für die Dänen, zwei für den Export.

Weiter über Treppen und Gänge. In den Rohren über unseren Köpfen blubberte der heilige Saft (in Dänemark, wo kein Wein gedeiht, ist Bier Nationalgetränk). Man roch es. Hinter einem dicken Schauglas wälzte sich eine quallige graue Masse. Ich beobachtete den Gärprozeß, für einen Maler vielleicht Inspiration zu einem abstrakten Werk, und bekam Durst.

Auf dem Hof stiegen wir in kleine offene Wagen, sie brachten uns zur Abfüllanlage. Nur wenige Besucher interessierte die Bierherstellung. Produzieren die Lizenzbrauereien im Ausland mehr als Carlsberg in København? wollte ein junger Bayer wissen. Der Däne konnte oder wollte keine Auskunft geben. Jemand erkundigte sich nach dem Wasser für das Bier. Das sei gewöhnliches aus der städtischen Leitung.

Wir blickten dann von oben in die riesige Halle auf Abfüll-, Etikettier-, andere Maschinen und das endlose Fließband für täglich zwei Millionen Flaschen. Nur drei oder vier Arbeiter waren zu sehen. Und ich rechnete aus: Von einer Tagesabfüllung hier könnte ich, bei zwei Flaschen wochentags, sonn- und feiertags etliche mehr, zweitausend Jahre trinken.

Vielleicht ließ schon der Gründer, Jacob Christian Jacobsen, in seiner Brauerei die Bierherstellung erklären. Wir standen in seiner alten Villa, heute Carlsberg-Museum. Der Führer zeigte uns das kupferne Gefäß, in dem Jacobsen 1847 das erste Bier braute und nach seinem Sohn Carl Carlsberg nannte. J.C. Jacobsen hatte auch in Bayern das Bierbrauen studiert und, wie man erzählte, einen Packen Hefe verbotenerweise ausgeführt. Die Hauptsache ist doch das Bier, sagte der junge Däne in akzentfreiem Deutsch und erklärte nichts mehr. Er kannte die Mentalität der Besucher. Die Leute schmunzelten und protestierten nicht. Für viele erfüllte sich erst jetzt der Zweck dieses Besuches. In hallenartigen Räumen waren zahlreiche Tische für vielleicht fünfhundert Personen gedeckt. Englische, französische, bundesdeutsche und andere Wimpel luden ein, neben zahllosen Flaschen Carlsberg-Freibier, dem »Hof« und »Export«, mit Gold- und Silberpapier am Hals; das Carlsberg-Elefant kostete in der Gaststätte über fünf Mark. Zur Freude der Isländer an meinem Tisch saßen hinter uns Kinder, die unsere Carlsberg-Brause gegen ihr Bier tauschten.

Ich leerte die mir zustehenden Flaschen, brach früher auf als die anderen Besucher, schob eine Verabredung vor. Bei Tuborg? fragte mich der junge Bayer am Tisch. So hieß die andere große Brauerei der Hauptstadt.

Das dänische Bier war allgegenwärtig, ausländisches sah ich nirgendwo. Während der langen Streiks im Frühjahr 1985 – auch die großen Brauereien waren betroffen – mußte ausländisches eingeführt werden. Das war teurer und schmeckte nicht wie das heimische, es war eben kein Øl. Spräche man Øl wie im Deutschen Öl, verstünde das kein Däne. Øl klang kurz, als ob man hastig einen Schluck nahm. Im Deutschunterricht, so erzählte man, übersetzten Dänen anfangs manchmal den Satz »Ein Mann saß unter einem Ölbaum« mit »Ein Mann saß unter einem Bierbaum«.

In der Innenstadt wurde an Ständen zum Jazzfestival mehr Bier verkauft als sonst, als Fadøl (Faßbier) oder in den schlanken Flaschen. Auf dem Frue Plads vor der Universität, auch hier warfen hohe alte Bäume Schatten, spielte am Nachmittag LILLE BIG SOUND wieder auf dem gleichen Wagen wie tags zuvor am Runden Turm unter der Schrift: Tuborg . . . gør noget ved musikken (schwer übersetzbar, etwa: Tuborg . . . da geht Musik los). Aber ich blieb Carlsberg treu und kaufte eine Flasche »Hof«, ohne schlechtes Gewissen, denn beide Brauereien wurden 1970 vereinigt. Um die Band saßen die Fans auf dem Boden, Mädchen lehnten an Fahrrädern. Eine gut gekleidete ältere Dame bewegte ihre Arme im Rhythmus.

Niels Bohr sah zufrieden auf die Jazzhörer. Die anderen Büsten der Männer vor der Universität waren mir unbekannt und verwittert, die Bronze des 1962 verstorbenen Bohr unversehrt. Zu seinem Grab am Hauptweg des Assistens Kirkegård (Friedhof) wiesen keine Pfeile wie zu dem von H.C. Andersen (auch Søren Kierkegaard lag auf diesem Kirkegård). Der Physiker Bohr könnte Carlsberg-Bier bevorzugt haben. J.C. Jacobsen hatte bei Ørsted, dem Entdecker des Elektromagnetismus, Vorlesungen gehört und aus Liebe zur Wissenschaft und zu deren Förderung 1876 den Carlsberg-Fonds gegründet, dem er später seine Brauereien testamentarisch vererbte. Nach den Statuten des Fonds wählten Mitglieder der Königlichen Gesellschaft der Wissenschaften die Direktion aus ihrer Mitte. Die Weltfirma Carlsberg wurde also nicht von ökonomischen oder juristischen Experten, sondern von jeweils drei Naturwissenschaftlern und zwei Geisteswissenschaftlern geleitet. Das von Regierungsstellen unabhängige Gremium verteilte ebenfalls die jährlich beträchtlichen Mittel des Fonds. Auch Niels Bohr hatte für seine Arbeiten größere Zuwendungen erhalten. Daran dachte ich während des Klarinettensolos auf dem Frue Plads, das Hof Carlsberg in der Hand. Und je mehr ich trank, desto mehr förderte ich die Wissenschaft, denn außer dem Staat – über die Steuern – verdiente keiner an diesem Bier. Stiftungen gehörten wie kaum in einem anderen Land seit etwa 200 Jahren zur dänischen Kulturtradition. Die Jacobsens stehen nur für zahlreiche kleinere bis in die Gegenwart, entstanden aus dem Bedürfnis, etwas für die heimische Gemeinschaft zu tun. (Auch Søren gründete vom Honorar für ein Buch eine kleine Stiftung für weitere Übersetzungen – steuerfrei – und trifft sich nach behördlich bestätigter Satzung einmal jährlich mit sich selber zur Geschäftsversammlung, natürlich bei einigen Øl.) Carl Jacobsen wollte seinem Vater nicht nachstehen, gründete seine eigene, die Ny Carlsberg-Brauerei und, vom heiligen Saft inspiriert, den Ny Carlsberg-Fonds zur Förderung der Kunst, auch seine Brauereien vermachte er dem Fonds. Carl Jacobsen sammelte assyrische, ägyptische, griechische Plastiken und vor allem römische Porträts (eine der größten Kollektionen der Erde), aber auch Gemälde seiner Zeit, und schenkte diese Schätze dem dänischen Staat, der dafür um die Jahrhundertwende die Ny Carlsberg Glyptothek mit der hohen Kuppel hinter dem Tivoli baute. Dort hatte uns fast ein ganzer Saal mit Gemälden von Gauguin überrascht. Im Jahre 1873 hatte Gauguin die junge Københavnerin Mette Gad geheiratet und von 1884 bis 1885 in der dänischen Hauptstadt gelebt, bis er später Frau, Kind und Komfort verließ, um sich ganz seiner Kunst zu widmen.

Während der Saxophonist unter Bohrs Augen ein heiteres Solo spielte, kaufte ich mir noch ein Hof Carlsberg, um nun die Kunst zu fördern. Dann bummelte ich zwischen Bücherkästen auf dem Pflaster der Fiolstræde, Straße der Buchhandlungen und Antiquariate. Junge Leute, die von der Arbeit über die Fußgängerzone des Kultorvet kamen, setzten sich aufs Pflaster und unterhielten sich. Familien lagerten auf dem Boden, Kinder bekamen Eis. Ein Vater begann mitten im Fußgängerstrom mit seinem Söhnchen Fußball zu spielen. Hunde liefen kreuz und quer über das Pflaster. Hier waren die Københavner fast unter sich. Viele schwiegen vor sich hin. Man hatte Zeit.

Meine Dänischlehrerin, eine in Leipzig verheiratete Århuserin, sagte einmal: at hygge sig, sitzen und sich wohl fühlen, das täten die Dänen am liebsten. Auch ich saß auf dem Kultorvet einfach nur da, trank, vergaß mein Besichtigungsprogramm, wurde ganz ruhig und sah dem Graubärtigen zu, der seine Kreise um die Biertrinker immer enger zog und die leeren Flaschen in Plastebeuteln sammelte (für eine gab es eine Krone). In solchen Mußestunden, bei einer Flasche Tuborg oder Carlsberg, mag man jene kostenarmen Scheunenkonstruktionen ausgetüftelt haben, wie wir sie in Jütland gesehen hatten. Die »Mauern« bestanden aus einem Skelett unbearbeiteter Stämme, auf dem außen Leichtmetallblech angebracht war. Wie viele Kubikmeter Beton hätte man bei uns allein für das Fundament vergossen! Und ich dachte an das Haus von Kirstens Eltern: das flache Dach diente zugleich als Decke der Räume und die balkenartigen Stützen waren architektonischer Schmuck. Und jetzt verstand ich auch den Fahrer, der seinen Linienbus auf dem hauptstädtischen Rathausplatz so lange anhielt und einen Stau erzeugte, bis er den englischsprechenden Touristen auf seinem Stadtplan den Weg erklärt hatte und sie wieder ausgestiegen waren.

Ich stellte meine leere Flasche auf das Pflaster, gönnte sie dem Graubärtigen und blieb sitzen. Das Jazzkonzert schien zu Ende zu sein. Jene schick gekleidete Ältere, die zur Musik Tanzschritte improvisiert hatte, kam vorbei. Eine Grauhaarige trug ein zu einem Stirnband gewundenes Tuch. Viele Vierzig- und Fünfzigjährige verzichteten nach wie vor auf Make-up, ließen die ihnen zugedachte Rolle abgleiten; ihre Fältchen zeugten von der Tiefe ihrer Erfahrung und vom Hintergrund ihrer Unverwechselbarkeit.

Die Schönheit vieler dänischer Frauen und Mädchen fiel nicht gleich ins Auge, es brauchte eine Weile, den Blick dafür von heimischen Klischees zu lösen. Ausgeprägtere Individualität zeigte sich schon in Gesichtern, denn eine charakteristische Nase, ein deutliches Kinn wurden nicht zu kaschieren versucht. War eine Frau fünf Pfund schwerer oder zehn Zentimeter größer als üblich, fühlte sie sich nicht häßlich. Die Zeit, in der Birte und Bodil entrüstet abgelehnt hatten, daß ich ihre schweren Taschen trug, war vorbei. Auch die, wo ich aus Unverständnis noch meinen Fotoapparat dazugelegt hatte. Und jene, wo die Frauen und Mädchen fast nur Hosen trugen und Beine unter einem kurzen Rock wie ein Wunder erschienen. Die Bräune vieler junger Københavnerinnen war zwar nicht echt (was mich enttäuschte), sondern in Sol-Centers entstanden, die wie »Pilze aus dem Boden schossen«, die jungen Frauen und Mädchen verwandten mehr Mittel als früher für ihr Äußeres, machten sich mehr zurecht – auch um rascher als die Konkurrentin eine Stelle zu ergattern. Dennoch hatten Chic und Mode sich weder verselbständigt noch das Legere und Praktische verdrängt. Die Däninnen waren Däninnen geblieben. Skål!

Der 9. April und die Folgen

152 Von einem unscheinbaren deutschen Handelsschiff gingen am 9. April 1940 deutsche Soldaten an Land und marschierten in København ein. Die dänische Regierung fügte sich, zwar unter Protest, dem deutschen Ultimatum. Eine Verteidigung gegen die deutsche Übermacht – auch zu Lande – wäre nicht möglich und die angedrohte Bombardierung der Hauptstadt nicht abzuwehren gewesen. »Deutschland rettet Skandinavien«, »Norwegen und Dänemark unter den Schutz des Reiches genommen«, lauteten die Balkenüberschriften des »Völkischen Beobachters« vom 10. April in der ersten Vitrine des Freiheitsmuseums am Churchillparken dicht beim Hafen.

Dänemark wurde »friedlich« besetzt und sollte, mit weit mehr blonden und blauäugigen Ariern als im »Mutterland«, eine »Musterprovinz« werden. Die Dänen versuchten auf praktische Weise mit der Situation fertig zu werden und das Schlimmste zu verhüten; durch Zugeständnisse der dänischen Regierung wurde ein nationalsozialistisches Marionettenregime vermieden und der dänische Nazismus in Grenzen gehalten. Zuständig war formell nicht die deutsche Wehrmacht, sondern das Auswärtige Amt. Die Beziehungen wurden über »Abkommen« geregelt. Die dänische Regierung, Polizei, Verwaltung und Gerichtsbarkeit funktionierten weiter. Deutsche Truppen standen im Land und »schützten« vor einem englischen Angriff, zugleich tat die dänische Armee Dienst in ihren Kasernen. In der ersten Zeit wurde das Alltagsleben im Lande wenig von der Besetzung beeinträchtigt. Die Kommunistische Partei konnte sogar noch ein reichliches Jahr legal weiterarbeiten. Im März 1943 fanden – auch der einzige Fall in einem von Faschisten besetzten Land – normale Parlamentswahlen statt. Bei einer Wahlbeteiligung von über 90% wählten 96% der Bevölkerung bürgerlich-demokratische Parteien und nur 4% die dänischen Nazis. Die dänische Regierung erlaubte erst 1942 das direkte Eingreifen der Gestapo gegen die Widerstandskämpfer, widersetzte sich jedoch, für Sabotage die Todesstrafe einzuführen.

Der Pragmatismus der dänischen Regierung und die Absicht, die eigene Gerichtsverfassung zu erhalten, forderten ihren Preis; sie mußte Widerstandskämpfer verfolgen und verhaften. Das Land wurde ebenfalls gezwungen, dem Antikominternpakt beizutreten, zwar mit der Zusicherung, außerhalb des Landes keine Verpflichtungen zu übernehmen, dafür im Inneren gegen die Kommunisten vorzugehen. Schon am 22. Juni 1941, dem Tag des Überfalls auf die Sowjetunion, ließ die dänische Regierung mehr als 200 verhaften und in dem Lager Horserød bei Helsingør internieren. Es hieß: Besser, die dänische Polizei tut es als die Deutschen, erzählte Søren. Und es hätte eine Absprache mit der dänischen Polizei gegeben: Falls die Kommunisten an die Deutschen ausgeliefert werden sollten, würden sie zuvor freigelassen. Als dann im August 1943 plötzlich deutsche Lastwagen vorfuhren, waren die dänischen Polizeiwachen angeblich selbst überrascht. Die Internierten warfen Matratzen über den Stacheldrahtzaun, von den 248 Kommunisten entkamen nur 98, die anderen wurden ins KZ abtransportiert.

Im Frühjahr und Sommer 1943, nach der Wende des Krieges bei Stalingrad, wuchs die dänische Widerstandsbewegung. Fast täglich gab es Sabotageakte gegen kriegswichtige Eisenbahnanlagen und Betriebe. Es kam zu großen Streiks und Demonstrationen. Die Forderung der Okkupationsmacht, den Ausnahmezustand über das Land zu verhängen und die Todesstrafe einzuführen, lehnte die Regierung ab, sie hätte sich sonst beim Volk kompromittiert. Daraufhin verhängte der Oberbefehlshaber der Wehrmacht in Dänemark am 29. August 1943 selbst den Ausnahmezustand und übernahm die Macht im Lande. Die Regierung, der König, das Parlament verloren ihre Befugnisse; nur die untergeordneten Verwaltungen arbeiteten weiter. Die Armee wurde entwaffnet, die Marine versenkte ihre Schiffe, eins entkam nach Schweden. Nun unterschied sich Dänemark wenig von den anderen faschistisch besetzten Ländern.

Im September 1943 wurde der antifaschistische Freiheitsrat gegründet, er vereinte die Führer der Widerstandsbewegung und wurde mehr und mehr zum leitenden Organ im Kampf gegen die Okkupanten.

In der Nacht vom 1. zum 2. Oktober 1943 sollten die etwa 7000 dänischen Juden verhaftet werden. Der deutsche Marineattaché Duckwitz informierte den Vorsitzenden der dänischen Sozialdemokraten, Hans Hedtoft. Über ihn und seine Parteifreunde erfuhren die jüdischen Gemeindeleiter das Datum. Bereits vorher hatten sich zahlreiche Juden, durch Gerüchte verunsichert, bei Freunden verborgen. Duckwitz setzte auch den deutschen Hafenkapitän von København in Kenntnis; der gab zwar keine Zusage, aber in der entscheidenden Zeit sollen die deutschen Boote nicht auslaufbereit gewesen sein. Die meisten Juden gelangten durch die Hilfe vieler Dänen mit kleinen Booten illegal nach Schweden. Auch Niels Bohr, stolz auf seine halbjüdische Abstammung, entkam 1943 mit einem Fischerboot über den Øresund, ging in die USA und arbeitete an der Entwicklung der Atombombe mit. Nur etwa 500 Juden konnten verhaftet werden. Eichmann wurde vergeblich nach København beordert, um den Mißerfolg aufzuklären.

Das Freiheitsmuseum zeigte neben vielem anderen eine illegale Druckerei (während der Besetzung wurden etwa drei Millionen Broschüren und Bücher verbreitet), Funkgeräte, eine illegale Waffenschmiede, einen Behälter für Sprengstoff und Sabotagematerial, von denen die englische Luftwaffe etwa siebentausend abwarf; sie verlor bei allen ihren Einsätzen über Dänemark 250 Maschinen und 1200 Flieger. Unter anderem fielen von den 500 Angehörigen der größten dänischen Widerstandsgruppe »Holger Danske« 61, von den 175 Mitgliedern der »BOPA« 38. Im Hof des Museums stand ein Stück Stacheldrahtzaun des KZ Neuengamme, in dem Sørens Vater gesessen hatte. Die Kommunisten spielten im Widerstand eine wichtige Rolle.

Vitrine 49 zeigte die nazistischen Organisationen in Dänemark. Zahlreiche Dänen arbeiteten nicht nur aus geschäftlichen Gründen mit den Okkupanten zusammen, sondern ließen sich von ihrer Ideologie, die an der nordischen Mythologie anknüpfte, blenden. Etwa 3000 junge Dänen meldeten sich für das »Freikorps Dänemark«, eine Formation des deutschen Heeres; beim Einsatz an der Ostfront erlitt es schwere Verluste. Das »Schalburgkorps«, für Aktionen im Inneren, umfaßte etwa 1000 Mann. Neben der dänischen Nazipartei bestanden noch andere kleinere nazistische Gruppen, die mit den Schalburgleuten Terroranschläge gegen dänische Patrioten verübten. Immerhin internierte die Widerstandsbewegung bei Kriegsende rund 27000 Personen, 13000 wurden zu Gefängnisstrafen von 2 Jahren und mehr verurteilt, 46 hingerichtet.

Ende Juni und Anfang Juli 1944 kam es zu Demonstrationen und einem Generalstreik in der Hauptstadt. Am 28. Juni wurden fast 1000 Freiheitsfeuer entzündet. Schließlich fügte sich die Besatzungsmacht wichtigen Forderungen des Freiheitsrates und sah von Repressalien ab. Um die kriegswichtigen Lieferungen aus dem Nachbarland nicht zu gefährden, ging man Kompromisse ein und nahm gewisse Rücksicht auf die Stimmung der Bevölkerung.

Da die dänische Polizei mehr und mehr die Widerstandsbewegung unterstützte, wurde sie im September 1944 aufgelöst und ein Teil von ihr verhaftet und ins KZ Buchenwald gebracht. Die Polizisten, die am Königsschloß Amalienborg wachten, ergaben sich nicht; nach mehrstündigem Kampf erlaubten die Besatzungstruppen, daß König Christian X. seine dänische Wache behielt.

Faschistische Sondereinheiten verstärkten ihren Terror als »Vergeltung« gegen die Sabotage des dänischen Widerstandes, ermordeten Ärzte, Professoren und andere Patrioten auf offener Straße oder in ihren Wohnungen und sprengten Kinos, Hotels oder andere öffentliche Gebäude. Die Gestapo ermordete auch den Dichter und Pfarrer Kaj Munk.

Die Zahl der Diversionsakte stieg gegen Kriegsende, von Januar bis April 1945 wurden allein 1301 gegen die Eisenbahn verübt. Das dänische Offizierskorps war direkt dem Freiheitsrat unterstellt. Aktionen des Widerstandes ähnelten teilweise einem Partisanenkrieg. Der in einer Eisenbahnwerkstatt hergestellte Panzerwagen am Eingang des Museums wurde am Ende des Krieges gegen eine dänische nazistische Gruppe eingesetzt.

Bei Kriegsende befanden sich etwa eine viertel Million deutsche Flüchtlinge, meist aus dem Osten des ehemaligen Reiches, in Dänemark und wurden, in zahlreichen Lagern gesammelt, einige Jahre von dem ehemals besetzten Land versorgt.

Seit jenem 4. Mai, als der Londoner Rundfunk gegen zwanzig Uhr die Kapitulation der deutschen Truppen in Dänemark am folgenden Tag meldete und die Verdunkelung entfiel, stellen viele Dänen am Abend dieses Maitages brennende Kerzen in die Fenster.

Nie wieder ein 9. April! Darin waren sich die Dänen nach dem Kriege einig. Die Erfahrungen der Besatzung machten stärkere Streitkräfte notwendig. Eine nordische Verteidigungsgemeinschaft scheiterte an Differenzen zwischen Norwegen und Schweden. In der Zeit des »kalten Krieges« erklärte nach Norwegen Dänemark seinen Beitritt zur NATO (im Folketing stimmten die Kommunisten und die Radikalen dagegen) und erhielt für den Aufbau einer Verteidigung nötige materielle Hilfe (4 Milliarden Kronen gegenüber den 1,7 Milliarden im Rahmen des Marshallplanes).

Auf Initiative Dänemarks begann im Jahre 1952 der Nordische Rat seine Tätigkeit. Das Gremium aus Ministern und Parlamentariern aller fünf nordischen Länder erreichte – obwohl es nur Empfehlungen zu geben vermag – manche Vereinheitlichung im Wirtschafts- und Sozialleben, so die freie Wahl des Arbeitsplatzes und den paßfreien Reiseverkehr innerhalb dieser Länder.

Nachdem eine nordische Wirtschaftsunion, vom dänischen Ministerpräsidenten angeregt, scheiterte, begann Dänemark 1970 über seinen Beitritt mit der EG zu verhandeln. Gegen den Beitritt kam es zu einer Massenbewegung (mit Protestaktionen, einem Netz von lokalen Komitees, der Gründung der Roten Hochschule in Svendborg ...) wie seit den Kriegsjahren nicht mehr; nach der Abstimmungsniederlage wurden die Aktionen weitergeführt. Die Mehrheit der Wahlbezirke Københavns hatte sich bei der Volksabstimmung 1972 gegen die EG ausgesprochen (Gefahr stärkerer Abhängigkeit von den großen EG-Ländern und von den multinationalen Konzernen), aber die vorwiegend ländlichen Gebiete entschieden.

In der Folge des 9. April 1940 gab Dänemark also seine etwa 150jährige Neutralitätspolitik auf.

Louisiana

158 Ein Bad im Museum, das konnte nur Wunschbild von Erik sein. Seit wir København nordwärts verließen, warb er für irgendein Gemäuer mit klangvollem Frauennamen: Es ist einmalig in Europa und liegt bei der Straße.

Solche Locksätze trafen auf taube Ohren. Heute war der erste sonnige Tag nach langer Feuchte und Kühle (vielleicht der letzte?). Wenn auch kleinstädtische Siedlungen und zwischendurch einzelne Villen, Appartementblöcke, ebenerdige Häuschen zeitweilig den Blick verstellten, Laubwälder und Felder Nordseelands lagen immer wieder in lang ausschwingenden Hügeln vor uns, luden ein zum Wandern. Und rechts von Strandvejen immer wieder Durchblicke auf den Øresund, heute silberblau, glatt. Wir sollten anhalten und baden.

Das sollten wir in Louisiana, meinte Erik und steuerte Humlebæk an.

Wir hielten an einem schmiedeeisernen Gartentor. Beiderseits frisch beschnittene Hecken. Dahinter ein weißes Haus, von Bäumen überragt, Erd- und Obergeschoß, klare Linien. Erik ging voraus über Wegplatten, vorbei an einer Plastik, die aus der Wand zu wachsen schien, öffnete die verglaste Haustür (kein Museumsportal), und schon standen wir im hellen Empfangsraum der Villa. Die Füße standen. Der Blick lief weiter durch die offene Terrassentür über Rasenwellen hin zum Øresund und in die Weite des Himmels. Rückkehrend hielt er an einer großen Skulptur auf dem Hochufer: eine Figur von Henry Moore, kraftvoll hingelagert und sich aufrichtend ins Offene. Hatte der Bildhauer diesen Platz selbst gewählt? Keine andere der einzeln stehenden oder gruppierten Plastiken auf dem Rasen wäre wohl diesem Anprall von Weite gewachsen gewesen, an anderer Stelle wiederum hätte sich Moores Arbeit zu wuchtig ausgenommen. Und schon hatte der Blick sich auf den Rhythmus des weitläufigen Geländes eingestellt, folgte nun am Rasenrand dem Linksbogen ineinander übergehender Klinkerbungalows bis her zum Seitenflügel der Villa und hing immer wieder und zuletzt an Bäumen. Einzeln stehend und in Gruppen und im Hintergrund dicht wie Wald. Alte Bäume. Sie überragten und gliederten alles.

Der Zusammenklang von gefundenen und geschaffenen Formen war wie Erinnerung an etwas Vergessenes.

Auf diesem Weg am Meer – der Freund wies auf das bewaldete Ufer rechts vom Øresund – radelte vor einem Vierteljahrhundert von København her ein Mann namens Knud W. Jensen. In der Jugend war er statt der Neigung zur Kunstgeschichte der Kaufmannstradition seiner Familie gefolgt. Nun war er zweiundvierzigjährig, vermögend und noch fähig zu Visionen. Er stieg vom Rad über den Zaun in diesen Sommersitz aus dem vorigen Jahrhundert. Der verwahrloste Park war jedenfalls groß genug, das Holzhaus frei von jener weihevollen Atmosphäre, die Besucher einschüchtern könnte. Und die Hauptstädter würden mit Auto oder Schnellbahn in weniger als einer Stunde hier sein können. Also kaufte Herr Jensen den Besitz, gab den Lebensmittelgroßhandel auf und machte sich mit den Architekten Jørgen Bo und Vilhelm Wohlert ans Werk. So entstand LOUISIANA (die drei Frauen des Villenbauers und Parkpflanzers hießen Louise): ein Museum für moderne Kunst. Es öffnete 1958. Entworfen war es als »Freistatt für ... dänische Kunst und Design in einem Rahmen neuzeitlicher dänischer Architektur ... Aber ... mit der steigenden Internationalisierung des Kunstlebens sah Louisiana es als seine Aufgabe, Ausstellungen der Kunst des 20. Jahrhunderts zu zeigen und gleichzeitig eine Sammlung von Werken, geschaffen nach 1950, aufzubauen ...« – ein Jensen-Text (in Stegreifübersetzung), der Fotos in einem Jubiläumsheft der »Louisiana-Revy« wohltuend sparsam und unpathetisch ergänzte.

Im Übergang von der Villa zum ersten Ausstellungstrakt (in jenem Linksbogen) stand an einer Tür: Velkommen til Børnemuseet (Willkommen im Kindermuseum). In diesem Mal- und Spielzimmer verschwanden zwei kleine Mädchen. Ihr Vater lief weiter vor uns her, stand mit uns vor großen

Text-Bild-Tafeln, auf die durch eine Glaswand im Rücken Taghelle fiel. Hier begann eine Ausstellung deutscher Expressionisten aus der Buchheim-Sammlung. Die Wandtafeln im Vorraum (eine Auswahl prägender sozialpolitischer Strömungen und Ereignisse in Wissenschaft, Technik, Literatur, Musik, Architektur u.a.) öffneten die Sinne für das Zeitklima, aus dem die Bilder entstanden waren. In diesen Räumen wurden jährlich zehn bis zwölf Wechselausstellungen gezeigt. Wer nach dem ersten Rundblick draußen hier nur einen kleinen Trakt vermutet hatte, war überrascht; was nämlich den Zusammenklang von Natur und Architektur gestört hätte, war unter die Erde gebaut, und so ging es treppab und treppab und treppauf durch Räume mit abgeblendetem Licht. Hier war man diesen Bildern unausweichlich ausgesetzt, Farben, Zeichen, Gebärden schrien einem gleichsam entgegen. Wie antwortete der dänische Hang zur Untertreibung darauf? Ich weiß es nicht. Es war Mittwochmorgen, nur der Vater jener kleinen Mädchen lief vor oder hinter uns, lief immer wieder weg von Heckel, Kirchner, Schmidt-Rottluff, Mueller, Dix, Beckmann hin zu Noldes Propheten, Mohnblumen, Arabern. Nolde war Nordschleswiger gewesen. War sein Blick auf Landschaft und Leute einem Dänen näher als dieses abgründige, dissonante Deutschland von 1905 bis zwischen den großen Kriegen? Auch ich, aus deutschem Boxring kommend, entzog mich schließlich der ununterbrochenen Herausforderung durch diese Bilder mit einem Blick nach draußen.

Inzwischen waren wir nämlich wieder oberhalb der Erde. Die Räume mündeten in einen Korridor, dessen gläserne Seite das Museum zum Park hin öffnete. Und unvermittelt stand man an der Glaswand dem Ausschnitt eines Baums gegenüber; kein Gemälde, sondern Teil jener mächtigen Buche draußen, die schon beim ersten Blick aus der Villa als der Baum der Bäume ins Auge gefallen war. Die Glaswand rahmte nur das aus dem sichtbar durchwurzelten Grund breit aufgewachsene Stammstück bis zu seinem Auseinanderstreben in die vielfache, strangartige Verzweigung: Urbild von Verwurzelung.

Und so veränderte jede Wendung des Gangs Ausblicke, Durchblicke, An-

blicke. Drei Figuren von Max Ernst schauten von einem Rasenstück vor Büschen herein. Zwischendurch ein Fernblick auf die Parkseite der Villa, das Obergeschoß mit luftigem Balkon ragte sehr weiß aus grünem Weingerank und Gebüsch. Hier drinnen aber noch Dix, »Der Selbstmörder«.
Auch das Programm in Louisianas Filmsaal ergänzte die zeitweilige Ausstellung der Expressionisten, heute abend mit »Der blaue Engel«, an Wochenenden, wo die meisten Besucher kamen (der Louisiana-Club hatte bereits zwanzigtausend Mitglieder), mit »Metropolis«, »Nosferatu«, »Das Testament des Dr. Mabuse« ... Der lebendige Dialog zwischen den Künsten war ein Grundprinzip Louisianas. Es äußerte sich von Mal zu Mal verschieden. Erik erzählte von einer Ausstellung alternativer Architektur draußen auf den Freiflächen. Und hier drinnen – davon erzählte er am längsten – hatten unter dem Motto »Den globale dialog« Werke Primitiver neben Werken von Picasso, Modigliani, Braque gestanden; ja, immer wieder würde man in diesem unmusealen Museum »Augenzeuge des Gesprächs« zwischen Pionieren und Klassikern der Moderne bis hin zu ausgewählten Zeugnissen von Kunst und Handwerk alter Zivilisationen. Überhaupt gäbe es nur wenige prägende Strömungen und hervorragende Einzelleistungen in der künstlerischen Deutung der Gegenwart, die Herr Jensen nicht hier zu zeigen und teilweise hier zu behalten versucht hätte – diesen Giacometti beispielsweise.
Eigens für diesen Bildhauer schien der hohe Raum mit Glaswand, in den der Korridor jetzt mündete, gebaut worden zu sein. Seine überlangen Figuren und Büsten standen wie fragile Schattenrisse vor durchlichtetem Grün, das draußen den kleinen Humlebæk-See umwucherte (es schien hereinzudrängen, ansteigend von Schilf und Gebüsch über Birken und Hängeweiden bis zu Erlen und wieder sehr hohen Buchen). Stand man hier drinnen zwischen den Sockeln der Figuren, wuchsen sie zu mehrfacher Menschengröße und zogen den Blick in einen Himmelsausschnitt draußen wie in einen blauen Trichter. Von der freihängenden Treppe seitlich des Raums aus gesehen, schienen die Skulpturen dagegen zu schrumpfen und sich auf die im Wasser gespiegelten Bäume zu legen. Im Kontrast zu dem

Grün und dem Rotbraun des Klinkerbodens und Erdbraun der Plastiken die große weiße Wand mit einer einzigen Bildkomposition von Sam Francis in Blau-Rot mit wenig Ocker und wenig Weiß. Hier begann also die ständige Ausstellung aus der Sammlung Louisianas, die auch ständig wuchs und zu weiterem Bauen geführt hatte.

162 Aus dem grünen Licht des Eckraums ging es fort in Räume mit Oberlicht. Dort konnte man in leichten Holz-Leder-Stühlen, deren zweckmäßige Schönheit schon im Filmsaal aufgefallen war, lange vor Werken dänischer Zeitgenossen sitzen. Intensive Farben, phantastische, großflächige Gebilde (ein Saal war Bildern der Künstler-Gruppe »Cobra« vorbehalten), auch Skulpturen, Objekte, Bilder zeitgenössischer westeuropäischer und amerikanischer Künstler ... Die Augen waren müde. Es geschah viel auf dem vergleichsweise kurzen Gang von der weißen Villa zu Raum zu Raum bis hierher in die Cafeteria, auf der Böschung am Sund. Vom Fensterplatz hier oben reichte der Blick bis hinüber zur flachen Küste Schwedens. Ruhte aus in der Weite von Wasser und Himmel.

Erst später – Erik hatte sich im Museumsjournal festgelesen – entdeckte ich den seitlich der Cafeteria abwärtsführenden Treppenraum (der Architekt hatte das Hochufer für Konferenz- und Seminarräume genutzt) und links daneben Caféhaustische knapp an der Brüstung, über die man in den Konzertsaal hinabsah. Der Orchesterplatz in der Außenecke lag am tiefsten. Von dort herauf kam diagonal durch den Raum ein Stufengang, der die im rechten Winkel aufeinandertreffenden, ansteigenden Reihen von Klappsitzen aus Spangeflecht trennte.

Die Parktür der Cafeteria stand offen. Man konnte unmittelbar davor auf dem Rasen sitzen, zwischen den scharfgezackten Metallskulpturen Calders, oder seitlich an den Tischen zwischen Gebüsch und Blumen. Man konnte auch auf der großen Wiese lagern wie der Vater mit einem der beiden Mädchen – das andere kletterte auf der großen Liegenden von Moore -, konnte dort seinen Picknick-Korb auspacken, konnte auch auf der anderen Parkseite in einem neuen Trakt noch mehr zeitgenössische Kunst besichtigen, Bücher ausleihen und vor dem Meer sitzen und lesen, den

Theatersaal ansehen, die audiovisuellen Räume, Ateliers oder mit Erik spazierengehen im Park und Wäldchen.
Man konnte aber auch mit mir die Stufen am Hang hinabsteigen zum Strand, in die träge heranschwappenden Wellen waten (der Wind kam von Land) und, noch Bilder auf dem inneren Lid, rücklings dahintreiben. Und es sich wohl sein lassen.

Schloßbesichtigung

164 Wir kamen aus einem Land, wo Schlösser längst nur noch Museen und auch mit Namen wie Kaiser Wilhelm II., also mit Militarismus und Krieg, verbunden waren. Nun erwies sich das demokratische Dänemark als Königreich. Von der Königin wußte ich zunächst nur, daß sie Margrethe II. hieß.

Während unseres ersten Besuches beim nördlichen Nachbarn flatterten in den Geschäftsstraßen Københavns mehr englische Fähnchen als Spatzen. Hunderte Male lasen wir auf Schaufenstern: Good – better – british. Der Besuch der englischen Königin stand bevor.

Schloß Christiansborg lag auf der Schloßinsel, dem historischen Kern der Hauptstadt, wo der Stadtgründer Bischof Absalon 1167 eine Burg und 1416 König Erich von Pommern seine Residenz errichten ließ und bald darauf København zur Hauptstadt erhoben wurde. Das letzte Schloß, Anfang unseres Jahrhunderts erbaut (frühere brannten ab), wirkte wuchtig und geschlossen. Wir betraten das erste Mal das Parkett eines Schlosses, auf dem eine regierende Monarchin zu gehen pflegte. Der schlanke Brite mit weißem Haar, karierten Hosen und einem knallroten Pullover schritt selbst wie eine kleine Majestät durch die Räume und ließ sich mit seiner Gemahlin vor dem dänischen Thron fotografieren. Da es im Moment keine Führung in deutsch gab, hatten wir uns der englischen Reisegruppe angeschlossen. Die Briten fragten nach der Sitzordnung beim Besuch ihrer Queen. Zu großen Festlichkeiten empfange die Königin fünfhundert Gäste, sagte der Führer in einem Saal und ging mit erhobenem Kinn. Vor dem bekannten Gemälde, das König Christian IX., den »Schwiegervater Europas«, mit seiner Familie zeigte, erklärte er, welche Prinzessin den englischen König und welche den Zaren heiratete, welcher Prinz König von Griechenland und welcher Enkel König von Norwegen wurde, mit wem der Hund auf dem Bild verheiratet gewesen sei, wüßte er allerdings nicht.

Die Briten lachten.

Gestern gaben die Königin und ich Audienz, hatte uns der Pförtner gesagt. Jeder Däne könnte sich anmelden, letztes Mal waren wir fünfunddreißig Personen, meinte er.

Was wünschten die Besucher? fragte G.

Sie brachten ihre Sorgen vor, beschwerten sich über zu hohe Steuern, erzählte der Pförtner.

Und?

Was soll die Königin machen? Trotzdem: klein und gebeugt treten sie ein, groß und stolz kommen sie heraus. Sie sind ja bei der Königin gewesen.

In ihrer Handbibliothek, einem großen Raum, standen über tausend Bände in Glasschränken. Die Besenkammer war offen und präsentierte die Bohnermaschine und die Feger. Das Schloß wurde uns sympathischer. Die Engländer übersahen diese Löcher im Märchenbuch.

Welche Bücher liest die Königin? fragte ich den Führer.

Der sah mich nachsichtig an und sprach von ihrer zweiten Existenz unter dem Namen Ingahild Grathmer. Unter diesem Pseudonym illustrierte sie u.a. Tolkiens Trilogie »Der Herr der Ringe« und »Geschichten über Regnar Lodbrog«. Auch die Illustrationen zur Nachdichtung des Bjarkemål, eines der ältesten dänischen Heldenlieder, stammten von ihr. Im Jahre 1981, erfuhr ich später, erschien eine Übersetzung von Simone de Beauvoirs »Alle Menschen sind sterblich« unter dem Namen H. M. Vejerbjerg. Dahinter verbargen sich die Königin und ihr aus Frankreich stammender Gemahl Prinz Henrik. Es hieß, Margrethe II. gehöre zu den am besten ausgebildeten Staatsoberhäuptern der Erde.

Auf dem Rückweg durch die Räume im Schloß Christiansborg schien selbst im Thronsaal keine Pracht zur Schau gestellt und zu Verbeugungen zu nötigen. In diesem Schloß befanden sich nicht nur die Repräsentationsräume der Königin und des Regierungschefs, sondern auch das Folketing

(Parlament), der Oberste Gerichtshof und das Außenministerium. Die praktischen Dänen sparten Platz und Geld.

Neben dem Schloß Christiansborg stand ein dunkler Bau mit Säulen. Zunächst hielten uns die Statuen vom Besuch des Museums ab. Später blickte uns durch die geöffneten Türen Schiller entgegen. Der Eintritt war frei. Keinem anderen Dänen war ein Museum auf der Schloßinsel erbaut worden; daran kamen wir nicht vorbei. Ein bißchen unheimlich, sagte G., als wir in den tempelartigen Bau traten. In der Eingangshalle auch Kopernikus und Poniatowski monumental. Plastiken nach der antiken Mythologie und christlichen Tradition ungewohnt vollkommen. Auch Byron blickte sehr edel. Bertel Thorvaldsen, 1770 in København geboren, galt nicht nur als der »Dänische Phidias«, sondern als einflußreichster klassizistischer Bildhauer seiner Epoche. Fast alle modernen, auch dänischen, Künstler nehmen ihn kaum zur Kenntnis. Mich beeindruckten individualisierte Porträts seiner Zeitgenossen wie die Büste der Fürstin Barjatinskij. Deutsche Künstler und Kunstwissenschaftler verhalfen Thorvaldsen mit zu Weltruhm. »Thorvaldsen ist als Künstler ein Gott geworden«, schrieb Caroline von Humboldt. Zeichen seiner Bedeutung war auch ein Ausspruch des bayrischen Kronprinzen und späteren Königs Ludwig I., der mit dem Dänen befreundet war: »Es gibt nur einen Thorvaldsen – Könige gibt es viele.« Thorvaldsens Plastik entsprach dem Streben vieler deutscher Denker und Künstler nach dem Allgemeinen und Abstrakten; seine Idealisierung verkörperte auch ein Gefühl von Herrschaft und Autorität.

Nachdem er vierzig Jahre in Rom gearbeitet hatte, gelang es, Thorvaldsen 1838 zur Heimkehr zu überreden. Der König schickte ein Kriegsschiff, um ihn sicher mit seinen Sammlungen heimzuführen. Sein Empfang in der Hauptstadt wurde ein Nationalfest. København huldigte ihm. Schon zu seinen Lebzeiten begann der Bau seines Museums, in dessen Hof er bestattet wurde. Er starb am 24. März 1844 plötzlich auf seinem Platz im Königlichen Theater. H.C. Andersen beschrieb den Trauerzug: »Alle Fenster, Mauern, Bäume und viele Dächer waren von Menschen erfüllt. Seht, an allen Fenstern Frauen in Trauerkleidung! Blumen fliegen herab, große

Sträuße fallen auf den Sarg, alle Kirchenglocken läuten. Ein Festzug ist es – das Volk gibt dem König der Künstler das Geleite.«

Schloß Amalienborg, die Winterresidenz der Königin, lag auch dicht am Meer. Auf dem achteckigen Platz, um den die Gebäude standen, und auf den Straßen zu ihm behinderten weder Mauern noch Kontrollen den Stadtverkehr. Nur die Wachen mit den Bärenfellmützen marschierten auf der vorgegebenen Spur an den Fassaden entlang, klappten die Hacken zusammen, verharrten einen Moment und nahmen ihren endlosen Pendelgang wieder auf. Während die beiden Wachen vor Schloß Rosenborg, einige Straßenzüge stadteinwärts, das Gewehr präsentierten und Augenblicke zum Denkmal erstarrten, schielten sie angestrengt zur Seite und beobachteten mich. Aber ich plante keinen Einbruch in die Schatzkammer, sondern notierte: Ohne in Rosenborg gewesen zu sein, kann man die dänische Kultur kaum verstehen. Der kleine, unter Christian IV. errichtete Renaissancebau wirkte behaglich. Die Wände der nicht zu großen Räume der unteren Etagen waren mit Holz getäfelt, mit Gobelins behangen und mit Stoff bespannt, Stein war mosaikartig durchsetzt. Auch in der prächtigen Einrichtung herrschten Braun- und Gelbtöne vor. Blau und grün fehlten nahezu. Ich fühlte mich so heimisch, daß ich sofort an einem der Sekretäre hätte schreiben können.

Ich fand in Dänemark kaum Gegner der Monarchie. Bei uns gab es keine Bestechungsaffären wie bei zahlreichen Präsidenten und Politikern der Welt, unsere Könige sind Staatsoberhäupter in einer soliden und beständigen Tradition, hörten wir oft.

Meinungsforschungsinstitute bestätigten: wenn es dazu käme, daß die Dänen einen Präsidenten wählen müßten, so würde die Königin, falls sie kandidierte, mit überwältigender Mehrheit gewählt werden und Stimmen aus allen Bevölkerungsschichten bekommen.

Die verfassungsmäßige Macht liegt beim Folketing. Die Funktionen der Königin beschränken sich auf Repräsentationspflichten. Sie hat kein Wahlrecht, darf keiner Partei angehören, ihre Person ist unantastbar. Sie hält sich aus allen parteipolitischen Entscheidungen heraus.

In möglichen Krisensituationen kann die Königin besondere Rechte wahrnehmen. »In besonders dringenden Fällen kann der König, falls ein Zusammentreten des Folketings unmöglich ist, vorläufige Gesetze erlassen, die jedoch nicht gegen die Verfassung verstoßen dürfen und die stets sofort nach Zusammentreten des Folketings diesem zur Annahme oder Ablehnung vorgelegt werden müssen.« (§ 23 der Verfassung. In : Dänemark, ein offizielles Handbuch, S. 116) Ob die Königin in einer derartigen Situation tatsächlich von diesem Recht Gebrauch machen würde, ist ungewiß.

Christian X., ihr Großvater, wurde während der deutschen Besetzung zu einem Symbol für das Weiterbestehen des Landes. Bis zu seinem Sturz vom Pferde 1941 ritt er täglich in Generalsuniform, ohne Adjutanten, durch die Hauptstadt. Anläßlich seines siebzigsten Geburtstages im September 1940 drängten sich so viele Menschen in den Straßen Københavns wie nie vorher und nie wieder nachher. Und als die Juden einen Judenstern tragen mußten, soll er gesagt haben: »Da lasse ich mir auch einen aufnähen.«

Nach volkstümlichen dänischen Königen befragt, nannte auch Birte sofort Frederik IX., den Vater Margrethes II.; er hatte in Kneipen mit Leuten von der Straße geredet und gezecht, ein Foto seiner tätowierten Brust soll noch lange im Schaufenster eines Tätowierers von Nyhavn gehangen haben. Er reitet (als Denkmal) nicht in Schloßnähe, sondern steht fast zu ebener Erde am Beginn der Langelinie, ein älterer freundlicher Mann ohne äußere Zeichen von Macht und Würde.

Liebe Katarina,
ein zweites CHRISTIANIA soll es nirgendwo in Europa geben. Es sei Symbol für »dänisches Demokratiegedusel«, hörte ich mehrmals sagen (von Deutschen aus beiden Staaten). Um Dir nichts vorzuenthalten, nimm erst einmal vorlieb mit einigen Zitaten zur Geschichte dieses Experiments:

»... Freistätte Christiania: früher Kaserne an der Bådmandsstræde in Christianshavn. Nach der Räumung durch das Verteidigungsministerium 1971 bewohnt von eindringenden Wohnungslosen ...« (Gyldendals Leksikon, København 1976)

»... 1969 zog das Militär aus und hinterließ einhundertfünfzig leerstehende Gebäude ... Das Gelände wurde von wenigen Wachmännern bewacht, die nicht verhindern konnten, daß Penner, Hippies, Handwerker, Jungens das Gebiet durchstöberten. Einige, um Metall und andere hinterlassene Werte mitzunehmen.

Zu diesem Zeitpunkt machten die dänischen Hippies ihre eigene Zeitung ... in einer Auflage von zwölftausend Exemplaren. Eines Tages ging der Redakteur mit einer kleinen Gruppe von Freunden in das abgesperrte Gebiet ... In der nächsten Nummer des Blattes stand auf der ersten Seite, daß Zivilisten die verbotene Stadt des Militärs erobert hätten. Das war das Startsignal für eine Hippie-Invasion in Christiania. Gefördert wurde sie durch ein großangelegtes Sommerlager an der dänischen Westküste im selben Jahr, wo Blumenkinder, Hippies und Freaks aus ganz Dänemark das freie Leben in den Dünen genossen hatten. Jetzt wollten sie in die Großstadt, und viele von ihnen wußten nicht, wo sie wohnen sollten ...« (Gralle, Wiborg, ANDERS REISEN, Kopenhagen; deutsch bei Rowohlt 1981)

»... 1973 garantierte die sozialdemokratische Regierung den Bewohnern von Christiania die Verwendung des Geländes für drei Jahre ...« (Gyldendals Leksikon, København 1976)

Die neuen Bewohner erklärten das staatseigene Gelände zum Freistaat. Er sollte geräumt werden. Aller paar Jahre. Notfalls mit Gewalt. Statt zwangsgeräumt wurde öffentlich für und wider Christiania diskutiert. Bis heute.
Auszüge aus einem Rapport von Københavns Generalplanchef K. Lemberg: ». . . Christianias Einwohner, die ›Christianitter‹, bestehen nicht aus einer gleichgearteten oder permanenten Gruppe. Ende 1971 wohnten bereits 400 bis 500 Personen in Christiania. Während der folgenden Jahre wechselte die Anzahl der Einwohner von etwa 700 Personen oder weniger im Winter bis zu etwa 1 500 im Sommer, wo eine Anzahl Ausländer sich für eine kürzere Zeit in Christiania niederließ, teilweise in primitiven Unterkünften.

Der größte Teil der Christianitter waren oder sind junge Menschen, die zur Mehrzahl einer Gruppe angehören, die entweder nicht willens oder fähig sind, sich den normalen Anforderungen, welche die Gesellschaft stellt, anzupassen, und für welche Christiania eine Zufluchtsstätte wurde, wo sie akzeptiert werden und in einer Gesellschaft außerhalb eines institutionalisierten Rahmens aktiv sein können. Unter diesen Leuten gibt es eine wechselnde Anzahl . . . ›sozialer Verlierer‹, die sonst in einer slumartigen Umgebung in København oder in sozialen Institutionen, Gefängnissen usw. leben. Einige wenige sind Drogenabhängige, Schieber, Kriminelle oder entlaufene Kinder. Die meisten Christianitter gehen jedoch gewöhnlich einer Beschäftigung außerhalb von Christiania nach, oder es sind Studierende oder Personen, die allgemeine öffentliche Unterstützung genießen. Etwa ein Drittel hat bezahlte Arbeit innerhalb von Christiania; in Werkstätten, in kleinen Verkaufsgeschäften oder Wirtshäusern (die teilweise die obligatorische Mehrwertsteuer nicht entrichten, auch wenn die meisten es seit 1974 tun), oder sie machen Aufräumungsarbeiten und Kehrichtabfuhr, treten in Theater- oder Musikaufführungen auf.

Eine sehr aktive Gruppe mit dem Namen Solvognen (Sonnenwagen) hat Demonstrationen, Vorstellungen und Straßenhappenings in København durchgeführt und 20000 Kronen als Unterstützung vom staatlichen Kulturfonds erhalten – gegen den Protest des Ministers. Ein großer Teil der

Christianitter ist nicht wegen einer hoffnungslosen sozialen oder persönlichen Situation ins Gelände gezogen, sondern weil er eine alternative Lebensform nach seinen eigenen Vorstellungen zu verwirklichen sucht. An der Stelle des offiziellen sozialen Systems von Institutionen, Regeln, Ordnung und Kontrolle wünschen die Christianitter eine persönliche Gemeinschaft, gegründet auf die Anerkennung aller, ohne nach dem Vorleben zu fragen, auf Nichteinmischung, auf bescheidenen Wohnstandard und kleinen materiellen Verbrauch, auf Wiederverwendung von Materialien und biodynamische Nahrungsmittel usw. Autofahren auf dem Gelände ist nicht erlaubt. Einige Christianitter besitzen Tiere, besonders Hunde, jedoch auch einige Ziegen, Pferde und Hühner usw. Ein Teil der ›Christiania-Philosophie‹ ist das Null-Wachstum, niederer materieller Standard und eine Lebensform in Übereinstimmung mit ökologischen Gesichtspunkten ...

Grundlegend in Christiania ist das Prinzip der Selbstbestimmung und Selbstverwirklichung nach eigenen Bedingungen. Deshalb haben die Repräsentanten für Christiania bei den Verhandlungen mit dem Staat und der Gemeinde nie Vollmacht von den Christianittern oder Autorität über sie gehabt. Die interne Organisation von Christiania, die durch diese Verhandlungen notwendig geworden ist, basierte ursprünglich auf ›Gemeinschaftssitzungen‹, die (im Prinzip) aus allen Einwohnern bestanden. Sie trafen Beschlüsse nach einem Einigkeitsprinzip. Später wurde die Organisation zu dreizehn ›Gebietssitzungen‹ dezentralisiert, die den verschiedenen Teilen des Wohngeländes entsprachen – wobei einige Gruppen sehr aktiv, andere mehr oder weniger passiv waren ...«

1976, im Jahre des zitierten Rapports, soll eine dänische Durchschnittsfamilie vorübergehend in Christiania gewohnt und danach im Fernsehen berichtet haben; ihr waren die äußeren Lebensbedingungen auf Dauer zu primitiv, aber vergleichbare Wärme und Demokratie im Zusammenleben hätte sie nirgendwo sonst erfahren. In der großen öffentlichen Debatte für und wider Zwangsräumung soll der damalige Ministerpräsident Jørgensen – er lebte in einer gewöhnlichen Siedlung unter gewöhnlichen Nachbarn und war für jedermann telefonisch erreichbar – gesagt haben: »Ich muß zugeben ..., ich habe lieber ein eigenes Haus mit eigenem Garten. Aber es geht bei unserer Entscheidung nicht etwa darum, was mir gefällt, sondern ich muß akzeptieren, wenn andere Menschen eine andere Vorstellung davon haben, welche Lebensform gut und richtig sei.«

172 Schließlich klagten die Christianitter beim Landgericht. Es sollte Christiania für legal erklären, wies aber die Klage ab. Gegen Zwangsräumung konnte also juristisch nichts eingewandt werden. Und in dieser zentralen Lage ist Baugrund teuer. Dennoch pochte der Staat bis jetzt nicht auf sein Recht. Manche sagen, dies geschehe aus Kalkül, denn Zwangsräumung würde eine Menge Leute auf die Beine bringen. Mit der Zeit würde Christiania von selbst sterben; Bewohner aus der Gründerzeit zögen aus, weil das Gleichgewicht sich immer mehr zugunsten von Leuten verlagere, die vom härter gewordenen Leben draußen ausgespuckt werden und Grundregeln in Christiania nicht respektieren, beispielsweise das Verbot von Gewalt, Prostitution und harten Drogen. Die private Drogenpolizei in Christiania würde dessen nicht mehr Herr, denn auch draußen, insbesondere in Vesterbro und Nørrebro, wachse Handel und Abhängigkeit von harten Drogen.

Dies alles kann ich nur berichten, nicht beurteilen. Hätte ich die Dauer meines Aufenthaltes selbst bestimmen können, wäre ich freilich zeitweilige Einwohnerin Christianias geworden – schon aus Neugier auf diese Art Alltag und auf meine Unfähigkeit oder Fähigkeit dazu. Mehr als einen touristischen Blick kann ich Dir also heute nicht bieten (allerdings wurde diese Radlerin mit Wetterumhang wenigstens nicht als Touristin erkannt).

Es regnete wieder mal, jener zähe, feine Regen, der Farben verschleiert und Linien verwischt. Der Weg nach Christiania ist nämlich bei klarem Wetter eine Spazierfahrt für die Augen; man fährt an der roten Börse vorbei über die Knippelsbro, im Kanal spiegeln sich die schönen Patrizierhäuser vom Ufer gegenüber, dort findet man noch alte Speicher mit Lastenwinden im Giebel und große Innenhöfe, in denen an Sommerabenden Leute um Gartentische sitzen, und ein paar Reihen bunter Fischerhäuschen, holländische Baumeister sollen in dieser Gegend am Werke gewesen sein. Heute sah ich von alledem nichts – außer dem goldgrünen Turm der Erlöserkirche, diesem grazilen Exoten (der Architekt soll zwischen beiden Bauphasen des Turms in Italien gewesen sein). Oder beschwor ich das Bild nur? Dahinter beginnt nämlich Christiania. Vor Dir kann ich zugeben: am Eingang habe ich immer ein wenig Angst. Es muß diese unbewußte Furcht vor Unberechenbarem sein, denn es gibt keinen Grund dafür: noch bei keinem Besuch in Christiania wurde ich in irgendeiner Weise bedroht (nur ein Film wurde uns einmal aus dem Apparat genommen). Auch nicht von den Drogen-Pushern am Eingang. Sie stehen dort breitbeinig, eine Hand in der offenen Lederjacke, und raunen oder rufen dir ihre Angebote zu. Ich fuhr um sie herum und diagonal über den ehemaligen Exerzierplatz. Er wirkte größer als in der Erinnerung. Verödet. Zwischen vielen schwelenden Unrathäufchen harkte ein einzelner Mann in Anorak und Hut. Keine Stände mit selbstgefertigtem Schmuck, keine Würstchenbude, kein Herumstehen am Eingangscafé rechts hinter dem Giebel mit phantastischem Blumenbaum, der Ankömmlingen sofort ins Auge fällt. Auch die ehemalige Kaserne links, mehrstöckig und sehr lang, aus der beim letzten Besuch Gelärme von einem Flohmarkt gedrungen war, sah menschenverlassen aus. Am unteren Ende des Platzes, wo er rechts in die Straße mündet, wärmten drei junge Männer die Hände über Feuer in einer Tonne. Hier standen hohe Kasernengiebel kleinen Gebäuden gegenüber, Läden und Gemeinschaftseinrichtungen. Und hier hatte das letzte Mal eine Art Spießrutenlaufen begonnen. Überall hatten Bekifte gehockt, Betrunkene gestanden, Händler aufdringliche Angebote gemacht und Unmengen streunender Hunde den Weg gekreuzt. Heute sah ich nur die Hunde und ein Mädchen in Pelzflickenweste. Sie kam mit einer dampfenden Blechschüssel aus einer jener Kasernen, deren Fenster teilweise mit Sperrholz winterfest gemacht worden waren, und rief etwa zwölf Namen. Die ungerufenen Vierbeiner wurden vertrieben und sahen den Fressenden gierig zu, mindestens dreißig Hunde von Dackel- bis Kälbergröße. Sie interessierten sich vor allem für Futter und füreinander, mich beschnupperten sie nicht einmal. Und so gewöhnte ich mich an ihren Anblick und ihre Begleitung bis zu dem barackenartigen Café links, in dessen Nähe sie vor allem herumlungerten. Hinter den Scheiben sah ich Kerzenlicht und die Umrisse vieler Gesichter, schwebend in einer Qualmwolke; Marihuana und Haschisch oder übliche Zigaretten. Ich ging auf die Tür des Cafés zu, hatte die Klinke schon in der Hand – ich konnte doch nicht in irgendein Haus gehen und fragen: Wie leben Sie hier? Wie würdest Du reagieren, fragte Dich das ein zufälliger Passant zu Hause? Und sie waren ja hier zu Hause, nicht auf einer Bühne oder im Zoo –, ich wollte also die Tür zu diesem Ort für Begegnungen und Gespräche öffnen, als zwei Männer herausstolperten. Ihr glasiger Blick blieb an meinem Fahrrad hängen. Sie begannen auf mich einzureden, während die Finger über den blauen Lack tasteten, und schienen nicht wahrzunehmen oder nicht zu glauben, daß ich weder zum Verkauf noch zum Tausch bereit war. Ein Dritter kam aus dem Café. Im Dunkel hinter der offenen Tür schien plötzlich Bedrohliches zu lauern, unverständliche Geräusche drangen heraus, auch Gekreisch. Und während die drei mein geliehenes Fahrrad umkreisten, fragte ich mich zum ersten Mal, welche Chance man auf einem Ex-Territorium beispielsweise gegenüber Gewaltanwendung hatte, schließlich sollten hier nicht nur besänftigende Drogen gehandelt werden – Du weißt, in solchen Situationen findet man Gründe, die man braucht. Jedenfalls stieg ich auf das Rad und fuhr los. Die Flucht war lächerlich. Niemand hinderte mich oder folgte mir. Wenigstens war ich besonnen genug, nicht zurückzuradeln zum Ausgang, sondern weiter, ins mir unbekannte Christiania. Da war es nämlich still wie auf einer Dorfstraße. Zwei Reiter unterhielten sich miteinander. Später begegnete ich einem Jungen mit dreirädrigem Handwagen. Und natürlich Hunden und Katzen. In einer Halle – ich sah es durch die großen Fenster – wurden Fahrräder in abenteuerlichen Kombinationen gebaut: mit Beiwagen, vorgesetzter Lastfläche, mehrsitzig. Zwei Frauen mit Handtüchern über der Schulter kamen aus einem kleinen flachen Haus, das zur Straße keine Fenster hatte. Dann ein paar Behausungen auf Rädern, ausrangierten Zirkuswagen ähnlich, und ein Bus auf gemauertem Untersatz. Die Schornsteine auf den Wagen-

dächern waren mit watteartigem Material umwickelt. Gärtchen rechts und links, hölzerne Außentreppen, eine bis zum Oberstock eines Hauses, das aus Autobussen montiert zu sein schien. Weniger herumliegender Unrat als früher. Manchmal aufgerissene Wände, Verfall. Im Fenster einer weißen, massiven Baracke hingen am Docht gebündelte Kerzen zum Verkauf. Hinter der Tür wollte ich mich beim Kaufen unaufdringlich umschauen
und zu schwatzen beginnen, aber die Tür war zu. Anwohner kannten wohl die Verkaufszeiten.

Der Landstreifen zwischen dem mit Bäumen und Büschen bestandenen Wall, ehemalige Befestigungsanlage, und der Chaussee draußen wurde immer schmaler. In einem umzäunten Bauernhof stand ein Schimmel unter einer Dachplane. Im vorderen Teil des Ziegelbaus schien man zu wohnen, auch dort brannten Kerzen an diesem trüben Nachmittag, die Blumenkästen vor den Fenstern waren leer. Auf einem abgetrennten Platz trieb ein Mädchen mit Peitsche zwei Pferde im Kreis, im Hintergrund der offene Stall. Übst du für den Zirkus? fragte ich das Mädchen. Sie schaute kurz in meine Richtung und wieder auf die Pferde, ein schwarzes und ein weißes. Ich sah sie noch im Regen kreisen, als ich am Ende von Christiania, an einem Verschlag mit Latrinen vorbei, angekommen war. Das Vorhängeschloß hing offen in der Zauntür. Wahrscheinlich wurde hier nachts abgeschlossen. Ich radelte aber nicht auf dem Asphalt jenseits des Zauns zurück, sondern auf dem schmalen Wallweg. Durch das laublose Geäst sah ich links die Wasser des Stadtgrabens und ahnte rechts, über grauen Dächelchen und Dächern, jenen goldgrünen Exoten, dessen Anblick Sehnsucht nach Aufbruch weckt.

Immerhin ist Christiania nun schon fünfzehnjährig. Vor Jahren, als das Wider stärker zu werden drohte als das Für, meldete sich ein dänischer Bischof öffentlich zu Wort. Mit einem Auszug aus dieser Erklärung möchte ich für heute grüßen: »Ich schreibe über etwas, von dem ich nicht recht viel verstehe, aber über das ich einmal werde Rechenschaft ablegen müssen. Wenn man ... die Freistätte Christiania schließen wird, und man einige Jahre später erkennt, daß dies ein kurzsichtiger und unheilvoller Beschluß

war, wird gefragt werden: Warum sagtest du nichts? ... Wolltest du nicht den Mund öffnen und eine Verantwortung übernehmen?
Dies war es, was wir alle Deutschen nach dem Zusammenbruch des Nationalsozialismus fragten: Wußtet ihr nicht, was da vorging? Und wenn sie schwiegen oder eine zögernde Antwort gaben, waren wir nicht im Zweifel,
176 wie wir sie zu beurteilen hatten ...
Wenn Christiania geschlossen wird, werden mich meine Enkelkinder einmal fragen: Kannst du dich daran erinnern ... Was tatest du damals? Dann will ich gerne antworten können: Ich sprach dagegen.«
Seitdem sah ich Christiania nicht wieder, liebe Katarina. Daß es nicht mehr zwangsgeräumt wird, erscheint mir sicher.
Aber als was wird es überleben, wenn es überlebt? Als Fleck auf der Weste? Als Alibi? Als besonderes Markenzeichen? Als Ghetto? Als Erinnerung? Als Sehnsucht?
Kann etwas, das einmal da war, gänzlich spurenlos verschwinden?

G.

Park des Kunstmuseums Louisiana

Blick vom Louisiana-Park auf den Øresund

Skulptur
von
Giacometti
in Louisiana

In København

Denkmal des Märchendichters Hans Christian Andersen auf dem Rathausplatz in København

Nyhavn

Am 13. Dezember 1791 schrieb Schiller an Körner:
»... erhalte ich Briefe aus Kopenhagen vom Prinzen von Augustenburg und vom Grafen von Schimmelmann, die mir auf drei Jahre jährlich tausend Taler zum Geschenk anbieten, mit völliger Freiheit, zu bleiben, wo ich bin, bloß um mich von meiner Krankheit völlig zu erholen ... Ich habe die nahe Aussicht, mich ganz zu arrangieren, meine Schulden zu tilgen und unabhängig von Nahrungssorgen ganz den Entwürfen meines Geistes zu leben.«

Die Einladung nach København hätte Schiller gern angenommen. Aber er war noch nicht genesen, und Verpflichtungen an der Universität und gegenüber dem Herzog von Weimar hielten ihn fest.

Während der Napoleonischen Kriege an die Seite Frankreichs geraten, erlitt Dänemark im Jahre 1813 Staatsbankrott. Neue Reformen nach der französischen Revolution blieben aus. »In dem absolutistischen, auf dem Wiener Kongreß wiederhergestellten Europa war Dänemark ein Musterland ...« (Dänische Themen, Die Geschichte Dänemarks, Kopenhagen 1984, S. 4). Frederik VI. (er regierte 1808 bis 1839) wurde »nach und nach zum Symbol der eingefleischten Reaktion, dem Grundsatz huldigend: wir allein wissen« (Offizielles Handbuch, S. 78). Trotz oder gerade wegen dieser Zustände kam es zu einer geistigen Erneuerung: man spricht vom »Goldenen Zeitalter«. Damit verbinden sich Namen wie Andersen, Kierkegaard, Thorvaldsen, Grundtvig. Die Dänen besannen sich auf ihre Geschichte, Sprache, Volksdichtung, die nordische Mythologie und anderes, was ihren Nationalcharakter geprägt hatte.

Wie oft mag Kierkegaard, auf den Tag genau fünf Jahre älter als Marx, auf dem Strøget in sokratischer Art Hegels System angegriffen haben? Früher hätte ich entgegnet: Wie konnte einer, der jegliches philosophisches System radikal ablehnte, überhaupt ein Philosoph sein! Noch dazu einer, der hinter ausgefallenen Pseudonymen seine Ironie von sich gab! Vielleicht mehr ein Dichter und Essayist? Er wollte den gesellschaftlich wohlgebetteten Menschen aus seinen Sicherungen brechen und auf seine individuelle

Existenz zurückwerfen, die Masse in einzelne zerschlagen. Das Höchste und Ewige könne nur subjektiv gewählt werden. Wahrheitskriterium sei subjektiver Glaube. Obwohl ich nur kurze Zeit in Dänemark lebte, begann ich danach Kierkegaard besser zu verstehen.

Auch seine Biographie prägte den Vater der späteren Existenzphiloso-
180 phie. Die Dänen nahmen damals den Glauben ernst; Kierkegaard rang um ihn. Sein Vater hatte als Hütejunge in der jütländischen Heide Gott verflucht. Diese Sünde ließ ihn später nicht mehr los; die Strafe Gottes laste als Fluch auf der Familie, meinte der Sohn. Kierkegaard faßte sein Leben auf als Kampf um die Möglichkeit der Vergebung. Die Welt war für ihn brüchig, der Mensch voller Angst und Verzweiflung. Kierkegaard beeinflußte maßgeblich das philosophische Denken des 20. Jahrhunderts.

Er ging die paar Schritte von dem länglichen Fachwerkhaus durch die Gartenpforte bis zum Bootssteg unzählige Male und blickte auf das andere Ufer. Aber da lag nicht Deutschland.

»Geflüchtet unter das dänische Strohdach, Freunde
Verfolg ich euren Kampf. Hier schick ich euch
Wie hin und wieder schon, die Verse, aufgescheucht
Durch blutige Gesichte über Sund und Laubwerk ...«,

begann er seine »Svendborger Gedichte«.

Brecht war am 20. Juni 1933 nach Dänemark emigriert, eingeladen von der dänischen Schriftstellerin Karin Michaelis. Er lebte ein halbes Jahr mit seiner Familie bei ihr zu Gast, auf der Insel Thurø, südöstlich von Svendborg. Im Sommer desselben Jahres nahm Karin Michaelis auch den emigrierten Dichter Hans Henny Jahnn auf, der von 1934 bis 1945 im dänischen Exil auf Bornholm lebte, und zahlreiche andere, auch jüdische, Intellektuelle (1937 befanden sich 1512 Flüchtlinge aus Deutschland in Dänemark).

Brecht litt damals keine materielle Not und kaufte das Bauernhaus, vor dem wir jetzt standen, Ende 1933 für 7000 Kronen; das Manuskript des »Dreigroschenromans« brachte ihm fast diese Summe ein.

Das strohgedeckte Haus, das Brecht bis 1939 bewohnte, lag zwischen Bäumen direkt am Svendborgsund im Süden der Insel Fünen, einige Kilometer südwestlich der Stadt Svendborg.

Ein Nachbar beobachtete uns, trat an den Zaun, erzählte. Der heute weißhaarige Herr war als Kind häufig bei Brechts zu Gast gewesen, erinnerte sich an Pilzgerichte. Die Kinder Barbara und Stefan sprachen gut Dänisch und waren oft bei ihm zu Hause. Helene sprach etwas Dänisch; Brecht überhaupt nicht, lehnte es geradezu ab. Dänisch sei Zungenbrecherei, eine Rachenkrankheit. Er wolle sich sein Deutsch nicht verderben. War die Angst, die verwandte Sprache könne sein Werkzeug, die deutsche, beeinträchtigen, gerechtfertigt? (Auch ich notierte schon mehrfach Plads statt Platz.) Weiskopf nannte nur ein einziges Beispiel dieses Einflusses: statt Panzerauto schrieb Brecht in einem Gedicht Panzerbil (Auto heißt dänisch bil).

Von seinem fünischen Strohdach waren es nur einige Dutzend Kilometer über die Ostsee bis Kiel oder Flensburg. Brecht hatte zunächst auf einen kurzen Aufenthalt gehofft.

»... Unruhig sitzen wir so, möglichst nahe den Grenzen
Wartend des Tages der Rückkehr, jede kleinste Veränderung
Jenseits der Grenze beobachtend, jeden Ankömmling
Eifrig befragend, nicht vergessend und nichts aufgebend ...«
(Aus: Über die Bezeichnung Emigranten.)

Wenn Brecht bei seinen Spaziergängen Dänen begegnete, zog er seine Schirmmütze tief in die Stirn und ging vorbei.

Im Winter pfiff hier scharfer Wind. Brecht war kälteempfindlich, also wurden die Öfen geheizt, daß die Deckenbalken auseinanderklafften. Im ehemaligen Stall wurde das Arbeitszimmer eingerichtet. Am Deckenbalken hing das Zitat: »Die Wahrheit ist konkret.« (berichtet H. Engberg in »Brecht auf Fünen«).

Der Stadtmensch Brecht fühlte sich hier abgeschieden. Im Haus mit dem Strohdach erlebte er eine der produktivsten Phasen seines Lebens. Zu seinen dänischen Freunden gehörte neben Karin Michaelis und Hans

Scherfig die Schauspielerin Ruth Berlau. Von den dänischen Autoren der Vergangenheit mochte Brecht Jens Peter Jacobsen, seinen Roman »Niels Lyhne«.

Der Emigrant war bei seiner Ankunft durch die »Dreigroschenoper« nicht unbekannt gewesen. Während seines Exils konnten seine Stücke in Dänemark kaum aufgeführt werden. Die intime Bühne »Riddersalen« brachte am 4. November 1936 »Die Rundköpfe und die Spitzköpfe« als Uraufführung. Mit dem Zensor war zäh verhandelt worden um Worte wie »Rassenschänder« und »Mißhandlung von Andersdenkenden«, die mit Rücksicht auf Nazideutschland nicht geduldet werden sollten. Die Worte blieben stehen. Brecht hatte in København an der Probenarbeit teilgenommen. Nach der Premiere hetzten große bürgerliche Zeitungen gegen ihn und den dänischen Regisseur. Der Dichter wurde als Kommunist und Jude beschimpft. Nach der Aufführung »Die sieben Todsünden« fragte die »Nationaltidene«, ob das Königliche Theater ein bolschewistisches Versuchstheater geworden sei. Beide Stücke wurden abgesetzt. Der Druck des starken Nachbarn im Süden auf das noch unabhängige Dänemark war beträchtlich. Die Forderung der dänischen Nationalsozialisten, Brecht an Deutschland auszuliefern, lehnte die dänische Regierung ab.

Unter der Regie von Ruth Berlau führte ein dänisches Arbeitertheater »Die Gewehre der Frau Carrar« das erste Mal am 19. Dezember 1937 zu einer Sonnenwendfeier vor deutschen Emigranten auf. Brecht unterstützte die Inszenierung durch schriftliche Hinweise wie das Gedicht »Rede an die dänischen Arbeiterschauspieler über die Kunst der Beobachtung«. Helene Weigel beteiligte sich rege an der Probenarbeit und spielte in einer Aufführung desselben Stücks mit Emigrantenschauspielern im folgenden Jahr die Hauptrolle.

In Dänemark schärfte sich Brechts Auffassung vom Krieg als »Fortsetzung der Geschäfte mit anderen Mitteln«: In den »Flüchtlingsgespräche« Kap. XI. (»Dänemark oder Der Humor/Über die Hegelsche Dialektik«) spottete er über den dänischen Humor: »Besonders stark hat sich ihr Humor im ersten Weltkrieg entwickelt. Sie sind neutral geblieben und haben gut verkauft. Alles, was so weit geschwommen ist wie bis nach England, haben sie dorthin als Schiff verkauft, d.h. sie habens nicht eigentlich als Schiff, sondern nur als Schiffsraum bezeichnet, was besser gestimmt hat. Dadurch haben sies zu einem großen nationalen Wohlstand gebracht. Ihre Verluste an Seeleuten waren die höchsten von allen kriegführenden Mächten.«

Auf diese Sätze Kalles antwortet Ziffel, der andere Emigrant: »Ja, sie haben dem Krieg eine heitere Seite abgewonnen. Sie haben auch Gulasch verkauft und in die Büchsen alles hineingesteckt, was ihnen zu stark gestunken hat, als daß sies hätten bei sich herumliegenlassen wollen.«

Brecht verachtete die dänischen Gulaschbarone, wie auch Engberg sie nennt, die Schweine-Exporteure. Vermutlich im Jahre 1934 kam Brecht unter dem fünischen Strohdach die Idee zu »Mutter Courage«. Wohl nicht nur aus Respekt vor dem Gastgeberland verlegte er das Geschehen nach Deutschland in die Zeit des Dreißigjährigen Krieges. Dort konnte Mutter Courage am Krieg verdienen.

Nach dem zweiten Weltkrieg wurden in Dänemark zahlreiche Stücke Brechts mit großem Erfolg aufgeführt.

Caspar David Friedrich studierte von 1794 bis 1798 und Philipp Otto Runge von 1799 bis 1801 an der Kunstakademie von København als Schüler von Jens Juel.

Niels Wilhelm Gade, der bedeutendste dänische Komponist des 19. Jahrhunderts, wurde nach dem Tode von Mendelssohn Bartholdy Gewandhauskapellmeister in Leipzig.

Jens Peter Jacobsen beeinflußte Thomas Mann und Rilke.

Martin Andersen Nexø wohnte und wirkte von 1951 bis zu seinem Tode 1954 in Dresden ...

Kleinigkeit, dachte ich, blickte den Leuten auf die Füße und sprach sie an. Skoumäiher – ? (so etwa klang Skomager). Ja! Ja! (es klang: Jä, jä). Die Frau in Stöckelschuhen hatte keinen Moment nachdenken müssen.

Ihr Schuster, zweite Seitenstraße rechts, reparierte nur Absätze. Ein Passant in Schnürschuhen betrachtete lange die klaffende Lederkappe an meiner Ferse. Jeeej –, äußerte er vorsichtig und beschrieb mir den Weg auf einem Zettel.

Auch sein Schuster erneuerte nur Absätze und fertigte gleichzeitig Schlüssel an, beides mit derselben Maschine. Womit sollte er Leder nähen? Wegwerfen, riet er treuherzig. Ich glaubte mich verhört zu haben; meine Schuhe waren kein Jahr alt, hatten sich in diesem Sommer so weich der Fußform angepaßt, daß sie auf langen Wanderungen wie eine zweite Haut waren. In den nächsten fünf Jahren würde ich mich nicht davon trennen. Jedenfalls nicht freiwillig.

Ich schwang mich aufs Rad. Schließlich sollte es auch in København eine Gegend wie den Prenzlauer Berg geben (dort wohnten noch wahre Künstler von Schuhmachern).

Vesterbro (ehemals an der Brücke zum westlichen Stadttor) lag in Bahnhofsnähe. Um diese Nachmittagsstunde stanken auch im meist etwas windigen København die Ausfallstraßen nach Abgasen, und im Stadtinnern wurden die Korridore zwischen Bordsteinkante und parkenden oder überholenden Autos beängstigend schmal. Noch war ich keine Slalomradlerin, querte also die laute Vesterbrogade und näherte mich meinem Ziel auf Seitenwegen. Verfehlen konnte ich es nicht. Nur noch selten ein Geschäft für Möbel, Teppiche. Häufiger Trödlerläden. Schon verengten die Straßen sich und wuchsen auf zu grauen Schluchten. Jenseits gassenbreiter Durchblicke ragten Baukräne. Sie schienen sich vom Rande her in dieser Mauerenge mit Durchgängen und Hinterhäusern vorzuschieben. Eine ältere Frau in Hausschuhen und schürzenähnlichem Kittel lief zur Bäckerei an der Ecke. Junge Frauen und Männer kamen von der Arbeit, das Kind mit der Frühstückstasche im Korbsitz am Fahrrad, auf dem Gepäckträger den Einkaufskorb. Die meisten strebten der langen Istedgade zu. Hier rückten die Fassaden auseinander. Das Grau der oberen Etagen war selten durchsetzt von braunen und weißen Fensterrahmen und einigen hellen Wänden, während die Erdgeschoßzone durchweg nach Beachtung schrie mit Farben und knalligem Tilbud! Selbst Billigangebote waren hier billiger als anderswo. Aus einem Laden quoll ein bunter Teppich aus Blumentöpfen und Sträußen bis knapp an die Fahrbahn, leuchtend wie Geschmeide in dieser baumlosen Straße. Auf den Gehwegen Kisten mit Grünzeug und Obst, angekettete Lederjacken vor einem Trödelladen, auf einem Schaufensterbord zwischen Bücherstapeln ein Mann in Mantel und in die Stirn gezogener Mütze, lesend, zwischen dem Hin und Her von Wetterjacken und Pullovern sehr aufrecht drei Inderinnen mit golddurchwirkten Tüchern, rosa Stores in einem Massagesalon, riesige fleischfarbene Kunstpenisse in der Auslage eines Sexshops, im Obergeschoß ein steinaltes Gesicht hinter geschlossenen Fenstern. Hier näherte sich die Istedgade dem Bahnhof, seiner gesichtsabgewandten Seite. Es wimmelte keineswegs von flanierenden Mädchen, sonst hätte ich sie nach einem Schuster gefragt; die Kinder, die vor einem asiatischen Lebensmittelladen in Kreidekreisen auf dem Pflaster hüpften, wiesen quer über die Straße. Dort stand hinter dem Ladentisch ein Dunkelhäutiger mit weißer Mütze und einer Hammelkeule in der präsentierenden Hand. Fleischer sollen ja Ureinwohner dieser Gegend gewesen sein, vor einigen hundert Jahren, als das Schlachten in der Stadt nicht erlaubt war und mit diesem Gewerbe hier vor den Toren Händler, Schankwirte, Schausteller und allerlei Marktvolk heimisch wurden – eine Gegend für Amüsements bis zum heutigen Tag. Den Schlächter, der auf Wunsch seines braunhäutigen Kunden jetzt den Knochen aus der Keule löste, wird wohl der Strom von Gastarbeitern und Asylanten angespült haben; in den hundertjährigen Mietskasernen ringsum waren die Wohnungen klein, oft ohne Bad und Innentoilette und deshalb billig. Shoemaker? wiederholte er meine englische Frage, keinen Moment irritiert und sofort voller Verständnis für mein Problem. Die Frage pflanzte sich fort unter den vier Kunden (einer hatte ein Netz voll Videokassetten) bis in die Hinterräume, aus denen schwarzhaarige Burschen in weißen Schürzen auftauchten. Die beratende Versammlung kam zu einem Schluß. Solche Anteilnahme konnte man nicht mit nacktem »Thank you« beantworten, ich kaufte ein Hammelstück, für das ich im Moment keine Verwendung hatte. Villes Glück, sagte der Fleischer vor seiner Ladentür und wies in die Richtung, aus der ich gekommen war.

An allerlei Bars und einem Varieté vorbei geriet ich jedoch seitwärts in den Sog der Gassen, durch eine bröcklige Toreinfahrt mit der wischfesten weißen Blockschrift WHITE POWER, in einen Hofschacht mit Durchgang zum zweiten Hinterhof, ähnlich meinem am Prenzlauer Berg. Die Fenster waren hier nicht mit Wäsche beflaggt – sie flatterte an einer Leine von Wand zu Wand –, sondern zu winzigen Gärten hergerichtet. So weit Sonne herabreichte, wucherten über Simse, an Kletterfäden hinauf und herunter wilder Wein, Küchenkräuter, Blumengerank. An Lattenverschlägen für Fahrräder wuchs Knöterich, auf dem Schuppendach eine Zwergbirke.

Die wenigen Grünanlagen des Viertels waren umzäunt. Wurden sie abends verlassen wie Park und Kleingartenanlage in Frederiksberg? Auch winzige, sehr bunt und liebevoll gestaltete Spielplätze, im Volksmund Affenkäfige genannt, waren umgittert: zum Schutz gegen den wenige Meter entfernten Verkehr. Überall Platzmangel. Eine auffällige Freifläche vor aufgerissenen Häusern im Hintergrund war von einem lückenlosen Bretterzaun umstellt. An der Tür ein Schild, auf dem das Wort byggelegeplads vorkam, åbent kl. 7–11. Dieser Bauspielplatz war also nicht mehr geöffnet. Durch einen Bretterspalt waren kleine Hütten mit Bänken und Tischen, übereinandergetürmte Kletterstämme, Leitern an provisorischen Holzkästen erkennbar. Ein Mann um die Vierzig, der in mir eine Mutter vermutete, blieb stehen und fragte, ob ich die Telefonnummer des Schlüs-

selverwalters brauchte. Dieser Bauspielplatz hatte Baugrund werden sollen. Eltern und andere Umwohner hatten es verhindert. Sie würden nicht in die neuen Wohnungen umziehen können. Auch nicht in die sanierten unweit dieser Stelle, wo Baufirmen die Arbeit bereits beendet, Hinterhäuser und Schuppen innerhalb der Gevierte abgerissen und schöne helle Mietshäuser um weite Innenräume mit Bäumen und Rasen hinterlassen hatten –
ideal für Familien mit Kindern, aber zu teuer. Der Mann war Vater von zwei Jungen und einem Mädchen und wohnte seit vierzehn Jahren in dieser Straße. Er kannte einen Schuster, jä, jä: Henrik an der zweiten Ecke. Tatsächlich stand der Beruf dieses Henrik noch unter der Ladenaufschrift. Doch auch hier wurden Absätze und Schlüssel gefertigt, man konnte darauf warten, weit und breit war dieser dicke Mann im blauen Kittel bekannt für schnelles Arbeiten. Im Unterschied zu den anderen Berufskollegen erklärte er mir, warum er keine Naht nähte: Er hatte keine Nähmaschine, weil solche Reparaturen niemand bezahlte, Lohnkosten wären unverhältnismäßig höher als Kosten für Material, also kauften die Leute lieber neue Schuhe.
Ich schloß mein Rad an den Laternenpfahl und wählte in der Kneipe einen Fenstertisch, an dem ich es im Auge behalten konnte. Selbst vor dem Rathaus sollten schon Fahrräder samt angeschlossenen Ständern gestohlen worden sein.
An diesem Tisch saß ein junger Mann. Er hatte die zarte Haut der Rothaarigen und offen blickende, braune Augen, die Irritation war sofort erkennbar: Man setzte sich nicht zu Unbekannten, solange noch andere Plätze frei waren. Außer einer Runde von Männern Mitte Vierzig mit einem am Tischbein angebundenen Hund und einem Grauhaarigen, der die Zeitung am Fenster mit der Lupe las, waren noch alle Tische frei. Und an der holzverkleideten Bar saß nur ein Halbwüchsiger, der sich quer durch den Raum mit seinem gleichaltrigen Freund am Spielcomputer unterhielt.
Ich gab meinem Tischnachbarn in englisch zu verstehen, warum ich diesen Stuhl gewählt hatte. Er drehte sich nach dem Fenster um und sagte in

deutsch: Den nehmen sie nicht. Er meinte den Laternenpfahl. Während ich bei der Kellnerin bestellte, beobachtete er mich von der Seite. Offenbar brachte er meine Samthose nicht mit dem Fahrrad an der Laterne zusammen – sein Blick ging zwischendurch hinaus –, und dieses wiederum nicht mit meiner Muttersprache.

188 Ein Paar mit Kinderwagen und einem Jungen an der Hand steuerte den Nachbartisch an. Die Kellnerin, schon mit unserem Bier unterwegs, ging noch einmal zurück und holte unaufgefordert einen hochbeinigen Kinderstuhl für den Jungen. Der Wagen blieb zwischen den Eltern am Tisch stehen.

Mein Tischnachbar und ich hoben gleichzeitig die Biergläser und lächelten ein wenig. Ich nutzte seine Gesprächsbereitschaft. Die offene Schuhnaht, ich wies sie ihm unter dem Tisch, schien mich vertrauenswürdig zu machen. Viele Lieder könnte er dazu singen, sagte er in einem Gemisch aus Deutsch und Englisch, auf das wir uns ohne Absprache geeinigt hatten, letzte Woche wäre bei seinem jungen Fernseher plötzlich the end gewesen, kein Reparateur hätte etwas tun können, aber ein Bastlerfreund in sieben Minuten alles okay gemacht.

Hej, Ole, unterbrach ihn ein Mädchen mit grün umschminkten Augen und grüngrauem Haar im Vorbeigehen.

Hej, Åse, rief er ihm zur Bar nach, wo es mit dem Rücken zu uns auf einen Hocker stieg, es trug knappe, rot in rot gemusterte Hosen. Oles Blick auf den Mädchenrücken war alles andere als freundlich.

Da ich die Bräuche in dieser Kneipe nicht kannte, vermied ich sowohl das Sie als auch das Du in der Anrede und fragte nach weiteren Begabungen von Oles Bastlerfreund.

Nähen nicht! Er schien einen Teil der Abwehr gegenüber dem Mädchen auf mich zu übertragen.

Neue Gäste kamen, Männer. Einer setzte sich zu Åse an die Bar. Ole schien nichts außer seinem Bier wahrzunehmen, er leerte zwei Gläser in vier Zügen, hielt den Kopf gesenkt, ich konnte ihn ansehen, ohne aufdringlich zu erscheinen. Er hatte zwei scharfe Falten von den Nasenflügeln zu den

Winkeln des vollen, geschwungenen Mundes, auch das Gesichtsoval war weich. Das rotbraune Haar fiel entgegen der Mode von der Kopfmitte in Wellen über die Ohren. Der Anhänger seines Halskettchens war verdeckt vom moosgrün gefärbten Unterhemd, das er durch einen aufgenähten Stoffluftballon in ein T-Shirt verwandelt hatte.

Unvermittelt blickte er auf, sah meine Verlegenheit und sagte: Ein Faden
mit Stearin, das geht. Seinerseits unentschieden zwischen Du und Sie, beschrieb er, wie man Fäden durch eine Kerze zog und mit zwei Nadeln im vorgestochenen Leder vernähte. Verstehst du –? Und so kam es, daß Ole mich in seine Geschichte zog.

Denn dieser Däne war keineswegs gesegnet mit dem nationalen Hang zur Untertreibung. Schon die harmlose Nachfrage, wo er nähen gelernt hätte, führte in eine Dauerspannung zwischen Feindseligkeit und überstürztem Vertrauen; selbst hätte er es sich beigebracht, selbst! – Hast du Kinder?

Ich nickte. Dann nannte ich das Alter der Tochter.

Ole sah mich prüfend an. Errötete. Auch Mette wäre älter gewesen, zehn Jahre.

Wieder eine Ehegeschichte. Ich war noch müde von meiner eigenen und versuchte in unverbindliches Schwatzen zu entkommen. Aber unbeirrt fuhr Ole fort: Auch sie hätte sich zu Fremden gesetzt, sie mit Michael. Diesen Namen sprach er zärtlich aus und dänisch: Mikael. Daß dem Namen so wenig nachgefragt wurde wie vorhin jener Mette, hielt Oles Mitteilungsdrang nicht zurück. Wahrscheinlich erzählte er immer nach vier oder fünf Bier davon. Wie hätte ich, die sich nun hinter unverbindlicher dänischer Freundlichkeit verschanzte, vermuten sollen, daß Ole lange nicht geredet hatte und nicht so schnell wieder reden würde und daß es ihm an diesem Nachmittag auf das Zuhören einer Fremden, Unbefangenen ankam?

Michael war also der Sohn. Ein phantastischer Mensch, so lebendig, wie du nicht denken kannst! Oles Wangen und Stirn hatten sich wieder gerötet. Er sah mich an wie eine Instanz, die man im Notfall anrufen konnte: Ich soll ihn nicht sehen! Verstehst du das? Wahrscheinlich war diese Mette mit einem anderen Mann zusammen und wollte das Kind nicht hin und her zerren lassen, was wußte ich. Und ich wollte es wohl auch nicht so genau wissen, als ich fragte: Du hast kein Recht, ihn zu sehen?

Du verstehst nicht.

»Das ist die typische Art, wie man sich in dänischen Familien bestraft: die Tyrannei des Schweigens . . .«, hatte ich in einem Roman gelesen. Diese Art
190 Schweigen lernte ich jetzt kennen.

Als ich bezahlen wollte – es war später Nachmittag, und ich war nicht sicher, den Rückweg im Dunkeln zu finden –, als ich nach der Kellnerin ausschaute, wies Ole mit einer Kopfbewegung zum Spielcomputer, vor dem jetzt beide Jungen standen. Auf dem Bildschirm schossen Pfeile gegeneinander, einer löschte den anderen aus. Nie blieben zwei, die von verschiedenen Richtungen kamen, nebeneinander. Ich bestellte einen Kaffee, während Ole sein leeres gegen ein volles Bierglas tauschte. Es ging nicht um Recht. Jedenfalls nicht um juristisches. Ole war nicht Michaels leiblicher Vater. Auch den anderen Mann, einen fest Angestellten, hatte jene Mette nicht geheiratet. Doch Ole hatte fünf Jahre mit Michael gelebt, fünf entscheidende Jahre, der Junge war ein halbes Jahr alt gewesen, als Ole Mette kennengelernt hatte. Er schlief auf meinem Bauch, und sie saß in einem Kursus, sagte Ole mit ironischer Betonung des Fremdwortes und verlor sich in schweigendes Erinnern. Unvermittelt sah er mir ins Gesicht und sagte voller Haß: Frauen überleben immer!

Ich schwieg. Sollte Ole in diese Ecke stellen, wer sich stellen ließ. Daß insbesondere alleinstehende arbeitslose Mütter in diesen Jahren nicht wußten, wie sie überleben sollten; daß sie Kleidung aus den Straßenbehältern sammelten, in die Leute warfen, was den Weg zum Krämer nicht lohnte; daß die Kinder dieser Mütter Reis und Reis aßen, aber selten Fleisch; daß sie nicht verreisten, nicht ins Kino gingen, nicht ins Tivoli – ich wußte es nur aus Fernsehsendungen und von Frauen, die es hinter sich hatten und nicht lange davon sprechen wollten. Doch Ole, der ausgebildete Kindergärtner, wußte es mindestens so genau wie Reporter. Jedenfalls besser als ich.

Und ihm, einem jungen, gesunden und intelligenten Mann, mußten mehr

Lebensmöglichkeiten offenstehen als beispielsweise den Männern über vierzig am Nachbartisch, die müde aussahen, wenn sie sich zurücklehnten aus dem Gespräch und den Terrier am Tischbein streichelten.
Am Spielcomputer wieder Anfeuerungsrufe. Die beiden Kämpfer drückten die Knöpfe in rascher Folge. Von hier aus war auf dem Bildschirm nichts zu erkennen als ein wildes Gegeneinander von Zeichen. Ole verwandte
keinen Blick mehr darauf. Mit fahriger Hand strich er mehrmals das über die Wangen fallende Haar hinter die Ohren. Er war noch vollkommen nüchtern oder an Alkohol gewöhnt. Wahrscheinlich hatte er die ganze Zeit diesen Satz formuliert, den er jetzt ohne ein einziges dänisches und englisches Wort überdeutlich aussprach: Kannst du einen Sieger lieben, wenn du die harten Männer doch verachtest?
Wie verletzt mußte er sein, daß er eine Formel suchte. Aber was änderten meine Vorlieben oder Abneigungen an seiner Erfahrung? Vielleicht, erwiderte ich vorsichtig und ziemlich hilflos, vielleicht liebt sie trotzdem nicht die Sieger, vielleicht ist sie nur müde und ...
Müde! fuhr Ole auf. Wer ist nicht müde!
Ole wohnte in der Nachbarstraße. Bei einem Bekannten, der nachts arbeitete. Sie schliefen wechselweise im Bett und teilten so die Zimmermiete. Doch, er verstünde zu leben, wiederholte er zweimal. Er arbeitete stundenweise in einer Tagesstätte für Kinder, gleich um die Ecke, im Hof, in einer ehemaligen Werkstatt, ob ich sie sehen wollte? Er stand tatsächlich auf. Bestand darauf, die Rechnung zu bezahlen. Schob das Fahrrad. Führte mich zur ehemaligen Fabrik, einem langen flachen Ziegelbau, zwei Meter Rasen bis zur nächsten Mauer, innen viel Holz, warme Farben, eine kleine Küche. Bezahlt von der Stadtverwaltung. Die Kinder berührten Ole im Vorbeigehen. Er hockte sich hin, wenn er mit ihnen sprach. Dann verlangte er meinen Schuh und rumorte lange im Nachbarraum. Er kam zurück mit Kerze, starkem Faden und einer Art Ahle, die er wohl aus einem Schraubenzieher geschliffen hatte. Ein Junge von etwa acht Jahren verfolgte jeden Handgriff Oles. Besonders faszinierte ihn, daß der Faden nicht mehr riß, nachdem er ihn durch Wachs gezogen hatte. Er wiederholte

den Reißversuch immer wieder. Zwischendurch fragte Ole, warum ich gern in København war. Er lächelte zum ersten Mal. Als ich jedoch von Louisiana erzählte und ihm auch noch empfahl, mit den Kindern aus diesem Hort dorthin zu fahren, wurde er feindselig wie vorhin am Biertisch: Genau das werde ich nicht tun!

192 Warum nicht? ereiferte ich mich, rechnete ihm vor, wieviel Rabatt er bei einer Gruppenfahrt bekommen würde, und überhaupt kostete der Eintritt nicht mehr als drei oder vier Bier ... Das hätte ich nicht sagen sollen. Ole nähte jetzt mit ruckartigen, sehr schnellen Bewegungen. Nach einigen Minuten hatte er sich so weit beruhigt, daß er mir den Grund seiner Ablehnung nannte: Dieser »bürgerliche Laden« hätte nichts mit ihm zu tun. Er meinte Louisiana, das er nur aus Zeitungen kannte, er war kein einziges Mal dort gewesen.

Ich sagte eine Weile nichts. Dann nannte ich ihn unumwunden borniert. Dann fragte ich, was zum Teufel an dem Spielplatz mit Bretterhütten im Louisiana-Park bürgerlich wäre? Oder an der afroamerikanischen Gruppe, die dort am Samstag im Theater tanzte, junge, experimentierende Leute, nicht berühmt ...

Bürgerlich wie deine Samthose, sagte Ole, warf mir den fertigen Schuh hin und stand auf zum Zeichen, daß ich entlassen war. Auch meinen Dank wies er zurück.

Ich hatte diesem Stiesel nie wieder über den Weg laufen wollen. Doch von Tag zu Tag kam mir der Streit läppischer vor. Und wie auf Verabredung erzählte man mir von zwei jungen Männern, die die Trennung von ihren älteren Freundinnen nicht überlebt hätten. In letzter Zeit käme das häufiger vor, wurde mir versichert, insbesondere bei diesen begabten, sensiblen Jungen. Als ich schließlich auch noch im letzten Buch der Tove Ditlevsen die Stelle las, wo sie ihren Freitod vorausbeschrieben hatte, radelte ich los.

Ole saß nicht an seinem Platz in der Kneipe, aber jene Åse an der Bar. Meine Frage löste einen Blickwechsel zwischen ihr und der Kellnerin aus.

Nein, er war nicht hier, seitdem nicht, sagte die Kellnerin. Åse ahmte die Bewegung des Biertrinkens nach, was wohl heißen sollte: Er trinkt zu Hause. Seine Adresse wußten sie nicht (oder wollten sie nicht wissen).

Im Hof der ehemaligen Werkstatt, jener Tagesstätte für Kinder, stand Ole mit dem Achtjährigen vor übereinandergesetzten Kisten. Sie nagelten Maschendraht vor die ausgesägten Türchen. Neben dem Werkzeug am
Boden lagen leere Bierflaschen.

Die beiden hörten die Schritte in ihrem Rücken nicht. Als ich in ihr Blickfeld kam, unterbrach Ole das Hämmern.

Hej, sagte ich, ihr wollt wohl reich werden?

Wieder der Schuh? fragte Ole statt einer Antwort. Alkoholdunst schlug mir entgegen.

Als ich ihm die tadellose Naht vorwies, blieb sein Blick kurz an den Samthosen hängen. Er lächelte (nur in den Augenwinkeln) und begann zu erklären, warum die Kinder zu Hause keine Kaninchen halten konnten.

An der schmalsten Stelle des Øresunds

Endlich in Helsingør. Hier sprach er die berühmten Sätze. Haushohe Schiffskörper verdeckten das Schloß. Krane ragten über die Türme, Gerüste schirmten die Vergangenheit ab. Am Hämmern und Dröhnen der Werft vorbei zum Schloß Kronborg.

Ein Wassergraben vor einer hohen Backsteinmauer. Dahinter Stille und ein Schwan. Wir gingen über die Zugbrücke durch ein Tor. Eine Festung mit Wällen, Bastionen. Das quadratische Renaissanceschloß hatte einen weiten Hof. Die gelben Wände schimmerten in der Sonne weiß. Die grünen Dächer zogen sich tief herab. In den Kellern Gänge, Kasematten, duster und feucht. Anstifter zu Mord und Gewalt. Hoch über uns die Türme, grüne Kuppeln, vergoldete Spitzen; der schlanke Trompetenturm überragte alle.

Wir liefen durch die königlichen Räume. Nur die Kamine stammten noch aus frühester Zeit. Vor einem sagte er: »Die Zeit ist aus den Fugen: Schmach und Gram, daß ich zur Welt, sie einzurichten, kam.« Im Nachbarraum patrouillierte ein Museumswärter mit Funkgerät. Ich sah durchs Fenster über den Øresund zum nahen schwedischen Ufer mit der Stadt Helsingborg, die sich an der Küste entlangzog mit Fabriken ohne Qualm. Weiter südlich lag der quaderartige Bau des hochmodernen lautlosen Kraftwerkes. Die Stahlhaut des Supertankers, der die Fährlinien kreuzte, würde nicht platzen. Mittagslicht überzog die Schiffskadaver an Land mit einer hellen Folie.

Aber der Prinz hatte gesagt, »daß die Erde, dieser treffliche Bau, mir nur ein kahles Vorgebirge scheint ... die Luft, dies wacker umwölbte Firmament ... kommt es mir doch nicht anders vor als ein fauler verpesteter Haufe von Dünsten.«

Deckenmalereien. Wandhohe Gobelins. Blick auf die Flaggenbastion mit den alten, auf das Meer gerichteten Kanonen. Die mahnten die Kapitäne der Vergangenheit, den Sundzoll zu entrichten, der zeitweise zwei Drittel der dänischen Staatseinnahmen und auch die Baukosten der 1585 vollendeten Kronborg gedeckt hatte.

Hamlet sei nie in Helsingør gewesen, behaupten die Historiker. Nicht in diesem Schloß. Amled, der Prinz aus Jütland, lebte etwa tausend Jahre
vor Shakespeare. Er stellte sich geisteskrank (Amlodi heißt der Trottel), um seinen Onkel zu täuschen, der Amleds Vater ermordet und dessen Reich an sich gerissen hatte. Aber Amled könnte sich auch auf einer germanischen Burg am Øresund aufgehalten haben. Wer will das schlüssig widerlegen? Jedenfalls soll Shakespeare mit seiner Schauspielertruppe in Kronborg gewesen sein und von diesem Prinzen Amled erfahren haben.

Das Hamlet-Grab in einem Park von Helsingør sei für die Besichtigung der Touristen, hörten wir. In Dänemark gäbe es sieben Hamletgräber.

Der Wind pfiff und summte an den Fenstern von Kronborg, obwohl sich draußen kein Blatt regte. Wie würde es bei Sturm heulen! »Die Luft geht scharf, eine schneidende strenge Luft«, steht im Text. Da erschien der Geist des Vaters tatsächlich auf der Terrasse, gerüstet vom Wirbel bis zur Zehe.

Der zaudernde Prinz hegte Taubenmut gegen den Mörder seines Vaters. Als er den Meuchler richtete, fiel der Prinz neben ihm; Hamlet mußte nicht beweisen, daß er seine Macht besser zu gebrauchen verstand.

Wir verließen Kronborg über die Wälle, erreichten nach einigen Schritten den Strand, setzten uns auf den Streifen Wiese zwischen Meer und Schloß auf der kleinen Halbinsel, dreiseitig vom Øresund umgeben. Kleine Wellen klatschten gegen die großen Findlinge am Strand, kamen von den Fähren, die unablässig herüber und hinüber hasteten, sie fuhren mit einer Geschwindigkeit in den Hafen von Helsingør, daß ich annahm, sie rammten die Pier. Angler in Gummistiefeln hockten wie Raubvögel am Ufer. Im letzten Krieg mögen die stummen Angler zum anderen Ufer geschaut haben, aus dem verdunkelten Dänemark auf die hellen Lichter in Schweden.

Wir entschlossen uns zu einem Ausflug nach drüben. Die nächste Fähre legte in wenigen Minuten an. Südlich im Sund lag die flache Insel Ven, wo der feudale Gutsherr Tycho Brahe etwa zwanzig Jahre lang mit bloßem Auge die Planeten beobachtet hatte, aus deren Daten später Kepler die berühmten nach ihm benannten Gesetze ableitete.

Inzwischen waren wir drüben. Auf den ersten Metern Schwedens
196 standen eine Frau und ein Mann im Halbzivil und musterten die Passagiere, als fahndeten sie nach einem steckbrieflich Gesuchten. Zum Glück trug ich nur einen Fotoapparat, da ließ sich kein Schnaps schmuggeln, der war sehr teuer in Schweden.

Bei unserem ersten Abstecher über den Sund sahen wir die Schweden nur in Anzügen, Schlipsen und mit gewichtigen Mienen. Und die Frauen glichen Mode-Damen auf dem Wege zu einer Verabredung. In den Schaufenstern drängten sich noch mehr Gartenzwerge als in Dänemark. Nie sahen wir so viele Porzellanvögel wie in Helsingborg; leider konnten sie nicht davonfliegen.

Erst später entdeckten wir andere Gesichter von Schweden.

Schwedisch klang ernster als Dänisch. Lampen schrieben sich lampor, normallampor. Buxor, jackor, kläder. Mammakläder. Gatan wirkte getragener als dänisch gade, Straße.

Ein freundlicher Alter saß am Eingang eines Turmes und kassierte. Wir blickten von oben auf Helsingborg. Hinter dem glitzernden Sund stand das Ufer Nordseelands im Gegenlicht wie eine dunkle Mauer. Die Kronborg mag den Schweden früher drohend erschienen sein, als Bastion dänischer Großmacht, die ständig bestrebt war, die Schweden zu dominieren, wie offizielle dänische Historiker einräumten. Margrethe I. gelang 1397, fast ganz Skandinavien unter der dänischen Krone zu einigen (Kalmarer Union). Dieser Zusammenschluß der skandinavischen Staaten unter dänischer Herrschaft – auch um die vordringende Hanse abzuwehren – war nicht von Dauer. Wir blickten vom Aussichtsturm auf das »Hamlet-Schloß«, und ich dachte an das »Stockholmer Blutbad«. Nach einem Sieg über die Schweden brach Christian II. 1520 seine Zusicherung und ließ achtzig schwedische Anführer enthaupten. Die Schweden erhoben sich

Schwimmende Brücken

:n Auto nach dem anderen rollte in die Luke, groß wie ein Stadttor, n eine halbe Stunde sah ich zu, Fernlastzüge in der endlosen Kolonne onenwagen. So viele konnte die Fähre unmöglich schlucken, derte, Tausende, mir schien, ihr Rachen zerkaute und spuckte sie :n wieder aus.

e Centerhall der dänischen Großfähre war hell von Oberlicht und auch die Treppe nach unten und nach oben. In der Halle Gepäck-maten, ein Münztelefon, an einer Seitenwand hingen Kinderzeich-:en mit Schiffsmotiven. Vom Gang nach vorn führten Türen zu zwei räumen. In einem lief ein dänischer Streifen, in dem ein Minister ver-ıtlich unter Spionageverdacht verhaftet wurde. Auch Autofahrer, ihre en standen auf dem unteren oder oberen Autodeck, und ihre Familien ierten sich.

r gelang nicht, die Tür zur roten Treppe zu öffnen. Bis ein kleiner auf eine handgroße Scheibe an der Wand drückte, die Schiebetür utomatisch einließ und sich hinter uns wieder schloß. Auf dem oberen deck lagen Schreibzimmer mit elektrischen Schreibmaschinen. Rei-: saßen an Schreibtischen über Akten und Papieren. Gegenüber lagen Konferenzräume. Das Café und das Restaurant der 1. Klasse waren er, um so mehr Gäste saßen in denen der 2. Klasse.

: neue Fähre, las ich, wurde 1986 in Dienst gestellt, hatte 11602 t und für 2000 Passagiere. Vorbei ging es an den Spielautomaten, dem , den Cafeterias, Ruheräumen (ein Deck mit Schlafkabinen lag tiefer) nen, wo die Mütter ihre Kinder wickeln konnten; da lockten in der der gelben Treppe farbige Wände, vor allem für Kinder gedacht. Ca-ı/Snackbar stand über der Glastür. Sie saßen und kletterten auf Phantasiefisch, einem Rest Schiff mit Steuerrad. Kleine rutschten

unter Gustav Vasa und erstritten ihre Unabhängig
Dann führten Schweden und Dänen über hundert
Vorherrschaft in Skandinavien. Die Schweden plün
hielten das Schloß jahrelang besetzt. Vielen Dänen g
als Erzfeind.

Da rauschte das Klosett im Aussichtsturm. Die
hatten es ganz oben installiert. Auf Kronborg hatte i
renden Mechanismus enttarnt, wie sich Pißbecker
näherung, von selbst reinigten; als ich das, was ich
einem schwachen Lichtstrahl schimmern sah, setzt

Nicht nur an dieser zwischen Helsingør und Hel
metern schmalsten Stelle des Øresunds begegneten
den kleine und große Fähren. Fast nirgendwo auf d
Völker so rege und freundschaftlich wie hier.

Wurden Dänen und Schweden nur tolerant und f
den Kriegen gegen Stärkere auch ihre Großmacht
gement für Verständigung (wie innerhalb der
stützung der Entwicklungsländer wurzeln auch
Traditionen der Skandinavier.

Amled – manche nannten ihn den berühmtesten
sondern tötete nach Jahren trainierter Verstellun
ters und stellte sich dem Gericht seiner Volks
Sühne billigte. Und wir halten uns an jene Überl
schick nun Raum gab für gute Taten.

auf dem Rücken eines sehr grünen Krokodils. Eine Glaswand trennte den Spielraum in der Cafeteria von deren übrigem Teil, wo die Eltern beim Kaffee, Bier oder über der Zeitung saßen und ihre Zöglinge im Auge behielten, die, auf dem Krokodil sitzend, ein echtes auf dem Fernsehschirm sahen, wenn zufällig eine passende Videokassette eingelegt war. Im Kinderprogramm liefen oft Zeichentrickfilme. Zwischen den Tischen standen Rucksäcke und Reisetaschen. Einen Koffer hatten nur wir. Ein Dackel kroch zwischen meine Beine und schnupperte. Da schrie neben uns ein Baby auf. Der Vater nahm es auf den Arm, lief ein Stück auf der Etage umher und kam mit dem schlafenden Kind zurück.

Über die gelbe Treppe im Vorderschiff stiegen wir vom oberen Salondeck auf das neunte und letzte, das Sonnendeck. Die Bänke und Liegestühle waren besetzt. Einige junge Frauen, die sich, tiefbraun schon, oben frei gemacht hatten, saßen ganz selbstverständlich zwischen Damen im Bikini und bekleideten, vorwiegend älteren Männern. Die Fähre verließ die Bucht. Das Kattegat öffnete sich zu einem Stück See-Horizont. Frachter zogen vorbei. Einer so dünn wie die Rückengräte eines überlangen Hechtes. Der Wind roch nach Meer und Abenteuer. Hart backbord eine kleine bewachsene Insel wie ein riesiger Meerigel, der den Rücken krümmte. In der Dünung schaukelte ein Segelboot. Da schossen silberne Vögel heran, dicht über dem Wasser, wuchsen zu Flugzeuggröße, als wollten sie die Fähre angreifen, peitschten vorüber. In wenigen Sekunden war der Spuk (es war keiner) vorbei. Das Meer atmete wieder gleichmäßig. Die Sonne schien, als wäre nichts gewesen. Odin blies in die Segel des Bootes. Auf der Fähre in einem Land, das von Wasser umgeben und früher gänzlich vom Meer bestimmt war, fühlte ich mich weit und frei, und zugleich war das Meer vertraut durch die immer neuen Inseln und Landzungen, die beiderseits des Schiffes vorüberzogen: Halt für rastlose Blicke. Auf unserer schwimmenden Brücke nahmen wir gleichsam ein Stück Land, ein paar Straßenzüge mit von einem Ufer zum anderen.

Liebe Katarina,

200 Du liest Briefe auf der Treppe, ich weiß. Dieses eine Mal laß Dir Zeit, koche einen guten Tee und schließ Dich ein: ich muß Dir erzählen, was nach meiner Rückkehr womöglich verblaßt und durch ein Wenn und Aber verändert sein wird.

Im Moment sitze ich in der Fähre von Århus nach København. Zu spät kam ich von Deck (Kirsten und Søren standen auf dem Hafenpflaster, bis wir die Bucht verlassen hatten, das Köpfchen von Lise unter Sørens Bart im Jackenausschnitt). Wie einige andere Passagiere fand ich nur einen Stehplatz im Gang (es ist Sonntagnachmittag). Der Steward ging mit Kaffee vorbei und kam zurück mit einem Schlüssel, um uns eine Tür mit der Aufschrift »privat« zu öffnen. Bei jedem Vorübergehen wirft er einen Blick herein und registriert mit von Mal zu Mal deutlicherem Lächeln, daß ich, während die Gäste in diesem Salon wechseln, immer noch auf dem Sofa sitze: Was ich auch schreiben mag, er freut sich, daß ich dabei an einem Tisch sitzen kann. Die selbstverständliche Freundlichkeit von Beamten wird mir fehlen. Noch gestern bemerkte ich sie kaum. Der Alltag von København hatte mich wohl eingeschläfert und mir die Illusion verschafft, an einem gewöhnlichen Wochenende in Århus einzutreffen, wie andere Heimkehrende die kleine Bahnhofshalle zu verlassen und den Zebrastreifen zur Bushaltestelle zu queren, Bus Nummer drei, alles wie früher, nur kostete die Fahrt inzwischen 8 Kronen 75 Øre (fast drei Kronen mehr). Kirstens und Sørens Haus war unverschlossen. Eine Ankunftszeit hatten wir nicht vereinbart, das Essen stand auf der Wärmeplatte in der Küche, mein Kaffee in der Thermoskanne. Nur die schwarze Hündin Frida kannte ich noch nicht. Ohne Zögern richtete sie sich auf und umarmte den Gast (das hätte sie vor wenigen Tagen auch mit den Einbrechern getan, wären sie nicht angesichts des großen, schlafenden Tiers an der unverschlossenen Gartentür umgekehrt). Fridas Freude rief die Familie herbei. Søren trug die zwei Monate alte Lise – oder trug sie ihn (schon früher bei Kaj schien das nicht eindeutig gewesen zu sein)? Kirsten sah jung und verwandelt aus mit dieser großzügigen Haarwelle schräg über Stirn und Braue und Wange. Die halb erwachsene Inga, die neuerdings stundenlang vor dem Spiegel saß, hatte die Mutter zum ersten Besuch beim Friseur überredet und danach triumphierend festgestellt: Jetzt sieht man dein Doppelkinn. Inga und Kaj waren zu den Großeltern gefahren, sollte dieses Deutsch aushalten, wer wollte. Wie immer mischte sich in unserem Erzählen sofort Alltägliches mit Ungewöhnlichem. Am längsten redeten wir von Lises Geburt (die letzte für Kirsten, deshalb besonders bewußt erlebt) und vom Frauenlager in Nordjütland. Das wollte ich unbedingt sehen. Neugierig gemacht hatte mich eine große Zeitung, die dieses Unternehmen mit drei Sätzen glossiert hatte wie einen Weltrekord im Mückenfang. Auch Kirsten und Søren kannten dieses Lager nur vom Hörensagen.

Wie in fast allen idyllischen Gegenden Ost- und Westeuropas gibt es auch in Nordjütland eine militärische Sperrzone. Und wie überall weiß kein gewöhnlicher Mensch, was sich dort verbirgt, denn er darf solches Gelände nicht betreten. Vor Ostern aber machten sich Frauen auf den Weg durch Jütland und schlugen am Rande des Militärgebietes Zelte auf. Im Sommer lebten dort mehrere hundert Frauen und Kinder. Wenn massenhafte Proteste gegen Rüstung und Forderungen nach Kontrolle wirkungslos blieben wie Gebete, müßten Bewohner eines Landes selbst nachprüfen, was über, unter und mit ihrer Erde geschah, meinten sie und fingen als Däninnen damit halt in Dänemark an: unbewaffnet. Mehrmals durchbrachen sie die Absperrzäune. Die Polizei verhinderte das Eindringen ins verbotene Gelände, draußen aber verfolgte sie niemand. Erst nach September, als die meisten Frauen mit Kindern zurückgekehrt waren in Schulen und zur gewohnten Arbeit, wurden die zeltenden Frauen immer wieder vertrieben. Sie konnten sich auf kein Eigentumsrecht an irgendeinem Landstück berufen. Schließlich bot ein Bauer seinen Acker zum Campieren an.

Jetzt war November, der Acker sollte gepflügt werden. Neun Frauen hatten noch nicht aufgegeben und suchten nun einen Platz zum Überwintern. Waren das Abenteurerinnen? Irre? Märtyrerinnen? Besonders Normale? Wir telefonierten umher, zeichneten Wege und Flußläufe ins Notizbuch, schoben das Oberteil des Kinderwagens mit Lise auf den Rücksitz des
 Autos, das wir geborgt hatten, legten Proviant und warme Kleidung dazu und fuhren los.

Endlich erblickten wir links von der Chaussee die ersten schwarz-gelben Verbotsschilder. Dahinter begann dichter Wald. Eine viertel Fahrstunde später lasen wir im Abstand von einigen Metern auf die Fahrbahn gespritzte Worte: Dyt for fred, hupe für den Frieden. Wir hupten. Niemand antwortete. Das Flüßchen im zementierten Bett, an dem wir die Straße verlassen sollten, lag bereits hinter uns. In den verstreuten Bauernhöfen regte sich nichts. Endlich trafen wir ein Mädchen, das uns die Richtung aus dem Dorf heraus wies. Ein Wegstein, bemalt mit blauer Taube und rotem Frauensymbol im Schnabel. Immer wieder Waldstücke, Äcker, heideähnliche Wiesen und dazwischen anscheinend menschenleere Gehöfte. An einem Koppelzaun blaue Bänder. Später ein aufgespießter Papierfetzen mit einem blauen Pfeil. Durch Baumgruppen wies er auf ein großes und zwei kleine Indianer-Tipis auf einem fernen Feld am Waldrand. Wir parkten am Ende des Sandweges. Uns entgegen kam eine Art Lieferwagen mit Strohballen beladen. Kirsten und ich stapften in der Reifenspur über den begrasten Acker Erde und Luft waren feucht und kalt. An den zwei kleineren Rundzelten, aus denen oben Gestänge ragte, machten sich etwa zehn Frauen in Gummistiefeln, Hosen und dicken Pullovern zu schaffen. Ein Mädchen saß auf der Schulter eines anderen, um vom Rauchabzug abwärts feuchte Aststücke aus den Leinwandösen zu ziehen. Eine Frau bündelte Kleidung in eine Decke. Eine andere schichtete berußte Steine in einen Kasten. Niemand blickte auf und uns entgegen. Unser Gruß wurde erwidert. Eine schlanke Frau mittleren Alters mit gerötetem Gesicht und Brille, an die sich Kirsten gewandt hatte, sagte freundlich über die Schulter (sie rollte gerade die Zeltplane von den Stangen): Ja, ja, reden wollen wir

miteinander, aber bis zum Dunkelwerden, also in ungefähr drei Stunden, müssen diese Zelte auf einem anderen Platz stehen, mehrere Kilometer entfernt, und wieder bewohnbar sein. Entweder schwatzten wir beim gemeinsamen Umzug oder kamen später wieder. Ob wir sie dann noch an jenem Platz antreffen würden, war ungewiß. Wir entschieden uns fürs Mittun. Und da wir außer unseren Kräften auch ein Auto für den Transport anbieten konnten, gönnten sich alle eine Teepause.
Wir saßen also um das offene Feuer im Gemeinschaftszelt (später würden es Wehrdienstverweigerer nachbringen, die als Stützstangen verwendeten jungen Baumstämme und die riesige Leinwand waren schwer). Ich versuchte mir vorzustellen, nachts auf den kastenartig gepreßten Strohballen, auf denen wir saßen, nur in Gesellschaft weniger Frauen und weitab von Behausungen zu liegen, morgens irgendwo um Wasser zu bitten für diese Emaillekanne, die im Holzfeuer stand, mich daran zu wärmen und nur in einem öffentlichen Bad, also selten, duschen zu können, keinerlei Gewißheit über den nächsten Tag zu haben, und ich fragte meine junge Nachbarin, eine kräftige blonde Frau, die Ruhe ausstrahlte: Warum macht ihr das nicht gemeinsam mit Männern? Sie lächelte, als wäre sie die Ältere. Die anderen lächelten mit und erklärten Kirsten (dänisch), sie hätten ein Lied über Fragen gemacht, die Besucher immer stellten (meine Fragen). Meine Nachbarin legte die Hand auf meinen Arm. Leider könnten wir jetzt nicht singen und lange erzählen, wie sie möchte, nur sagen (englisch): Männer benutzen die Waffen. Als Soldaten machen sie Krieg. Gegen diese Rolle müssen sie in sich und miteinander Kraft zum Widerstand finden und können nicht nur mitmachen bei Frauen und Kindern.
Darüber wollte ich streiten. Doch jene Frau, die die Strohballen im Lieferwagen weggefahren hatte, kam mit einer Hiobsbotschaft: Jemand hatte über Nacht den fernen Rasenplatz gepflügt und zum Überwintern für Zelte unbrauchbar gemacht. Der Platz gehörte zum öffentlichen Eigentum der Gemeinde, die einen schriftlichen Antrag der Frauen nicht beantwortet, also auch nicht abgelehnt hatte.
Nach Minuten ratlosen Schweigens entstand eine Diskussion, die ich Dir

am liebsten in allen Verzweigungen schildern würde, denn sie verriet trotz Ungewißheit und Zeitnot erstaunliche Übung, einander auszuhalten. Jedenfalls war Sunshine (ja, auch ich wünschte der schmalen rotwangigen Frau mit der Brille, die Kirsten angesprochen hatte, einen anderen Namen, wenn es schon ein mythischer sein sollte), also Sunshine war schon früher
204 gegen diesen Überwinterungsplatz gewesen. Er bildete eine dreieckige Senke zwischen Waldhang, Bach mit angrenzender Wiesenböschung und meistbefahrener Chaussee. Das Wasser zog die Kälte an, und der Wind würde sich in diesem Tal fangen, und besonders jetzt, wo der Boden weich war, würde der erste Schneesturm die Befestigungspflöcke ausreißen und die schneebedeckten Zelte auf die Frauen werfen. (Sie ist Ethnologin und hat schon viele Lager mitgemacht, flüsterte mir Kirsten zu, sie saß neben Sunshines Kiste mit Büchern.) Die anderen, die des Umherziehens müde waren und auch befürchteten, auf weiterer Suche nach einem Winterplatz vom Winter überrascht zu werden, überstimmten Sunshine. Und sie? Ja, ich gebe zu, es machte mir angst: Die offensichtlich Erfahrenste fügte sich der Mehrheit. Stand auf. Belud die nächste Fuhre mit den restlichen Stützstangen des ehemaligen, kleineren Zeltes, die sie in einer bestimmten Reihenfolge aus der Schlinge im Rauchabzug gelöst hatte, drei einander stützende Stangen zuletzt – und fuhr voraus zum Winterplatz, um den gepflügten Grund zu stampfen, so gut wie noch möglich vorzubereiten.

Was mit den wenigen Autos nicht weg kam, verteilten wir auf Handkarren, Fahrradanhänger und Wägelchen und vertäuten es. Der Weg bis zur Chaussee war uneben und stellenweise handhoch mit Sand bedeckt. Ich zog meinen zweirädrigen Karren neben einem sechzehnjährigen Mädchen und einer etwa Dreißigjährigen, einer Bäuerin aus dieser Gegend. Zurück blieb nur jene stämmige Blonde. Sie sammelte allen Abfall in einen Müllcontainer am Feldrand, damit der freundliche Bauer morgen saubere Erde zum Pflügen vorfand.

Wir drei begannen in einem Gemisch aus Englisch, Deutsch und Dänisch von uns zu erzählen. Die Bäuerin lebte allein, ihr Alltag war mir von Kindheit und späteren Jahren vertraut. Und das schüchterne Mädchen, das nach der Schule keine Lehrstelle gefunden hatte und nun vom Geld der Mutter lebte (man bekommt keine Arbeitslosenunterstützung, wenn man nie Arbeit hatte; in diesem Lager wäre die Tochter besser aufgehoben als unter Drogenabhängigen oder Frauen, die nach Versorgungsmännern jagten, meinte die Mutter), das schüchterne Mädchen ohne Aufstiegschancen war mir nahe wie eine Tochter.

Diese Frauen waren wirklich friedlich.

Was macht ihr, wenn die Zelte aufgestellt sind? fragte ich schließlich.

Feuerholz sammeln. Für Essen sorgen. Wasser holen.

Von morgens bis abends?

Nein, wir lernen auch. Wie wir mit der Natur leben können. Was wir wissen und nicht wissen. Was wir brauchen und nicht brauchen. Was jeder erlebt hat und wünscht und kann oder nicht kann. Wie man in einer Gemeinschaft lebt. Wie man weiterleben kann ...

Über uns, ergänzte das Mädchen verlegen.

Warum tut ihr das nicht zu Hause, in einem Frauenhaus oder irgendwo? Warum wollt ihr unbedingt im Winter hier, wo ihr nichts erreicht habt, bleiben? Warum macht ihr nicht bei den anderen mit?

Wenn sie hier nicht aufgeben, wissen sie und die anderen mehr über Kraft gegen Ohnmacht, sagte die Bäuerin und verabschiedete sich. Sie gehörte nämlich nicht zum Lager, und jetzt kamen wir zu den ersten Höfen, deren Bewohner sie kannten. Die stämmige Blonde, die uns inzwischen eingeholt hatte, redete eine Weile auf die Bäuerin ein, bevor sie deren Karren übernahm und mit dem Mädchen davonzog.

Ich war zurückgeblieben. Als die Bäuerin sah, daß ich etwas Blaues sammelte, was wie winzige Strohblumen aussah, kam sie noch einmal zu mir und ergänzte den Strauß mit einigen rotbraunen und graugrünen Heidegewächsen. Sie nannte ihre dänischen Namen. Und wenn sie sprach, die Brauen hob oder den Mund verzog, fältelte sich das junge, trockenhäutige Gesicht. Sie versteht mich nicht, meinte sie mit einem Blick in Richtung der davonziehenden Blonden: Sie geht wieder fort, aber ich lebe hier jeden Tag. Und sie erzählte von Frauen und auch Männern (es waren nicht wenige), die nur Geld oder Essen schickten, einen Tag mit dem Auto beim Umziehen halfen, Artikel über das Lager schrieben – aber kein Gesetz verletzen wollten: In ein Militärgelände einzudringen war ungesetzlich. Aber es war nicht verboten, diesen Frauen Hilfe und Sympathie zu geben. Würde dieses Lager nicht mehr existieren, ginge auch den anderen Mut und Widerstandskraft im Alltag verloren. Die Frauen im Lager hätten keine Arbeit oder Nachbarn und überhaupt nichts mehr zu verlieren – sie hatten bereits jeden Preis gezahlt.

Katarina, Du weißt, ich kann aggressiv werden, wenn ich durch irgendeinen Ismus vereinnahmt, gewissermaßen in ein Knochengerüst verwandelt werden soll, das sich möglichst durch Fäden von außen bewegen läßt. Nun zog ich mit dem unübersehbaren Zeichen der Feministinnen auf der Rückwand meines Karrens allein über die asphaltierte Dorfstraße. In den scheinbar menschenleeren Bauernstuben bewegten sich die Vorhänge. Ich wußte, in dieser Gegend war schon in den fünfziger Jahren eine Heimwehr zum Schutz des eigenen Grund und Bodens gegen den bevorstehenden Überfall aus dem Osten gegründet worden. Was würde geschehen, wenn ich durch ein Zeichen auf meinem Karren als Mensch aus dem Osten etikettiert würde? (Und was würde im umgekehrten Fall bei uns geschehen?) Würde mir hier jemand glauben, daß mich das Militärgelände überhaupt nicht interessierte und ich keinen Blick und keine Frage darauf verwandt hatte? Ja, daß ich nicht einmal eine dänische Uniform kannte, es war mir tatsächlich noch kein Soldat über den Weg gelaufen (und Militärparaden gab es in Dänemark nicht). Während ich mit dem beladenen Karren durch das Dorf zockelte, stellte ich mir vor, einen Bauern hinter dem Fenstervorhang mit meinem Bruder bekannt zu machen, dem Bauern in Thüringen und friedfertigsten Menschen der Welt. Wenn sie dann hier und dort miteinander essen, über die Felder gehen, ihre Familien, menschliche Schwächen und Stärken, Wünsche und Probleme kennenlernen würden wie Kirsten, Søren und wir, wenn wir uns also nicht mehr einfügten in die zugewiesenen Parzellen auf der Erde (und die Begrenzungen in uns) – welcher Befehl könnte uns je dazu bringen, den anderen als Feind zu fürchten oder gar

eine Bombe über unserem geliebten Jütland oder euerem geliebten Thüringen auszuklinken? Wenn ... Zwei Jungen auf Fahrrädern folgten mir eine Weile auf der öden Straße. Die Zurufe verstand ich nicht, aber das Gelächter. Auf der Chaussee, in die ich jetzt einbog, glaubte ich ein Polizeiauto zu erkennen. Die Polizei war ja seit Tagen hinter den Lagerfrauen her. Einen Moment geriet ich in Panik: »Natürlich« hatte ich meinen Paß nicht
bei mir (seit der Ankunft in København lag er auf dem Nachtschrank). Und würde man den ohnehin schon verleumdeten Frauen glauben, daß diese Schreiberin aus einem Land, das niemand ohne amtliche Zustimmung verlassen konnte, zufällig und ungerufen hier war? Das Auto überholte mich. Zwei dänische Ehepaare wandten immer wieder die Köpfe nach mir, bis ich offenbar zu Insektengröße geschrumpft war. Ich winkte mit dem Shawl. Ein wunderbares Gefühl von Freiheit erfüllte mich. Wie soll ich es Dir erklären, daß ich in diesem Moment auch der Polizei zugewinkt und sie vielleicht erst wütend gemacht hätte? Es war so ähnlich wie in Gesellschaft von Leuten des Gelds oder der puren Macht: Sie können, was du auch sagen oder tun magst, kein anderes Motiv erkennen als Bedürfnis nach Geld oder Macht. Du bist ihrer Logik ausgeliefert, ohne übersetzbare Sprache, auch äußerlich in ihrer Gewalt – gleichzeitig siehst du das Lächerliche ihres pompösen Käfigs, in dem sie selbst schrumpfen, und auf einmal fühlst du dich freier und zu mehr fähig als bisher. In so einer Minute ist erst einmal jede Art Macht machtlos, verstehst Du? Ich kam also in törichter Fröhlichkeit mit meinem Karren den Hang hinab. Søren saß schon am Steuer des Autos, Kirsten auf dem Rücksitz gab Lise die Brust. Es begann zu dämmern. Zwei Zelte standen bereits auf dem dreieckigen Landstück zwischen Chaussee, Bach und Wald. Die Frauen hatten den gepflügten Boden mit ihren Stiefeln gestampft. In den nächsten Tagen würden sie ihn um die Zelte noch mit Steinen befestigen, meinte Sunshine. Sie bewegte sich rasch und sicher, ohne überflüssigen Aufwand. Obwohl sie keine Anweisungen gab, spürte man: sie war die Stärkste. Mit den schwierigsten Arbeiten fing immer sie an. Sie war gebürtige Engländerin, sprach aber akzentfrei dänisch, war etwa vierzig, mit Büchern so vertraut wie mit Handwerks-

gerät. Ihr Zelt war ihr einziger Wohnsitz. Es war keine Zeit und Gelegenheit zum Kennenlernen. Nicht mal fragen konnte ich sie: Wie hast du früher gelebt? Hast du Kinder? Entbehrst du Zärtlichkeit? Was erwartest du? Hast du Angst? Sie mußten bis zur Dunkelheit noch drei Zelte aufstellen.

208 Mein letzter Rundblick blieb an der erhöhten nahen Chaussee, an dem Haus auf dem begrasten Hügel jenseits des Flüßchens hängen. Man konnte die Frauen von morgens bis abends beobachten (Sunshines Einwände waren begründet gewesen). Aus dem dichten Wald nebenan, aus einem Auto am Chausseerand konnte man im Schutz der Dunkelheit über die Frauen herfallen, niemand würde ihnen beistehen. Sie würden nicht einmal etwas beweisen können. Beim Verabschieden fragte ich die Sechzehnjährige, mit der ich ein paar hundert Meter gegangen war: Habt ihr Waffen zur Verteidigung? Sie schüttelte den Kopf, keine Pistolen oder Schlagringe, wenn du das meinst. Ich sah ihren Augen an: Sie kannte Angst, wenn sie auch im Moment keine Zeit dafür hatte und meinte, einige verständen etwas von Judo, einige von Karate.

Es war doch merkwürdig, daß sie mich trösten sollte.

Verstehst Du, daß ich Dir nichts vom Dom von Viborg erzählen kann? Er war sehr schön, Backsteingotik, hoffentlich werde ich ihn eines Tages wiedersehen, denn an diesem Spätnachmittag war ich blind für alle äußere Schönheit und Harmonie.

Als wären wir in einem anderen Land gewesen, kehrten wir in das warme Haus, zu unserer Thermoskanne Kaffee zurück. Lise, inzwischen trockengelegt, schlief weiter in ihrem Korbbett. Das heiße Getränk schien in unsere Zehen- und Fingerspitzen zu fließen, und wir gestanden uns ein: Wir wollten nicht mit den Frauen im Zeltlager tauschen.

Wie von ungefähr begannen Kirsten und Søren von ihren Plänen zu erzählen: Dieses Haus wollten sie aufgeben und mit anderen Familien (fünfzig Erwachsenen und Kindern) eine Siedlung um einen alten Bauernhof an der Århusbucht bauen. Das Grundstück war bereits gekauft. Im Bauernhaus wollten sie gemeinsam essen und sich aufhalten (jede Familie kochte

eine Woche und hatte fünf Wochen frei), im ausgebauten Stallgebäude wohnten erwachsene Kinder und Gäste. In die kleinen Häuser ringsum zogen sich die Familien zurück, wenn sie allein sein wollten. Jeder erwarb nur einen Anteil; beim Weiterverkauf wie bei allen Alltagsangelegenheiten entschied die Gemeinschaft, es gab keinen Vorsitzenden.
Während wir dieses Leben ausmalten, taten wir so, als bemerkten wir aneinander nicht den immer wieder abwesenden Gesichtsausdruck: Etwas von uns war bei jenen Frauen zurückgeblieben und würde dort mit ihnen überwintern. Zum Glück hat Dänemark Seeklima, bleibt gewöhnlich grau von November bis Februar. Die Fähre legt an. Ich muß abbrechen, obwohl ich noch stundenlang von diesem Wochenende erzählen könnte (gestern feierten wir den achtjährigen Geburtstag unserer Freundschaft ...).
Alles andere mündlich.

G.

Århus, d. 10/1 1985
Liebe G.!

Ich eile, um Dir die neuesten Nachrichten von den Ravnstrup-Friedens-Frauen zu schicken. Wie es aus diesem Artikel von »Politiken«, unsere zweitgrößte Zeitung, hervorgeht, halten sie noch in ihren Teepees aus ...

Nur das zur Aufmunterung in dieser kalten Zeit und viele Grüsse von Kirsten, Kinder und

Søren

(Zitiert nach Politiken:)
»Sie nahmen Vorschuß auf den nuklearen Winter
Friedensfrauen vor den Nato-Bunkern erhalten milde Urteile ... Singend in der Winterkälte kam eine Gruppe angeklagter Frauen von den Demonstrationen im Sommer bei dem heimlichen Nato-Bunker in der Ravnstrup

Plantage bei Viborg am Mittwochvormittag zum Kriminalgericht in Viborg.

Schon nach ein paar Stunden fielen die ersten Urteile, und sie werden ohne Zweifel auch für die anderen 38 Angeklagten gelten. Die strengste Strafe für Übertretungen der Bestimmungen, deren die Frauen angeklagt sind, ist
210 6 Monate Gefängnis – aber Taxe am Viborger Gericht waren milde Geldstrafen (alternativ als Tageshaft möglich).

Die 38 waren zu verschiedenen Zeiten Teilnehmer an dem Friedenslager ... dicht bei der Einfahrt zu dem abgesperrten ... zehn- bis zwölfetagenhohen – oder richtiger gesagt tiefen – NATO-Bunker.

Die Frauen, die demonstrierten, weil sie befürchteten, daß der Bunker im Kriegsfall ein ausgemachtes Atombombenziel sein würde, weigerten sich, den Befehlen des Militärs (zu verschwinden) zu folgen. Die Polizei wurde gerufen, und 38 von insgesamt 300 bis 400 Demonstranten wurden festgenommen und zur Polizeistation Viborg gefahren.

Die Frauen wurden jede zu einer Tages-Geldstrafe von 100 Kronen verurteilt. Ihre Mitschwestern, die mit Hilfe von Teppichen, Strickleitern und Spaten über und unter den Drahtzaun ... geklettert waren, müssen jede drei Tagesstrafgelder à 100 Kronen bezahlen.

Sie haben alle ihre Übertretungen zugegeben, aber ihr Verteidiger, Advokat Hans Kjellund, Århus, forderte trotzdem einen Freispruch, weil ... man den Frauen ... eine Antwort verweigert hatte, als sie es auf den normalen parlamentarischen Wegen versuchten.

Unter den Zuhörern im Kriminalgericht in Viborg, das die Verhandlungen heute fortsetzt, waren etwa 10 Frauen, die noch immer in den Indianer-Teepees des Friedenslagers wohnen.

Das Lager liegt mitten in einem Kältezentrum im Herzen der jütländischen Hügellandschaft mit Nachttemperaturen von um minus 25 Grad. Das Feuer ... hält die Temperatur ... drinnen ... bei 0 Grad oder knapp darunter.«

Denkmal
Frederik IX.
an der
Langelinie

Der
Runde Turm
in København

Warum fliegt keine einzige Maschine über die Insel? fragte ich.

Fast ganz Anholt ist Wüste, erwiderte Kirsten.

Und? wunderte sich Per.

Eben die nördlichste Wüste. Søren gab keine weitere Begründung.

Woher sollte ich damals den Grund dafür kennen, daß alle Maschinen abdrehten.

Wir stiegen auf den Nordberg. Am dunkelgrünen Hügel floß ein Gewirr von weißen Bächen herab, Sandwege im Kieferngestrüpp. Wir eilten den Hang hinauf. Ein Sonnenuntergang wie im Bilderbuch. Die sauber ausgemalte Sonnenscheibe sank planmäßig ins Kattegat. Keine Wolke verwischte den Rand.

Sicher lenkte Sol den Sonnenwagen. Der grimmige Wolf Sköll, der die Sonne verfolgte, war nicht zu sehen. Käme Sköll dem Gefährt zu nahe, entstünde eine Sonnenfinsternis. Erreichte er sie, sagte der Mythos, würde die Welt untergehen.

Am Abend hockten wir um den Sandtisch in unserer Zeltburg, probierten sieben Sorten dänischen Käse, lauschten der Brandung, zogen Pullover über, tranken in fröhlicher Runde Aquavit, dänischen Met und Thor-Bier.

Welcher Hauptgott eines anderen Kulturkreises, fragte ich mich, opferte aus unersättlichem Wahrheitsdrang ein Auge? Nur Odin, auch Wotan genannt. Zeus war nicht einäugig.

Am nächsten Tag wanderten wir den Strand entlang Richtung Südberg. Søren vornweg, breitbeinig ausschreitend. Kirsten hinter ihm. Nach den unverkennbaren Dänen G., mit dunkler Stimme und dunklem Haar. Hinter ihr Yo, auch im Bikini und mit ihrem rot-weißen Stirnband und einem Messer am Gürtel, gefolgt von Per und mir.

Vom Südberg, der höchsten Erhebung der Insel, sah ich sie das erste Mal. Zunächst beachtete ich die nördlichste Wüste kaum. Im Südwesten ragten die drei hohen Schornsteine von Grenå aus dem Dunst über Jütland, im Fernglas gerade noch erkennbar. Eine Armada von kleinen Booten segelte in Richtung Süden, wie weiße Blütenblätter aufs Meer gestreut.

Vision im Kattegat

Sie leben, obwohl sie tot sind.

Ich bin mir sicher, auch andere wissen von ihrer Existenz. Sogar maßgebliche Regierungskreise haben davon Kenntnis. Das entgegne ich Skeptikern und nicht zuletzt dem Zweifler in mir selbst.

Ich werde die Vorgänge auf der Insel so aufzeichnen, wie ich sie wahrnahm.

Zuvor hatten wir noch nie etwas von Anholt gehört. Die dänische Insel liegt im Kattegat, auf halbem Wege zwischen Dänemark und Schweden.

Søren nannte sie die letzte Idylle. Es gab kein einziges Hotel, auf der schmalen Straße vom Hafen zum Dorf Anholt nur Radfahrer und Fußgänger, täglich nur eine Fähre, zugelassen für 199 Passagiere, und einen einzigen Polizisten, lediglich von Mitte Mai bis Mitte August auf der Insel. Dafür gab es eine Unmenge feinen weißen Sand und einen heißen Sommer. Hier waren Zelter und Wanderer unter sich.

Im kleinen Hafen drängten sich die Segelboote und Yachten. Der Campingplatz lag am Nordstrand. Auf einer Düne standen unsere vier Zelte im Halbkreis mit Blick zum Meer.

Zu unserer Reisegesellschaft gehörten außer Kirsten, Søren und ihren Kindern die ehemaligen Belgier Yo und Per. Als ich in der Zeltplatzvermittlung »Leipzig« auf das Formular schrieb, blickte der Angestellte, als kämen wir von Tahiti.

Der Himmel war weit und blau, aber das Wasser glänzte seidiggrün, schwappte müde gegen das Ufer.

Wir lagen im heißen Sand. Mittags rasten sieben Düsenjäger nacheinander auf die Insel zu. Sie kamen lautlos wie Papiervögel – erst spät fiel uns Dröhnen an – und drehten kurz vor der Küste wieder aufs Meer ab, ließen schwarze Rauchstreifen als Schatten zurück.

In der königlichen Schatzkammer

Schloß
Rosenborg

Auf dem Kultorvet

Brücke von der Altstadt nach Christianshavn und Amager

Die kleine
See-
jungfrau,
Wahrzeichen
der
Hauptstadt

Grabstätte von Niels Bohr und Familie auf dem Assistens-Friedhof

Die Insel lag uns buchstäblich zu Füßen. In Form einer Pfeilspitze, stand im Faltblatt für Touristen. Ich verglich sie mit Mjölnir, Thors Hammer, der stets in dessen Hand zurückkehrte. Der in einer Spitze endende Stiel des Hammers zeigte nach Osten, auf den Streifen schwedischer Küste am Horizont. Der Südberg, auf dem wir standen, lag an der Oberkante des Hammers. Auf dem fernen Zipfel des Stiels stand der Leuchtturm aus gelb-
braunen Steinen, anscheinend ein Bau aus dem vorigen Jahrhundert. Dort am Strand leben Robben, behauptete Søren.

Zwischen uns und dem Leuchtturm lag die Wüste. So genau ich das Zeiss-Glas auch einstellte, die hohen Dünen blieben verschwommen, aber die Wellenkämme hinter dem fernen Leuchtturm sah ich schäumen.

Die Mittagshitze drückte. Einige Frauen kamen mit freiem Oberkörper über die Sandberge. Kirsten legte ihr Bikini-Oberteil ab. Die Frauen unserer Runde schlossen sich an.

Abends duschte ich mich auf dem Campingplatz. Für ein Fünfkronenstück spuckte der Automat fünf Minuten heißes Wasser. Beim Abtrocknen hörte ich aus der Nachbarkabine die ersten Gerüchte. Am Sandtisch wurde der Fall erörtert. Søren hielt eine Flasche Pilsner Thor in der Hand und meinte: Im Dänischen sagt man »es fläscht sich« (er deutete auf die Bierflasche), das heißt so viel wie: es geht gut.

Die alte Opferstätte auf Anholt lag in der Wüste. Von einigen »Thor« angefeuert, gab Søren mehr preis, als ihm vielleicht später recht war.

Seit einiger Zeit findet wieder etwas statt, sagte er.

Inselbewohner? fragte G.

Trifft sich eine Sekte? wollte Per wissen.

Die Einheimischen schweigen, erwiderte Kirsten.

Auf Stangen im Kreis, sagte Søren, werden Lammköpfe gespießt, dann Tiere verbrannt. Man tanzt um das Feuer.

In einem Kessel wird Blut aufgefangen, meinte Kirsten.

Dann kopuliert, eiferte Søren, mit glänzenden Augen.

Woher weißt du das? platzte Yo heraus.

Nachts lag ich noch lange im Zelt wach und lauschte. Die Brandung klang dunkler als gestern. Windböen schüttelten die Kiefern hinter unserem Zelt. Tapste ein Troll über die Düne? Warum wird heute ausgerechnet noch auf Anholt geopfert?

Auf Pers und mein Drängen brachen wir am nächsten Morgen auf. Die Wüste ist ungefährlich, hatte Søren Yo beruhigt, mir jedoch nahegelegt,
 auf das Fernglas zu verzichten.

Niederer Kiefernwald stand wie ein Wall zwischen Dorf und Wüste. Wir stapften in einer Schneise durch den Sand, im Zickzack zwischen Gebüsch. Wie zufällig schritt Søren voran. Yo wieder mit ihrem rot-weißen Stirnband und dem Messer am Gürtel.

Nach dem Dickicht kam Niederholz, Sand drängte hinein wie Lava. Knieholz zog sich auf Inseln zurück.

Auf unseren braunen Rücken glitzerte Schweiß.

Søren blickte nach oben und sagte: Das wird ein Jahrhundertsommer.

Da! rief G. und bückte sich. Auch Yo und Per sahen das erste Mal Krähenbeeren. Die Pflanzen krochen lappenartig am Boden hin, stützten sich auf den Sand. G. kämmte mit den Fingern eine Handvoll Beeren von den kleinen Zweigen. Die schwarzen Früchte erinnerten an Heidelbeeren, waren allerdings fast geschmacklos.

Hielt Søren uns von der Opferstätte fern?

Wir stapften weiter durch eine flache Mulde, erklommen eine Düne. Die Hitze ließ den Sand flimmern. Außer Krähenbeeren gediehen nur noch Strandhafer und Wacholderbüsche.

Wo sind wir? Yo erschrak. Das Stirnband rutschte über ihr linkes Auge.

Kein Vogel war zu sehen, nicht mal eine Möwe kreischte. Nur der Wind summte, die Hitze brannte.

Die Wüste atmet, sagte Kirsten.

Nach kurzer Rast stiegen wir auf den Kamm der nächsten Düne. Dort der Leuchtturm! beruhigte Per Yo. Hörst du die Brandung?

Wir waren etwa zwei Stunden unterwegs und keinem Menschen begegnet.

Fremde scheuen die Wüste, sagte Kirsten. Wegen der Hitze wollte Yo umkehren. Søren und Kirsten waren sofort einverstanden.

Per konnte Yo nicht im Stich lassen. Da entschloß ich mich, allein weiterzugehen.

Du findest nicht zurück, warnte mich Yo.

Per lachte.

Du siehst von jeder Düne den Sandberg, ermunterte mich Søren.

Die Robben, mahnte mich G.

Ich gebe acht, beruhigte ich alle.

Die braune Gesellschaft verschwand hinter den Dünen.

Langsam lief ich weiter, genoß die Stille dieser exotischen Landschaft. Von einer Wüste in den Breiten Südalaskas hatte ich früher nie gehört. Außer meiner Spur im Sand keine eines anderen Wesens. Dann stieg ich auf den Gipfel der höchsten Düne ringsum, suchte die Küste, den Leuchtturm, sah nur Sandberge, endlos.

Die verdammte Hitze.

War mein Eigensinn falsch gewesen? Die Robben galten als scheu. Die Dänen respektierten ihre Plätze an der Sandzunge hinter dem Leuchtturm. Würden die Robben gestört, ließen sie ihre Jungen am Strand zurück, hieß es. Und ich könnte die alte Opferstätte entweihen. Zur Umkehr war es zu spät. Auch auf dem nächsten Dünenberg wieder nur Sandhügel bis zum Horizont. Was bedeutete das? Selbst die Orientierung nach der Sonne versagte. Sie schien im Zenit festzuhängen.

Wie lange ich umhergeirrt war, weiß ich nicht.

Mit einem Male vernahm ich Stimmen, einzelne Worte drangen über den Kamm der nächsten Düne. Endlich Menschen, die ich fragen konnte. Ich blickte zwischen den Wacholderbüschen in die weite Senke und blieb hinter dem Gestrüpp stehen.

Die Sonne brannte auf meine Stirn.

Ich rieb mir die Augen. Schattenhaft löste sich etwas aus der Glut über dem Sand wie aus Nebel. Die Bilder wurden schärfer.

Ein Häuflein Schiffbrüchiger? Eine Truppe Wanderschauspieler, bei der Rast eine Probe improvisierend? Mir gelang, hinter dem Kamm der Düne näher heranzukriechen.

Der Älteste und Würdigste saß auf einem Weinfaß. In weitem Kreise um eine Feuerstelle mit einem Kessel gewahrte ich Personen von ebenfalls ungewöhnlicher Größe. Fast alle saßen erwartungsvoll im Sand, beugten
216 sich über Spiele, neben sich Bierflaschen solchen Ausmaßes, wie ich sie noch nie gesehen hatte. Jede faßte wenigstens einen Liter, Tuborg oder Carlsberg stand in fingergroßen Buchstaben auf den Etiketts. Abgenagte Knochen, zerfetzte Kartons und anderer Unrat lagen abseits auf einem Haufen. Die meisten Männer hatten sich wohl der Hitze wegen fast entkleidet. Zwei Jüngere schürten das Feuer, bis die Flammen loderten, aber keinen Rauch erzeugten.

Ein Mann mit Igelschnitt an einem Tisch ließ sich von einem Ventilator kühlen und las die »Times«. Ein einarmiger Waldschrat mit Fellen um den Lenden riß mit seiner Linken ein Schwert – eine Theaterattrappe? – aus dem Boden und schwang es um sich. Ich duckte mich unter dem Sirren und hielt mich an einem Wacholderzweig fest.

Der Ältere auf dem Faß drängte zum Aufbruch: Unser aller Rat hat es gestern beschlossen.

Noch fehlt Rotbart mit seiner Superwaffe, sagte der Igelköpfige und beugte sich wieder über die Zeitung.

Ich kniff mir die Augen zusammen.

Eine Fata Morgana, natürlich. Schließlich befand ich mich in der Wüste.

In der flimmernden Luft schien sich auch eine riesige Esche abzuheben.

War der Einarmige etwa der Kriegsgott Tyr? Und der mit der aufgeschlagenen Zeitung und den überlangen Schuhen etwa Loki? Der Ehrwürdige auf dem Faß hatte tatsächlich nur ein Auge. Also der Hauptgott Odin? Und die Frau neben ihm – Frigg? – war so schön, daß ich sie nur kurz und verstohlen anzublicken wagte.

Am tiefblauen Himmel zog eine Wolke auf und näherte sich rasch wie ein Flugzeug. Donner schlug über mir zusammen, ging in Lärmen und Poltern über. Die Dünen erzitterten. Sand rieselte über meine Hände, verbrannte mir die Finger. Ich duckte mich hinter die Zweige und verpaßte die Landung.

Der Angekommene war etwas grobschlächtig, trug einen riesigen Hammer, leerte das Trinkhorn in einem Zug. Er glich dem Gewittergott Thor. Es ist Zeit! rief er. Über Nacht verdorrte wieder ein Ast an der Weltenesche.

Vor der dröhnenden Stimme zog ich mich ein Stück hinter die Büsche zurück.

Die Wölfe, die Sonne und Mond über den Himmel jagen, haben diese Gestirne fast erreicht! hörte ich.

Eine Zeitlang vernahm ich nichts. Meine Neugier trieb mich, auf dem Sand nach vorn zu kriechen und durch die Zweige zu lugen.

Die letzten Brettspieler traten an den Kessel. Bierflaschen stießen gegeneinander. Behende rüsteten die Männer zum Aufbruch, als ob sie nie von Met und Müdigkeit in den Sand gesunken wären. Gerätschaft klapperte.

Dann brachen einige ihre Vorbereitungen ab. Im Wechsel von Rede und Gegenrede und dem Lärm, den der Aufbruch der anderen erzeugte, verstand ich nur, daß die Frau die Männer doch noch von ihrem Unternehmen abzubringen versuchte.

Meine Geduld ist zu Ende! rief jener, der Odin sein könnte. Wie viele Vögel sind bereits verstummt.

Sie waren unsere Musterschüler, weiter taten sie nichts! hörte ich die Frauenstimme.

Blitze werden ihre Radartürme spalten! tönte es vom Grobschlächtigen mit dem Hammer.

Wie lange warst du nicht mehr unter den Menschen? Gib ihnen die letzte Chance. Denk an ihre Windmühlen! Die Menschen achten deinen Atem wieder, wandte sich die Schöne an den Würdigen auf dem Faß.

Das Folgende ging im Wind unter, der mit einem Male einsetzte und eine Art Sandsturm hervorrief.

Das Lager in der Senke zwischen den Dünen war nicht mehr zu erkennen.

Dann wurden Umrisse einer Menschengestalt sichtbar, die sich mir den Hang herauf rasch näherte.

Ich kroch hinter den Wacholder zurück und rannte, ohne mich um-

zusehen, los. Mein Orientierungssinn funktionierte wieder.

Unsere Reisegesellschaft lagerte am Nordstrand. Ich setzte mich verwirrt neben die braunen Rücken.

Per fragte mich weder nach der Opferstätte noch nach den Robben.

Søren kam die Düne herunter. Wir blickten uns kurz an. Obwohl wir kein Wort darüber verloren, verstand er sofort den Grund meiner Irritation.

Ich beobachtete Søren.

Am Sandtisch beim Abendbrot, das ich schweigend einnahm, erreichte uns die Nachricht, daß eben eine Sonnenfinsternis begann.

Der Horizont war bereits blutrot. Wir setzten die Sonnenbrillen auf, wurden geblendet. Per zog eine dunkle Folie vor das Gesicht, die Kinder ebenfalls. Auch ich stülpte mir ein Stück dieser packpapiergroßen Fetzen über den Kopf. Wir ähnelten einer Gruppe Gangster vor einem Raubüberfall.

Der Sonnenscheibe fehlte eine Ecke rechts oben. Søren beobachtete mit bloßen Augen.

Die Frauen und Per eilten zum Strand, streiften ihre Kleidung ab, stürmten ins Wasser. Wie betäubt stand ich eine Zeitlang in der Brandung, Yos rot-weißes Band um die Stirn.

Søren blieb reglos am Ufer sitzen.

Die unten noch tadellos runde Sonnenscheibe berührte das Meer, das sich dunkelrot färbte, als verblutete das Gestirn. Jetzt sahen wir mit bloßen Augen die Verfinsterung. Der Wolf Sköll hatte die Sonne eingeholt, packte sie mit seiner gierigen Schnauze, biß die linke obere Ecke aus der glühenden Scheibe.

Wir schwammen, schlugen gegen die Schaumkämme der Wogen. Über dem fernen Rot leuchtete der Himmel violett und orange.

Die Sonne tauchte unablässig weiter. Kein gewohntes Halbrund ragte aus den Wellen, sondern ein glühender Zacken, die Sonne glitt verwundet ins Meer.

Auf der Stranddüne sah ich eine übergroße Gestalt zum Hafen eilen.

Zeittafel

6. Jh.	Einwanderung der Dänen
9./10. Jh.	Raub- und Eroberungszüge der Wikinger
900–935	Gorm der Alte, Begründer des dänischen Königshauses
um 960	König Harald Blauzahn läßt sich taufen, Einführung des Christentums
1018–1035	Knud der Große, größte Ausdehnung des Reiches
seit 1319	König darf nur noch mit dem vom Adel gebildeten Reichsrat regieren
1360/61	Eroberung der Halbinsel Schonen und der Insel Gotland
1369	Hanse erobert København und erhält Handelsmonopol (1370), Vorrechte bis 1475
1380	Mit der norwegisch-dänischen Union kommen Island, Grönland und die Färöer zu Dänemark
1397	Margrethe I. bildet unter König Erich von Pommern Kalmarer Union (Dänemark, Norwegen, Schweden, Teile Finnlands), auch gegen die Hanse gerichtet
1425	Einführung des Sundzolls
1460	Die dänischen Könige werden Herzöge von Schleswig-Holstein und damit Fürsten des Heiligen Römischen Reiches Deutscher Nation
1523	Schweden beendet Union mit Dänemark auch formell, nach Erringen der Unabhängigkeit wird Gustav Vasa schwedischer König
1536	Einführung der Reformation
1588–1648	Christian IV., rege Bautätigkeit in der Hauptstadt
1625/26	Erfolgloses Eingreifen in den Dreißigjährigen Krieg
1660	Nach 3 Kriegen (zwischen 1643 und 1660) unterliegt Dänemark Schweden im Kampf um die Vorherrschaft, verliert die Gebiete östlich des Øresunds (Frieden zu København) Versammlung der Stände beschließt Einführung der Erbmonarchie, Beginn des Absolutismus
1700–1721	Nordischer Krieg
seit 1721	Grönland-Mission und Besiedelung der Westküste Grönlands

ab etwa 1750	Reformen des »aufgeklärten« Absolutismus
ab 1797	Feudale Reaktion unter dem Regenten und späteren König Frederik VI. (1808–1839)
1807	Beschießung und teilweise Zerstörung Københavns durch die englische Flotte, Auslieferung der dänischen Flotte an England, Dänemark tritt im Krieg an die Seite Frankreichs
1814	Nach der Niederlage Napoleons Verlust Norwegens an Schweden, Helgolands an England (Friede zu Kiel)
	Einführung der allgemeinen Schulpflicht als eines der ersten Länder der Erde
1. Hälfte des 19. Jh.	»Goldenes Zeitalter«, Thorvaldsen (1770–1844), Grundtvig (1783 bis 1872), Andersen (1805–1875), Kierkegaard (1813–1855)
1820	Ørsted (1777–1851) entdeckt den Elektromagnetismus
1846	Gründung der Gesellschaft der Bauernfreunde, der ersten Partei
1848	Antidänischer Aufstand in Schleswig-Holstein, Eingreifen Preußens
1849	Mit der Juniverfassung tritt an Stelle der früheren aristokratisch-absolutistischen eine konstitutionelle Monarchie mit Zweikammernsystem
1864	Krieg Preußens und Österreichs gegen Dänemark, das nach der Niederlage Schleswig-Holstein verliert
1901	Nach Wahlsieg der Venstre-Partei erstes dem Folketing verantwortliches Kabinett
1913	Niels Bohr (1885–1962) entwickelt das nach ihm benannte Atommodell
1914–1918	Neutralität im 1. Weltkrieg
1915	Mit neuer Verfassung Einführung des Frauenwahlrechtes als eines der ersten Länder
1918	Island erreicht seine Unabhängigkeit, verbleibt in Personalunion mit Dänemark
1940–1945	Dänemark von faschistischen deutschen Truppen besetzt
1943	Generalstreik, Rücktritt der Regierung, Bildung des Freiheitsrates, Wachsen der Widerstandsbewegung
1944	Island löst sich aus der Union mit Dänemark
1949	Dänemark tritt der NATO bei
1952	Auf Initiative Dänemarks wird der Nordische Rat gegründet
1953	Neue Verfassung, Grönland wird Bestandteil Dänemarks, statt des

	Zweikammersystems nur noch Folketing, Einführung der weiblichen Thronfolge
1960	Anschluß an die Kleine Freihandelszone
1972	Volksabstimmung über Beitritt zur EG, nach Mehrheitsentscheid Aufnahme, mit Beginn des Jahres 1973
	Mit Margrethe II. nach 600 Jahren wieder eine Frau auf dem Thron
1979	Abkommen über Selbständigkeit Grönlands
1982	Seit 1901 erster Konservativer Ministerpräsident (Staatsminister) einer Minderheitsregierung
1985	Große Streiks und Demonstrationen gegen Sozialabbau und Sparpolitik der Regierung

Anmerkungen

Nach Angaben des Statistik årbog 1985, København 1985, betrug am 1. Januar 1984 in Dänemark (ohne Färöer und Grönland)

die Bevölkerungszahl	5 112 130
die Bevölkerungsdichte pro km²	118,7
die Fläche	43 080,31 km²
die Küstenlinie	7 313,93 km

Besondere Buchstaben des dänischen Alphabetes: Das Æ (æ) entspricht dem deutschen Ä (ä), das Ø (ø) dem deutschen Ö (ö); das Å (å) ist ein dem deutschen O (o) ähnlicher Laut. Aa (aa) wird heute meist als Å (å) geschrieben.
Nur eine Auswahl dänischer Namen wurde in Originalschrift wiedergegeben.

Texte, deren Absätze nicht eingerückt beginnen, schrieb Gerti Tetzner; Kapitel mit eingerückten Absatzanfängen verfaßte Reiner Tetzner.

Inhalt

Karte von Dänemark ohne Insel Bornholm